Conformément aux statuts de la Société des Textes Français Modernes, ce volume a été soumis à l'approbation du Comité de lecture, qui a chargé M. Alain Lanavère d'en surveiller la correction en collaboration avec M. Roger Guichemerre.

LES
NOUVELLES FRANÇAISES
II

JEAN REGNAULT DE SEGRAIS

LES NOUVELLES FRANÇAISES OU LES DIVERTISSEMENTS DE LA PRINCESSE AURÉLIE

II

TEXTE ÉTABLI, PRÉSENTÉ ET ANNOTÉ
PAR
ROGER GUICHEMERRE

PARIS

Société des Textes Français Modernes

1992

ISSN 0768-0821
ISBN 2-86503-228-0

MATHILDE

Nouvelle quatrième.

INTRODUCTION

Sous le règne de Guillaume le Conquérant, Roger de Montafilant s'est épris de Mathilde, fille d'un gentilhomme normand : c'est ce qu'il a l'imprudence de confier à un fils de Guillaume, le prince Henri, qui lui témoignait beaucoup d'amitié, mais qui tombe aussi amoureux de la jeune fille et tente de l'enlever. Roger arrive à temps pour empêcher le rapt et, avec Mathilde et son père, s'enfuit aux Pays-Bas, puis au Danemark. Les fugitifs sont capturés par un corsaire écossais et emmenés à Edimbourg. Là-bas, le favori du roi, Montrose, s'éprend à son tour de Mathilde, et rebuté par elle, tombe gravement malade. Roger est alors en proie à un dilemme douloureux : refuser Mathilde à Montrose, c'est provoquer la mort de celui-ci et attirer la vengeance du roi sur son père et sur la jeune fille ; se sacrifier lui-même, au contraire, sauverait le vieillard et Mathilde. Il se résout au sacrifice, mais, lorsqu'on va unir Montrose et Mathilde, la nourrice de celle-ci reconnaît une marque sur la main du prince : Montrose est le frère jumeau de Mathilde, qui avait été enlevé à sa naissance. Cette reconnaissance permet le mariage de Roger et de Mathilde, tandis que Montrose épousera la fille du roi.

Ce récit mêle curieusement l'histoire à la fiction. A côté de figures historiques bien connues — Guillaume le Conquérant et sa femme Mathilde, leur troisième fils Henri Beauclerc, le futur roi d'Angleterre, le roi d'Écosse Malcolm III —, les héros de l'aventure — Roger de Montafilant, Mathilde,

Montrose — sont de l'invention de Segrais. De même, si le narrateur fait allusion à des événements authentiques — la soumission des barons normands par Guillaume « le Bâtard » et la conquête de l'Angleterre, la régence du duché, en l'absence de Guillaume, par la reine Mathilde, le séjour de celle-ci en l'abbaye de la Trinité qu'elle avait fondée —, l'histoire des amours de Roger et de Mathilde, contrariées par la passion du prince Henri, puis par celle de Montrose, est le fruit de l'imagination du romancier.

Peut-être une phrase de l'historien Du Chesne, dans son Histoire d'Angleterre, d'Écosse et d'Irlande *(1614, et maintes fois réédité), que Segrais a pu consulter, avec Mézeray et les chroniqueurs Guillaume de Poitiers ou Orderic Vital*[1]*, lui a-t-elle suggéré l'intrigue de la nouvelle : parlant du mariage d'Henri Beauclerc avec la fille du roi d'Écosse, qui s'appelait aussi Mathilde, Du Chesne écrivait : « Ces épousailles furent faites contre le gré de Mathilde, laquelle s'était, à ce qu'on tient, auparavant rendue religieuse en un monastère et avait déjà par plusieurs fois refusé d'entendre aux propositions de cette recherche ». On peut penser que Segrais a tiré de ce passage l'idée de l'amour du prince Henri pour une Mathilde, qui n'aurait pas répondu à cet amour et qui se trouve aussi dans un couvent, d'où ce prince tentera de l'enlever.*

Segrais s'est peut-être souvenu également d'un épisode de l'Astrée. *Dans l'Histoire de Childéric, Silviane et Andrimarte (*Astrée, *III, 12), le héros, fils d'un ancien soldat de Mérovée, amoureux et aimé d'une jeune fille noble, a pour rival le prince Childéric, qui tente d'enlever la jeune fille ; le héros de d'Urfé, comme celui de Segrais, a aussi l'appui de la reine, Méthine dans* l'Astrée, *Mathilde ici.*

---

1. Auteurs respectifs des *Gesta Willelmi, ducis Normannorum et regis Anglorum,* et d'une *Histoire ecclesiastica,* remaniée par Guillaume de Jumièges (*Historia Normannorum*). Il est peu probable qu'il ait lu le *Roman de Rou* de Wace : pas plus que la narratrice de Mathilde (voir p. 290), Segrais ne lisait « le vieux langage ».

Quoi qu'il en soit, en dépit de l'authenticité du cadre ou de quelques-uns des acteurs, le récit d'Aplanice demeure très romanesque. Romanesque des personnages : d'un côté, les héros vertueux et sympathiques : Roger de Montafilant, brave — il s'est signalé lors de la conquête de l'Angleterre —, amant fidèle et respectueux — il a promis à sa maîtresse « qu'il n'entreprendrait jamais rien contre son honneur » —, fils admirable — il renonce à la femme qu'il aime pour sauver son vieux père ; Mathilde, très belle, vertueuse et fidèle, héroïque même et préférant se donner la mort plutôt que d'être à un autre qu'à son amant ; Montrose enfin, se mourant d'amour pour Mathilde, mais refusant de se livrer à un chantage odieux ; d'autre part, les « méchants » : le prince Henri, qui trahit son ami et tente de violenter Mathilde, ou le comte de Bessin qui, dans l'espoir d'hériter des biens du baron de Douvre, a fait enlever son fils, puis fait saisir les biens des fugitifs.

Romanesque des situations et des aventures aussi : rendez-vous secrets ; billets galants du rival que l'amant découvre ; tentative de rapt, suivie de la fuite des amants ; une tempête, des pirates ; la captivité en Écosse et un second rival qui se meurt d'amour ; un sacrifice héroïque, suivi d'une reconnaissance opportune — le frère a failli épouser la sœur — qui amène un dénouement heureux. On reconnaît là les péripéties, aussi extraordinaires que conventionnelles, familières aux lecteurs des romans héroïques. Le narrateur insiste aussi sur cette fatalité qui semble s'acharner sur les « pauvres amants » : des formules comme « la fortune qui l'avait poursuivi avec tant d'opiniâtreté » (p. 292), « la fortune qui persécutait ce chevalier avec tant de rigueur (p. 305), reviennent fréquemment[2] et accentuent encore le caractère romanesque de ces héros, victimes d'un destin hostile.

Toutefois, surtout si l'on compare la nouvelle de Segrais aux romans d'un Gomberville, des Scudéry ou de La Calprenède, on peut parler d'un romanesque contenu. Les péri-

2. Voir encore p. 329, 330, 344, etc.

péties les plus romanesques — la tentative de rapt, la fuite des amants et leur capture, d'une part ; la reconnaissance finale, de l'autre — n'occupent qu'une place restreinte dans le récit (p.322-25, 330-331, 358-361). Le narrateur s'intéresse davantage aux épisodes sentimentaux et la majeure partie de la nouvelle est consacrée aux vicissitudes de l'amour entre Roger et Mathilde et aux obstacles qu'y apporte la passion de deux rivaux successifs. Le récit même de ces péripéties romanesques traditionnelles que sont la tempête ou la capture des héros par des corsaires est abrégé à l'extrême : à peine deux pages (p. 330-331) : ni description de la tempête, ni récit du combat contre les pirates. Enfin on ne nous raconte pas le passé de Montrose, qui aurait pu faire l'objet d'un récit rétrospectif fertile en aventures romanesques.

On peut noter aussi l'effort du narrateur pour donner quelque vraisemblance à son histoire. L'affirmation initiale d'Aplanice selon laquelle elle aurait tiré sa nouvelle d'une histoire trouvée dans « plusieurs papiers fort anciens », rédigés « en vieux langage », découverts dans les archives du bourg de Montafilant (p. 290), est un procédé, souvent employé par les romanciers ultérieurs, qui ne peut abuser qu'un lecteur naïf. Mais on trouve dans le récit lui-même plusieurs éléments destinés à accréditer les faits racontés. L'action se déroule peu après la bataille de Hastings, en 1067[3] *; quelques-uns des acteurs, on l'a vu, sont des personnages connus ; les lieux enfin sont indiqués avec précision : la reine a fait venir Mathilde au couvent de la Sainte Trinité et, lorsque Roger parvient à l'arracher des mains du prince, l'itinéraire des fugitifs est noté minutieusement, avec ces trois rivières qu'il faut traverser, l'Orne « qu'on ne passe qu'en un bac », la Dive « qu'on ne passe qu'en bateau », et la Touques qu'on ne traverse qu'à marée basse, « sinon il faut aller chercher les ponts bien loin ». Alors que les héros de roman ne semblent guère avoir de soucis matériels, le narrateur précise ici que Roland,*

3. Les fugitifs sont à Gand au moment de la mort de Baudoin V de Flandre, à cette date.

avant de rejoindre son fils en Flandre, se charge « de ce qu'il put avoir d'argent et de pierreries » (p. 328). Si le corsaire écossais attaque le vaisseau hollandais des fugitifs, c'est que le roi d'Écosse et le comte de Hollande sont alors en guerre (p. 331). Enfin la reconnaissance finale, si romanesque, est soigneusement préparée : on sait dès le début que Mathilde avait un frère jumeau, enlevé au berceau (p. 298), et c'est Clémence, la nourrice de Mathilde et la fidèle compagne de toutes ses aventures, qui reconnaîtra opportunément sur la main de Montrose la marque qu'avait précisément l'enfant enlevé (p. 359), témoignage confirmé par un des auteurs du rapt, qui a gardé le cristal armorié qui permet de l'identifier (p. 360-361). Ces circonstances devaient suffire à faire admettre aux auditrices d'Aplanice des aventures qui nous paraissent bien romanesques, puisque, quand le récit est terminé, Silerite trouve que « le vraisemblable » y est parfaitement observé (p. 363).

Plus encore qu'à la singularité des aventures, les lecteurs de Segrais furent sans doute sensibles à cette douloureuse et pathétique histoire d'amour. Malgré un parti-pris de brièveté affirmé à plusieurs reprises[4]*, qui empêche le narrateur de s'attarder sur les entrevues entre les amants (p. 303) ou de « dire les particularités » de la visite du prince Henri à Mathilde (p. 306), un certain nombre d'épisodes, plus longuement développés, se prêtent à l'analyse des sentiments des protagonistes : ainsi la naissance de la jalousie chez Roger, après la découverte des lettres du prince*[5] *; l'irritation de Mathilde devant les plaintes injustes de son amant (p. 317-318) ; le désespoir et les mouvements contradictoires de l'amant rebuté*[6] *; la détresse du héros, déchiré entre*

4. Voir p. 300, 303, 319, etc.

5. Voir p. 313 : « Il ne pouvait s'empêcher de croire qu'elle écoutait le prince… Il s'imaginait aisément qu'elle l'écoutait et que, charmée de la condition de ce prince, elle n'affectait cette rigueur que pour l'enflammer davantage et pour l'obliger à l'épouser ».

6. Voir p. 337 : « Il priait, il pressait, il soupirait ; mais aussi

son amour et son affection filiale (p. 346-351), etc. D'autres situations, sur lesquelles le narrateur s'étend avec complaisance, permettent des effets pathétiques : la tristesse de Roger qui, se croyant trahi, se retire dans la solitude et compose deux poèmes émouvants dans lesquels l'agitation de la mer ou le paysage hivernal lui renvoient l'image de sa propre douleur (p. 314-316)[7] *; le dilemme cruel, où le héros se trouve plongé, après l'offre de Montrose d'épouser Mathilde, et qui s'exprime en une suite de monologues dramatiques*[8]*, pages particulièrement émouvantes où se succèdent les exclamations douloureuses et les interrogations angoissées d'une rhétorique passionnelle. On comprend l'émotion des auditrices : « il n'y eut aucune de ces dames qui n'en parût touchée », constate le narrateur à la fin de son récit.*

L'émotion suscitée par cette histoire dissipée, les devisantes entament une discussion littéraire, qui permet à l'auteur de revenir sur les idées qu'il avait exprimées après la première

---

quelquefois il en venait aux menaces ; puis, revenant en lui-même et aimant encore mieux les rigueurs de Mathilde que son indignation, il en venait aux supplications et aux repentirs.

7. Ainsi p. 315 :

> [...] mon âme agitée, incertaine et flottante,
> Dans la mer de mes maux ne trouve point de port.

8. Il se débat d'abord dans ce dilemme insoluble : « O père, qui m'as trop aimé ! O Mathilde, que j'ai trop aimée ! ne suis-je né que pour faire votre malheur, ou ne m'êtes-vous donnés que pour mon désespoir ? ». Il se reproche d'avoir fait le malheur de sa maîtresse (p. 348), puis songe à la laisser à son rival, pour se repentir aussitôt d'avoir eu cette pensée (*ibid.*) ; et il retombe dans son désespoir : « En quelle rigoureuse extrémité suis-je réduit ?... de perdre Mathilde pour jamais, ou de les plonger l'un et l'autre dans la dernière misère, et de me rendre moi-même le plus infortuné de tous les hommes ? » (p. 349), avant de renoncer héroïquement à son amour pour sauver son vieux père et sa maîtresse : « Ah ! non, non ! Meure mon amour malheureux plutôt que de faire mourir mon père ! Périsse plutôt le malheureux Montafilant et qu'il languisse éternellement plutôt que de voir davantage languir la divine Mathilde ! » (p. 349-51).

nouvelle. On se souvient que la princesse Aurélie distinguait le roman, qui écrit les choses « comme la bienséance le veut », de la nouvelle, qui « doit un peu davantage tenir de l'histoire » et « s'attacher plutôt à donner les images des choses comme d'ordinaire nous les voyons arriver que comme notre imagination se les figure » (voir p. 99). Or Silerite apprécie le récit qu'elle vient d'entendre parce que « le vraisemblable et la bienséance » y sont bien observés. La nouvelle devrait donc, comme le souhaitait Aurélie, donner une représentation vraisemblable de la réalité, mais en même temps corriger le réel pour plaire au goût des lecteurs. C'est ce qui ressort des propos des devisantes, qui veulent une fiction qui imite la nature — nous n'aimons les fictions, dit en substance Uralie, « qu'en tant qu'elles contrefont ces heureuses productions du hasard ou de la nature » —, mais une fiction qui amende aussi une réalité qui ne répond pas toujours à nos souhaits[9]*, et qui soit satisfaisante pour la morale*[10]*. « Agréable mensonge » plutôt que réalité déplaisante, nécessité de « corriger les erreurs de l'histoire » ou les « injustices de la fortune » : on voit que Segrais et ses devisantes sont encore loin du réalisme.*

La discussion s'engage ensuite sur un problème de casuistique amoureuse[11] *: « un amant peut-il avec honneur céder*

9. « Il vaut mieux, dit Gélonide, se laisser abuser par un agréable mensonge, que de s'ennuyer et de s'affliger même par un récit véritable des choses, qui ont toujours leur succès contre notre inclination » (p. 364).

10. Frontenie estime que l'imagination doit « donner une meilleure forme » à l'histoire, « car ou la vertu n'y aura jamais la récompense dont elle est digne, ou rarement le crime y sera puni comme il le mérite » (*ibid.*).

11. On trouvait dans l'*Astrée* (II, 1-2) un débat analogue : après le récit de l'histoire de Thamire — Thamire, épris et aimé de Célidée, l'avait cédée à son neveu Calidon, qui se mourait d'amour pour elle — les intéressés, pour se justifier, prenaient tour à tour la parole, avant que la « nymphe Léonide » ne se prononçât et n'ordonnât que Célidée, malgré l'offense que Thamire lui a faite, revînt à ce dernier.

sa maîtresse à son rival ? » demande Frontenie. Sous le charme du récit, les auditrices n'ont pas blâmé la résolution désespérée de Montafilant ; mais, à considérer le problème « dans le général », comme le dit Gélonide, on ne saurait approuver pareille attitude : si l'on dit que seuls « l'honneur et le devoir » doivent « triompher de l'amour », y a-t-il un point d'honneur supérieur à celui de ne point violer ses serments et de ne pas abandonner une personne qui a tout sacrifié pour suivre son amant ? Aurélie lui rétorque qu'un fils ne peut laisser mourir son père en prison et avance l'exemple de Rodrigue qui sacrifie aussi son amour à son devoir filial. A quoi Silerite oppose l'Écriture Sainte, qui dit que l'homme doit quitter son père et sa mère, et s'attacher à sa femme. Les avis restent donc partagés dans ce débat, et la journée s'achève par le divertissement de la comédie : dans un décor naturel qui s'y prête admirablement[12]*, des acteurs jouent l'*Amarillis *de Tristan, dont on a retranché « la scène des satyres »*[13]*. La morale et les bienséances sont donc sauves dans la comédie comme dans la nouvelle.*

---

12. Voir la description du décor de la *Célimène*, dans le *Mémoire* de Mahelot (éd. H. C. Lancaster, p. 92).

13. Les scènes de satyres — qui tentent de faire violence aux jeunes filles de la pièce — ont été ajoutées par Tristan à la comédie de Rotrou, *Célimène*, dont il a gardé l'essentiel.

Tapisserie de la reine Mathilde, fragment (Musée de Bayeux).

MATHILDE

Aplanice lui[1] vit succéder celle qui lui était destinée. Ce fut dans un bois, qui est à une lieue et demie du château qu'elle voulut établir son trône.

Il n'y a rien de si agréable que ce bois-là. Les arbres s'élèvent à l'envi l'un de l'autre. Leur feuillage était revenu, et le vert naissant de leur faîte, avec la mousse qui servait comme d'un beau tapis de pied, avait quelque chose de si beau qu'on ne peut pas l'exprimer. Ces dames avaient au reste je ne sais quoi dans leur habillement de si libre et de si champêtre que, voyant Aurélie si belle, avec un air si grand et si divin, au milieu de cette troupe adorable, il était aisé de la comparer à la chaste Diane, prenant le frais au retour d'une chasse, avec ses nymphes chasseresses ou avec les déités des bocages. Sans trop avoir l'imagination de la poésie dans l'esprit, il n'y eut aucun de nous qui ne se souvînt de ces innocentes déités : car il n'y a personne qui ne pense les avoir vues aussi bien que Malherbe

1. A la journée précédente. Rappelons qu'Aplanice est le nom donné par Segrais à Mme de Valençay, fille de Montmorency-Bouteville, d'après « aplanos », qui était le « cri » des Montmorency.

Comme on les trouve quelquefois,
En jupe dessous les feuillées,
Dansant au silence des bois[2].

Mais, soit déités célestes, dryades[3] ou mortelles seulement, il y en eut une, que nous avons nommée Aplanice, qui parla ainsi.

A trois lieues de l'agréable ville de Caen, dans un bourg qui se trouve en tirant vers le midi, on voit encore les ruines de l'ancien château de Montafilant[4]. La commune opinion avait appris aux habitants que ce château appartenait autrefois à des seigneurs de ce nom-là, qui l'ont possédé deux ou trois siècles. Mais il n'y a pas longtemps que, dans les archives de ce bourg, on trouva, avec plusieurs papiers fort anciens, une histoire assez remarquable ; et c'est celle que je veux raconter. L'original ayant été mis entre mes mains[5], dans un voyage que je fis en ce pays-là, je me le fis expliquer à cause qu'il était en si vieux langage que je n'y pouvais rien comprendre, et je n'y changerai rien en vous disant ce qu'il contenait, car c'était le sens des paroles qui suivent.

Durant les guerres que Guillaume, duc de Normandie, surnommé le Conquérant, eut contre ses sujets,

---

2. *Ode pour la Reine-mère du Roi pendant sa Régence,* vers 12-14. « Comme on *vous* trouve quelquefois », a écrit le poète, qui invoque les muses avant de chanter les louanges de Marie de Médicis.

3. Les dryades sont des divinités des bois.

4. Ce château semble bien n'avoir existé que dans l'imagination de l'auteur.

5. Assertion tendant à prouver l'authenticité des faits relatés et la véracité du narrateur. On sait la fortune qu'aura cet artifice romanesque au XVIIIe siècle : voir par exemple le début de *La Vie de Marianne*, de Marivaux.

pour les réduire sous son obéissance, et ensuite contre les Anglais, pour les soumettre sous sa domination[6], entre tous les gentilshommes de ce pays, aucun ne le servit avec plus d'affection, de courage et de fidélité que ceux de cette maison de Montafilant. Roger de Montafilant et le vieux Roland, son père, se portèrent à la conquête d'Angleterre avec tant d'ardeur, de vaillance et d'adresse qu'on les donnait en exemple à toute la noblesse de la province. L'un et l'autre néanmoins s'étaient retirés du service sans avoir acquis d'autre avantage que beaucoup de gloire et d'honneur, le premier pour la débilité de son âge et l'autre à cause d'une étrange injustice qu'on lui fit.

Il était sous-lieutenant de la compagnie d'hommes d'armes du duc, charge fort considérable en ce temps-là, car nul n'entrait dans la gendarmerie qui ne fût gentilhomme, et pendant sept ou huit années entières qu'il posséda cette charge, il ne s'était passé rencontre, combat ou siège important où il ne se fût signalé. Cependant son capitaine-lieutenant ayant été tué d'une flèche au siège d'une ville et ce chevalier même ayant eu le bras percé de cette même flèche, ce qui devait le rendre encore plus considérable, par un effet de son malheur, le duc, qui ne faisait jamais d'injustice, se laissa tellement emporter au conseil du comte de Bessin[7], qui avait grande part au gouvernement de ses États, qu'il disposa de cette charge à l'avantage du fils de ce comte, contre l'ordre de la gendarmerie. Cette disgrâce outra

6. On sait que Guillaume le Bâtard dût d'abord lutter contre les nobles du Bessin et du Cotentin pour imposer son autorité, avant de conquérir l'Angleterre, où les opérations durèrent neuf ans (1066-75).

7. Les comtes ou plutôt vicomtes de Bessin sont mentionnés chez les chroniqueurs du temps (Wace, Guillaume de Poitiers).

tellement ce gentilhomme que, croyant ne pouvoir plus servir dans son corps avec honneur sous un nouveau capitaine, il aima mieux se retirer.

Il était repassé en Normandie et il s'en était revenu retrouver son père, détestant le service des Grands et le malheur de la condition de ceux qui sont contraints de s'y attacher. Le père, qui n'avait pas été plus heureux que lui, par le caprice des maîtres qu'il avait servis ou par la malignité des ministres, consola son fils par son exemple, et ils vécurent si heureux dans cette solitude, dans tous les amusements[8] et dans toutes les douceurs de la vie privée, qu'ils semblaient regretter de n'avoir pas plus tôt choisi cette vie et de ne s'être pas plus tôt détachés des chimères de la Cour, qui plongent si souvent l'âme dans la confusion et altèrent si souvent la candeur et la sincérité des mœurs[9]. Mais la fortune, qui l'avait poursuivi avec tant d'opiniâtreté, vint à l'assaillir jusqu'en son fort[10] et ne voulut pas souffrir qu'il se pût vanter d'avoir trouvé un asile contre elle.

Le roi avait trois fils : Robert, à qui il avait cédé la qualité de duc de Normandie depuis qu'il avait pris celle de roi d'Angleterre[11] ; Guillaume, qu'on appelait le

---

8. *Amusement* : « occupation qui sert à passer le temps, tout ce qui occupe ou qui distrait quelqu'un » (Fur.).

9. La supériorité de la vie retirée à la campagne sur la vie des Cours est un des *topoi* de la littérature pastorale, de la *Diana* de Montemayor à l'*Astrée* de d'Urfé. Voir sur ce thème la discussion qui fait suite à l'histoire d'Aronde.

10. *Fort* : « en termes de chasse, est un buisson fort et épais où quelques bêtes sauvages se retirent » (Fur.).

11. Robert Courte-heuse, fils aîné de Guillaume, avait été adjoint à sa mère, en 1067, pour gouverner la Normandie. Mais, à cause de différends entre le père et le fils, on ne lui laissa pas le pouvoir dans le duché. Sur tous ces événements, voir en particulier l'ouvrage de Michel de Boüard, *Guillaume le Conquérant*, Fayard, 1984.

comte du Maine[12] ; et le troisième, qui s'appelait le prince Henri[13]. Robert était en la Terre Sainte, ayant été de cette fameuse croisade qui se fit sous le règne de Philippe Ier, roi de France[14], et eût peut-être été élu roi de Jérusalem au préjudice de Godefroy de Bouillon, s'il n'eût préféré son héritage et l'amour de sa patrie à ces glorieuses conquêtes où il eut tant de part.

Guillaume, que le roi son père affectionnait plus qu'aucun, l'avait suivi en Angleterre. Le prince Henri était demeuré en Normandie avec la reine sa mère[15] et, conjointement avec elle, il gouvernait cette province, en l'absence du roi et de ses frères. L'un et l'autre demeuraient le plus souvent à Caen, tant parce que cette ville est proche de la mer et qu'ils en recevaient plus souvent des nouvelles d'Angleterre que parce qu'elle était aussi comme le centre de cet État et que, de là, ils pouvaient plus aisément donner les ordres à tout[16].

Or Montafilant ne pouvait pas être si proche de la Cour et demeurer caché dans son château, qui n'en était qu'à trois lieues ; et puis c'est quelquefois un grand

---

12. Guillaume le Roux, qui succédera à son père sur le trône d'Angleterre, en 1087.

13. Henri Beauclerc, roi d'Angleterre en 1100 à la mort de son frère Guillaume, et qui prendra le duché de Normandie à Robert en 1106.

14. Philippe Ier régna de 1060 à 1108. Il s'agit de la première croisade (1096-99). Mais, à cette date, le Conquérant était mort. Il y a quelque incertitude chronologique dans le récit de Segrais.

15. Mathilde, fille de Baudoin V, comte de Flandre, épouse de Guillaume.

16. C'est en effet Guillaume le Conquérant qui fit de Caen, jusqu'alors une île fortifiée par les Normands au confluent de l'Orne et de l'Odon, une ville importante, en y faisant élever deux abbayes et quatre hôpitaux.

charme pour se faire aimer des enfants que de n'être pas trop bien avec leur père. Il ne put s'empêcher d'aller visiter ce jeune prince et, quoique ce ne fût pas fort fréquemment, pour le désir qu'il avait de fuir tout ce qui pouvait l'arracher de sa solitude, son mérite ne put manquer de faire son effet sur l'esprit du jeune Henri. Peu à peu ce prince conçut tant d'amitié pour lui qu'il lui donna toute son affection et voulut réparer la faute de son père, en traitant mieux ce chevalier qu'il n'avait fait.

On ne refuse guère l'affection des personnes du rang de ce jeune prince. Outre les grandes espérances que Montafilant pouvait concevoir de rendre un jour, par ce moyen, sa fortune grande et honorable, il n'y avait sorte de bon traitement que ce prince ne lui fît. Il ne pouvait être un moment sans lui ; ce chevalier lui plaisait en toutes choses et, pour les distributions des grâces, le prince n'attendait pas même qu'il lui nommât ceux qu'il voulait favoriser, quand il le pouvait deviner.

Tout cela pouvait consoler ce chevalier de ses disgrâces passées, mais, soit que l'expérience l'eût fait plus sage, soit que son premier malheur lui fît toujours appréhender le revers de la fortune, ou qu'il eût quelque chose en l'esprit, il recevait tous ces sujets de contentement avec une modération qui n'est pas imaginable et de telle sorte enfin que, l'égalité de son esprit tenant beaucoup de la mélancolie, ce prince lui en demandait souvent la cause. Il lui désavoua[17] ce qui pouvait l'inquiéter, n'ayant que trop ouï dire qu'un habile homme ne doit jamais prendre son maître pour son confident. Mais enfin, jugeant mieux de ce prince que de tous les autres, il ne put s'en défendre toujours.

---

17. C'est-à-dire : il ne lui avoua pas pendant longtemps.

Il y avait déjà plus d'un an qu'il était à lui et près de deux qu'il était repassé d'Angleterre, quand enfin, un jour, à un retour de chasse, ce prince, étant seul avec lui et le trouvant triste, ne put s'empêcher de lui en demander encore le véritable sujet, quoiqu'il lui eût souvent fait cette question inutilement. Mais cette fois, ce fut avec tant de démonstrations d'une vraie amitié que tout autre que ce chevalier en eût été touché, à moins que d'être insensible à tout ce que la reconnaissance peut exiger d'un honnête homme.

— « Serai-je si malheureux, lui disait ce prince, que toute l'affection dont je puis être capable, donnée sans aucune réserve à un ami que je me suis choisi, ne le pourra pas contenter ? Quoi ! je ne saurai jamais ce qui te peut rendre si mélancolique ? L'outrage que le roi mon père t'a fait ne peut-il être réparé par moi, et désespères-tu tellement de ma fortune que tant de promesses que je t'ai faites de la partager avec toi ne te puissent consoler de ta disgrâce ? Si c'est l'ambition qui te tourmente, découvre-moi ton cœur. Que peux-tu souhaiter où je ne puisse espérer de te faire parvenir ?

« Si je te voyais attaché auprès de quelque maîtresse, je croirais que l'amour pourrait causer ton chagrin. Mais au contraire, je vois que tu fuis les femmes. As-tu quelque passion pour celles que j'ai aimées ou pour celles que je puis aimer présentement ? Crains-tu de me le découvrir, et crois-tu qu'en faveur de l'amitié que j'ai pour toi, je ne me vainquisse pas, si tu m'en avais fait voir la moindre envie ? Peux-tu avoir quelque désir qui t'emporte trop haut ? Je n'ai point de sœurs ; mais quand j'en aurais, ne pourrais-tu pas tout espérer du désir que j'ai de te voir content ? Il n'y a point de personne dans toute cette province qui, connaissant ton mérite et l'affection que j'ai pour toi, puisse refuser ton service. Mais ce ne peut-être l'amour qui cause ton chagrin : tu me sembles trop éloigné de cette passion pour t'en croire atteint.

« Ainsi, ne sachant à quoi imputer ce qui te rend si triste depuis quelque temps qu'au mépris que tu fais de ma bienveillance, ou bien à la contrainte d'être plus souvent avec moi que tu ne le souhaiterais peut-être par ton inclination, je ne me puis empêcher de te dire que tu ne dois point te gêner dans ta condition. Il m'ennuiera de ne te pas voir, mais je ne veux point te contraindre. Je voudrais que tu disposasses de tout ce qui est en mon pouvoir et je ne te demanderais en échange sinon que tu te plusses avec moi. Mais pour te faire voir enfin combien je t'aime, je remets ta liberté en ta disposition pour te faire voir, par quelque preuve dont tu ne puisses douter, que j'y remets de la sorte la chose du monde qui m'est la plus agréable. »

Montafilant écouta ces paroles avec attention, n'y répondant longtemps que par de profondes soumissions[18]. Mais enfin, ce prince ayant mis fin à un discours si obligeant, qui n'en eût été vaincu, comme il le fut ? et quelque malheur où ce chevalier se vit exposé pour n'avoir pas tenu le dessein qu'il avait pris de cacher son secret, qui le peut accuser d'imprudence et imputer sa disgrâce à autre chose qu'à sa mauvaise fortune ?

— « Seigneur, répondit-il à ce prince, Dieu m'est témoin que je reçois les marques d'affection dont vous m'honorez avec toute la reconnaissance imaginable. Je sens une affliction dans mon cœur d'y répondre si mal et je me trouve si honteux des termes que vous me dites que, si j'ai quelque douleur, elle ne procède que de la confusion où je suis de mériter si peu une bienveillance

18. *Soumissions* : démonstrations de respect.

si singulière. J'ai mes ennuis, comme tout le monde a les siens ; mais, Seigneur, ils sont de si peu d'importance que je ne crois pas devoir vous en importuner, et c'est la seule occasion qui m'empêche de vous en entretenir, ne doutant point que vous ne daignassiez avoir la bonté d'en souhaiter la fin. »

Sur cela, le prince redoubla encore ses caresses et lui montra en même temps tant de désir de le pouvoir tirer d'inquiétude que d'ailleurs, comme Montafilant pouvait avoir besoin de son autorité dans le dessein qu'il avait, il ne put le lui cacher plus longtemps.

— « Il est vrai, Seigneur, lui dit-il, il est vrai que j'aime, et c'est ce qui fait tout mon chagrin, s'il y en a en moi que la joie que votre amitié me donne ne puisse avoir effacé. Que cette confession si peu attendue ne vous étonne point ! J'aime depuis deux ans, mais si secrètement que, hors la personne que j'aime et une femme qui est à elle, aucun n'en a jamais eu connaissance. Quand vous saurez qui elle est, vous ne vous en étonnerez point, car vous connaissez son nom, si sa personne ne vous est connue. »

Le prince le pressa encore plus qu'auparavant, s'offrant de le servir en sa recherche, telle qu'elle pût être, ce qui l'obligea enfin de lui faire ce récit :

— « Il n'est pas que vous n'ayez ouï parler des grands biens du baron de Douvre[19], et qu'il n'a qu'une fille, que dans la province on appelle plus souvent la belle Mathilde qu'autrement. Si les terreurs de son père, qui n'a qu'elle, avaient pu permettre qu'il l'abandonnât au commerce du monde, elle serait sans doute l'ornement de la Cour. Mais cet homme si riche craint

19. Il s'agit de Douvres la Délivrande, dans l'actuel département du Calvados. Le nom est orthographié sans s dans l'édition originale. Le Baron de Douvre est un personnage imaginaire.

qu'on ne lui en ôtât la disposition, s'il la montrait ; et son appréhension n'est pas sans fondement. Il avait vécu longtemps sans avoir d'enfants, et l'on croyait sa femme si hors d'apparence d'en avoir que le comte de Bessin, qui était son héritier et qui avait fondé de grandes espérances sur cette succession, a, comme vous le savez sans doute, été toujours accusé d'avoir fait enlever un frère que Mathilde avait.

— « J'étais très jeune alors, dit le prince, et, quoique j'aie ouï parler de cette aventure qui est fort mémorable, ç'a toujours été si confusément que tu me feras plaisir de me la dire : car comme tu le sais de cette personne, tu en dois sans doute savoir toutes les particularités. »

— « Seigneur, reprit Montafilant, vous savez que Douvre est sur le bord de mer. La maison n'est ni fermée de fossés, ni fortifiée d'aucune défense. Le propre jour que la femme de ce baron accoucha, après avoir été si longtemps sans espérance d'avoir des enfants, vingt ou trente pirates, ou des gens qui les contrefaisaient, ayant fait une descente en ce rivage, forcèrent cette maison et enlevèrent un enfant dont cette dame venait d'accoucher, avec les meilleurs meubles qu'ils purent trouver. Soit que ce fussent effectivement des voleurs, ou qu'ils fissent ce larcin pour couvrir mieux leur rapt, dans toute la province on a toujours cru que le comte de Bessin, son cousin germain, en fut l'auteur, à cause de la grande avidité qu'il a toujours témoignée pour le bien. Et d'ailleurs ce n'est pas sans beaucoup d'apparence : le peu de temps que ces pirates mirent à piller cette maison, l'heure exacte de cet accouchement dont ils pouvaient être avertis, et l'impatience qu'ils témoignèrent d'abord de se saisir de ce pauvre enfant, en ont toujours été de grands indices. Le baron et sa femme l'ont toujours cru ; mais, soit que cela soit faux ou véritable, cela a toujours été cause qu'ils ont apporté un grand soin pour la conservation de leur fille.

« Elle leur a été donnée comme un présent que le Ciel leur fit dans leur disgrâce : car admirez comme Dieu punit l'intention des méchants et console les bons[20]. Cette dame venait d'accoucher d'un fils au moment que ces pirates forcèrent sa maison. Ayant vu commettre ce crime à ses yeux et étant à peine un peu remise des douleurs de l'enfantement, le sensible déplaisir qu'elle eut de sa perte la rendit longtemps plus morte que vive. Son mari n'y était point alors, ayant été détourné de sa maison sous le prétexte d'un emploi honorable que le comte de Bessin, son parent, lui avait fait donner par le roi, auprès duquel il était fort bien dès ce temps-là, ce qui n'augmenta pas peu le soupçon qu'ils eurent contre lui. Cette pauvre femme donc s'affligeait au dernier point et, voyant partir ces voleurs qui lui ravissaient son âme, son bien et toute sa joie, elle rendit longtemps sa maison le plus pitoyable spectacle qu'on puisse imaginer. La douleur de la mère et les plaintes des domestiques affectionnés ne se peuvent concevoir que par la singularité de cet accident, quand enfin le Ciel, touché de leurs cris, sembla prendre pitié d'eux et permit qu'après une forte convulsion, cette dame, étant heureusement grosse de deux enfants, accoucha de l'autre, qui ne se trouva qu'une fille, mais qui, dès l'heure, fut une grande consolation à sa mère et à toute cette famille désolée. Cette fille est la belle Mathilde.

---

20. La narratrice insiste non sans gaucherie sur cette intervention providentielle du Ciel, qui semble donner un second enfant à la baronne de Douvre pour la consoler du rapt du premier. Voir encore *infra* et p. 300.

« Mais si dès lors elle fut un grand sujet de joie à ses parents affligés, jugez l'état qu'ils en durent faire depuis, quand enfin avec l'âge elle est devenue la plus charmante personne qu'il y ait au monde. Sa beauté vous est connue par le rapport que vous en avez sans doute ouï faire ; mais j'ose ajouter que la renommée ne peut vous avoir fait concevoir la moindre idée, non plus que de son esprit, des grâces qui l'accompagnent.

« C'est elle, Seigneur, qui, étant venue au monde pour rendre sa famille et tous les siens si heureux, semble n'être destinée que pour m'affliger, non que je doive me plaindre de ses rigueurs et de son procédé, mais du malheur qui me suscite tant de traverses. Son père qui craint que l'on ne la lui ravisse comme on a fait[21] son fils, qui est alarmé du crédit du comte de Bessin son parent, et qui redoute avec cela tout ce que ceux qui ont de riches héritiers en leur disposition peuvent appréhender, la veille comme un trésor et il n'y a sorte d'industrie dont il ne se serve pour déguiser le lieu de sa demeure.

« Le Ciel, qui la fit naître si miraculeusement, me l'a fait connaître de même. Le riche Tesson, qui demeure à deux ou trois lieues d'ici, est son oncle, étant frère de sa mère. Sa maison est forte et située dans le milieu de la forêt, comme vous savez pour avoir été cent fois à la chasse vers ces quartiers. C'est là qu'elle est, depuis deux ans que je la sers avec une constance digne de sa beauté et de son mérite. Il vous serait ennuyeux d'entendre dire toutes les particularités de mon amour ; mais jugez-en seulement par sa naissance.

21. Le verbe faire, tenant la place d'un autre verbe avec un complément à l'accusatif, est encore courant au XVIIe siècle. Voir Haase, 71 A.

« Le propre jour que j'arrivai d'Angleterre, je trouvai mon père embarrassé dans une querelle qu'il avait contre cet oncle de Mathilde pour quelques intérêts de famille. Ce chevalier, quoique galant homme d'ailleurs, en usait mal envers mon père : abusant indignement de son âge, il le traversait en tout. Je ne fus pas plutôt arrivé qu'ayant appris son procédé, je me crus obligé de lui en demander raison. Je savais qu'il ne me connaissait point, car j'étais fort jeune quand je partis de Normandie pour l'Angleterre et nous n'avions jamais servi en même lieu. Cela fut cause que je ne fis nulle difficulté de l'aller appeler[22] moi-même. Je fus donc en sa maison.

« Comme vous l'avez peut-être vu, c'est un château fortifié par sa situation naturelle sur un roc escarpé de tous côtés et environné de fossés fort profonds par le côté qui le joint à la forêt. Le baron de Douvre crut que sa fille serait en sûreté dans une si forte place et néanmoins, avec cela, il apportait tant de précaution pour sa conservation qu'il n'y a dans tout ce château que sa femme et la nourrice de Mathilde qui sachent qui elle est. Elle passe dans le logis pour une parente qu'ils ont au pays du Maine et cependant le baron de Douvre fait courre le bruit que sa fille est à Rouen, dans un monastère.

« Mais pour revenir à mon appel, ce fut par lui que je me sentis engagé en la plus cruelle guerre que j'aie jamais éprouvée. Je demandai Tesson. Il n'était point alors dans ce château : il se promenait dans la forêt ; et comme on me dit qu'il reviendrait bientôt, afin de ne donner point de soupçon de mon dessein, je crus que j'étais obligé de demander sa femme et de lui faire

22. *Appeler* : provoquer en duel.

la révérence sous le nom d'un de leurs parents, à peu près de mon âge, qui était revenu d'Angleterre avec moi et que je savais qu'ils n'avaient jamais vu, à ce que j'avais appris de lui pendant notre voyage. Mon dessein réussit comme je l'avais espéré : j'entretins longtemps cette dame et sa nièce, qui descendit avec elle et qu'elle me fit saluer sous un autre nom. Mais je vous avoue que je n'ai jamais fait une visite avec tant de distraction. Jamais peut-être personne n'est devenu amoureux, mais amoureux avec une violence extrême, comme je le devins d'une manière si extraordinaire. J'exécutai pourtant mon dessein et par là, Seigneur, j'eus l'honneur d'être connu de vous.

« Nous allions nous battre, cet ennemi de mon père et moi, n'ayant pour second qu'un gentilhomme qui était à lui et moi mon écuyer, quand, revenant de la chasse avec plusieurs gentilshommes, vous nous rencontrâtes dans la plaine au point que nous allions tirer l'épée, comme il pourrait vous en souvenir, si cette aventure le méritait. Vous nous fîtes embrasser, ayant appris notre dessein de quelqu'un de votre troupe qui nous connaissait l'un et l'autre. Cette aventure, Seigneur, ne peut jamais sortir de ma mémoire, puisqu'elle fut le commencement de la plus glorieuse et de la plus triste vie qu'on puisse concevoir. Mais certes, si l'amitié dont vous m'honorez naquit dès cette journée, comme vous m'avez fait l'honneur de me le dire beaucoup de fois depuis, et si elle me rend le plus heureux homme de ma condition, je crois que je puis dire que mon amour ne lui ressemble pas : non que je sois maltraité de ma maîtresse, car, Seigneur, j'en suis aimé ; elle m'a donné sa foi de n'épouser jamais d'autre que moi ; mais je ne saurais l'obliger à m'épouser contre la volonté de ses parents.

« Or, sans conter les difficultés que j'ai eues à la voir, je voudrais vous pouvoir exprimer combien j'ai eu de traverses pour lui faire agréer ma recherche. Mais cela ne se peut : je n'aurais jamais fait, si je voulais entreprendre de vous raconter tous les personnages qu'il m'a fallu jouer. Je crois que, depuis le bohémien et le pélerin jusqu'aux plus relevés déguisements, il n'y en a point que je n'aie pratiqués. J'ai pris l'habit de marchand, j'ai fait le peintre, le musicien[23], et j'ai pris même l'habit de religieux pour y être introduit. L'amour est un grand ingénieur[24], et il est bien malaisé d'être longtemps apprenti sous lui sans devenir maître en toutes sortes de ruses. Ma passion et l'oisiveté de ma solitude m'ont inspiré d'étranges desseins et il n'y en a point eu que je n'aie exécutés. Mais à quoi bon tout cela, s'il n'a servi qu'à m'embarrasser de plus en plus ?

« Le père de ma maîtresse est un homme qui croit que sa fille est un si excellent parti que je pense qu'à peine il consentirait de vous la donner, si vous n'aviez le royaume d'Angleterre pour votre partage. Quoique nous ayons été accordés, son beau-frère et moi, après ces accommodements, il demeure bien souvent une haine couverte, qui ne change des querelles que le procédé et l'apparence, car l'intérieur est souvent de même qu'auparavant. Il m'estime, à ce que Mathilde m'a dit, mais elle ne m'a jamais conseillé de me découvrir à lui. Ma condition est égale à la leur et je ne puis guère moins

23. On trouve de pareils déguisements d'un amant pour s'introduire chez sa maîtresse dans les romans. Voir par exemple, *L'Astrée*, III, 7, l'histoire de Cryséide et Arimant (Arimant se déguise en marchand) ; ou encore dans l'*Ibrahim*, des Scudéry, l'histoire du peintre et du musicien.

24. C'est-à-dire qu'il rend ingénieux.

espérer par votre autorité ; mais, Seigneur, il n'y a pas moyen de gagner sur l'esprit de ma maîtresse qu'elle fasse un si grand effort par dessus ce qu'elle appelle son devoir. D'ailleurs le comte de Bessin me hait, parce qu'il m'a fait un outrage : car aux favoris insolents offenser et haïr est souvent la même chose et, tout avide qu'il est de cette succession qui lui coûte déjà un crime, il ne demanderait pas mieux qu'un nouveau sujet pour l'engloutir

« Voilà, Seigneur, l'état de mon âme. Vous pouvez maintenant lire dans mes yeux et dans mon cœur. Mais certes, si vous y pouviez voir comme je le souhaite, vous connaîtriez que, quelque inquiétude qui me tourmente, je reçois avec autant de joie que je le dois l'honneur d'être honoré de votre affection. »

Le prince Henri écouta ce discours attentivement, surpris de l'habileté que Montafilant avait eue pour cacher si bien sa passion que personne n'en avait jamais rien su. Mais il ne se contenta pas de lui faire mille offres de tout son crédit auprès du père et des parents de Mathilde, et auprès du duc même, il lui promit encore de faire agir la reine sa mère et de l'obliger de prendre sa maîtresse auprès d'elle.

Montafilant, ravi de tant d'amitié qu'il lui témoignait, ne put lui celer ensuite que du moins, dans son déplaisir, il avait le contentement qu'il se passait peu de semaines sans qu'il vît sa maîtresse, parce qu'ayant gagné sa nourrice en qui elle avait beaucoup de confiance, il avait trouvé moyen d'avoir par elle les clefs du parc. Il lui dit que Mathilde s'y promenait souvent le soir et qu'à la faveur de l'obscurité, il était quelquefois introduit dans l'appartement de cette belle par un petit pont, que Clémence (c'est ainsi que s'appelait sa nourrice) baissait, quand tout le monde était retiré ; et que quelquefois même il se tenait caché dans un cabinet qui était à côté de sa chambre et y passait la nuit et le jour suivant, ne s'en retournant qu'à l'entrée de l'autre nuit[25]. Sur quoi le prince lui dit qu'il voulait être son confident et qu'il voulait assurer lui-même sa maîtresse de l'affection qu'il avait pour lui.

Tant de marques d'amitié rendaient ce chevalier charmé de la bonté de son maître ; mais il ne savait pas la tempête que lui préparait un calme si apparent. Quelque soin qu'il prît pour empêcher ce prince de se donner cette peine, il n'en put venir à bout[26]. Lui ayant dit par hasard que, ce soir même, tout était préparé pour sa visite, le prince prit si fort cette affaire à cœur qu'il voulut l'y accompagner, quoi que ce malheureux amant lui pût alléguer pour retarder son dessein, non dans la pensée du malheur qui lui arriva, mais afin seulement de préparer l'esprit de sa maîtresse à une visite de cette importance, appréhendant de l'avoir offensée par cette confidence et voulant lui dire auparavant les raisons qui l'y avaient obligé. Mais le prince ne voulut jamais le souffrir, lui alléguant que cette surprise aurait quelque chose de galant, qui lui plairait sans doute et lui ferait mieux connaître avec quelle affection il entreprenait son affaire.

Que sert-il enfin de vous tenir plus longtemps en impatience ? La fortune, qui persécutait ce chevalier avec tant de rigueur, n'avait garde de l'épargner en une semblable conjoncture. Le prince vit sa maîtresse. Ainsi ce pauvre amant, qui l'y mena, sans y penser, travailla

25. Dans l'*Astrée*, III, 3, Alcidon se tient lui aussi caché dans un cabinet voisin de la chambre de Daphnide pour n'en repartir que le lendemain soir.

26. De même, Alcidon hésite à mener le roi Euric chez Daphnide (*Astrée*, III, 3, p. 140-41). Et, comme ici, le prince tombera amoureux de la jeune fille en la voyant.

lui-même à sa ruine et son malheur voulut qu'elle vînt du côté dont il attendait tout son bonheur.

Le prince ne revint pas de cette visite si généreux qu'il y était allé. Mathilde était trop sûre en ses coups, et l'amitié qu'il avait pour l'amant ne put empêcher qu'il ne ressentît la puissance des charmes de l'amante. Il ne sert de rien de dire les particularités de cette visite[27], puisqu'il n'y a que cet incident qui serve à la suite de ma narration. Mathilde fut une partie de la nuit dans le parc avec Clémence, comme elle l'avait promis par l'assignation qu'elle avait donnée à Montafilant ; et, son amant étant venu avec le prince, elle s'étonna d'abord[28] de le voir accompagné. Mais, ayant bientôt appris la condition de son confident et su par ses premiers discours la passion qu'il avait d'obliger son favori, elle se remit aisément de la colère où la pensée que son amant lui avait manqué de secret, semblait l'avoir mise d'abord[29].

L'amour que le prince Henri conçut devint bientôt si violent qu'il fut le maître de toutes ses actions et de tous ses desseins ; et il résolut bientôt de lui sacrifier tout ce qu'il devait à la considération de son amitié. Si est-ce que pourtant ce lui fut force de dissimuler dans le commencement avec son rival, parce qu'il ne pouvait voir sa maîtresse que par son moyen. S'il eût

27. D'Urfé, lui, racontait par le menu la visite d'Euric à Daphnide et leur entretien (*Id., ibid.*, p. 143 sq.).

28. Nous avons modifié ici le texte original, qui semble fautif : « Mathilde fut une partie de la nuit dans le parc avec le prince, et son amant étant venu avec Clémence, comme elle l'avait promis par l'assignation qu'elle avait donnée à Montafilant, elle s'étonna d'abord de le voir accompagné ».

29. Dans l'*Astrée, ibid.*, Daphnide se plaignait aussi de l'indiscrétion de son amant (p. 145).

éclaté[30], on l'eût bientôt changée de lieu et, s'il ne se fût pas beaucoup soucié de la faire perdre à l'autre, il appréhendait de la perdre pour lui-même. Il faisait donc toujours les mêmes caresses à Montafilant qu'il avait de coutume et s'empressait auprès de lui pour savoir l'état de ses affaires. Mais toutes ses paroles n'avaient aucun effet, hors celle qu'il lui avait donnée d'employer son crédit pour la mettre auprès de la reine sa mère, parce que, de se montrer toujours si empressé d'accompagner son rival dans ses visites, il ne le pouvait pas longtemps sans découvrir son dessein.

Il n'y a rien de plus clairvoyant qu'un amant sur le sujet de sa passion. Le prince ne pouvait si bien dissimuler que Montafilant n'eût mal jugé de ce grand empressement qu'il avait pour l'accompagner ; et puis, quelque gloire qu'il lui revînt d'avoir un entremetteur de cette importance, il eût encore mieux aimé entretenir sa maîtresse seul que d'admettre dans leur conversation un tiers de si grande qualité : car le prince ne pouvait pas aisément se réduire à l'entretien de Clémence. Pour cette raison donc ce nouvel amant, sentant sa conscience coupable et redoutant l'esprit pénétrant de son favori, ne voulut pas se montrer trop empressé dans ses visites ; mais il travailla avec tant d'adresse que, sans qu'on sût par quel motif il entreprenait cette affaire, la reine envoya quérir la mère de Mathilde et la sut si bien flatter qu'elle reçut avec joie la proposition qu'elle lui fit de prendre sa fille auprès d'elle, sur le seul rapport qu'elle lui dit avoir ouï faire de sa vertu, de son esprit et de sa beauté.

Sans une grande bizarrerie, ses parents ne pouvaient pas la lui refuser : car, outre la sûreté où elle devait

30. *Éclater* : manifester ses sentiments.

être auprès de cette princesse, c'était une école d'honneur et de piété, où cette fille ne pouvait manquer de bons exemples ; outre que, depuis que le Conquérant avait passé en Angleterre, cette princesse demeurait toujours dans l'abbaye de la Sainte Trinité qu'elle avait fait bâtir[31], où par conséquent cette riche héritière était en toute assurance. Bientôt après, elle y fut amenée par sa mère, à qui la reine donna sa parole de l'aimer comme sa fille propre et de n'en avoir pas moins de soin que ses plus affectionnés parents en pouvaient avoir.

Le prince jusqu'alors avait toujours si bien dissimulé que Montafilant, qui croyait que ce changement de lieu était un grand acheminement pour son dessein, l'en remerciait chaque jour, mais avec tant de reconnaissance et de respect que ce prince qui, comme je l'ai dit, avait quelque sentiment pour l'honneur, en était outré[32], ne pouvant s'empêcher d'avoir quelque remords de l'insigne déloyauté qu'il faisait à un gentilhomme qu'il avait tant aimé. Mais enfin ce pauvre amant ne fut pas longtemps sans s'apercevoir du tort qu'il s'était fait : car les choses changèrent bientôt de face et bientôt il se trouva que c'était lui à son tour qui était à la merci de son rival.

Le prince ne pouvait voir Mathilde que par la tolérance de Montafilant, tandis qu'elle était chez son oncle ; et alors[33] Montafilant ne pouvait la voir que par

31. L'abbatiale de la Trinité, ou abbaye aux Dames, fut terminée à la fin du XIe siècle. Cette abbaye, comme l'abbaye aux Hommes, furent élevées par Guillaume le Conquérant et sa femme Mathilde en témoignage de pénitence, après que Lanfranc eut obtenu, en 1059, la levée de l'interdit sur leur mariage.

32. *Outré* : pénétré d'un sentiment pénible (Littré).

33. *Alors* : maintenant, dorénavant.

le crédit de son maître : car la reine d'Angleterre, qui était dans cette abbaye, n'en donnait l'entrée aux gentilshommes que quand ils venaient avec le prince son fils, comme d'ordinaire encore on le pratique aux religions[34]. Aux autres jours, elle donnait audience à la grille, mais rarement, et plus rarement encore on y pouvait voir ses filles. Le prince usait de son empire un peu tyranniquement, car, n'ayant plus que faire de la compagnie de son rival, il se cachait de lui, quand il allait à l'abbaye ; ou quand, par la violence de sa passion, ce chevalier était obligé d'implorer son secours, ce prince lui témoignait tant d'ennui d'aller voir la reine sa mère et tant de répugnance à cette visite qu'il n'osait prendre la liberté de l'en prier souvent ; et s'il le suppliait de s'employer auprès de la reine pour faire agréer sa recherche, il le remettait de jour en jour, ou lui donnait quelque défaite. Ce qui le consolait pourtant est que Clémence était avec elle, qui entrait et sortait quand les affaires de sa maîtresse ou les siennes le voulaient, et de cette sorte, il ne se passait presque point de jour qu'il ne pût écrire à sa maîtresse et qu'il n'en reçût des lettres.

Le prince s'était déjà déclaré à Mathilde, mais elle n'en avait rien dit à Montafilant. Elle espérait que ce prince reconnaîtrait son injustice, et elle ne savait pas si peu ce que c'était que la jalousie qu'elle ne s'imaginât bien que son amant ne pourrait s'empêcher de témoigner son mécontentemnt à son maître, ce qui apparemment le ruinerait auprès de lui, si l'amour qu'il avait pour elle était si violente qu'il le lui voulait faire croire.

Mais qui peut aisément se cacher à l'amour ?[35]

---

34. *Religion* : couvent.

35. *Athis*, Chant I, p. 52.

Déjà Montafilant avait quelque soupçon de la passion du prince et, redoutant toute chose, il était plus assidu qu'il n'avait de coutume à observer ses actions. Quelque soin qu'apportât son maître pour cacher ses visites, il ne pouvait si bien faire en sorte qu'il ne l'accompagnât plus souvent qu'il n'eût voulu, ce qui était cause qu'il ne lui faisait pas si bonne mine qu'il avait de coutume, dont Montafilant s'apercevait fort bien. Mais, quoique cette froideur augmentât ses soupçons, il dissimulait, à l'exemple de son maître, et ce prince, qui ne voulait pas encore éclater, se faisant justice ou croyant par sa feinte bienveillance pouvoir mieux tromper son rival et devoir donner quelque chose à l'apparence, le menait quelquefois en cette abbaye, quand il y allait, observant pourtant une chose le plus souvent qu'il lui était possible, qui était de prendre son temps[36], quand il savait que la reine serait en dévotion et que, par conséquent, ses filles seraient obligées d'être avec elle, et qu'ainsi Montafilant ne pût entretenir sa maîtresse non plus que lui et fût contraint de se contenter de la voir dans l'église ou devant tout le monde.

Or il arriva qu'un jour ce prince, ayant mené ce gentilhomme avec lui, prit fantaisie de visiter ce monastère, suivant le privilège que sa naissance lui en donnait. Laissant donc les dames à l'église, il prit Montafilant et deux ou trois gentilshommes avec lui et s'en va courir partout. Passant devant la chambre de Mathilde et y trouvant une fille qui avait soin de la servir, ils y entrèrent et en sortirent presqu'en même temps. Montafilant demeura pour faire connaissance avec cette fille, car il ne la connaissait pas encore. En causant avec elle, comme c'était auprès de la table,

36. C'est-à-dire choisir le moment favorable.

l'écritoire de Mathilde, qui était ouverte, s'offrit devant ses yeux. Il y avait dedans quelques lettres, dont il en reconnut quelques-unes pour être de sa tante et de sa mère, car il connaissait leur écriture pour en avoir vu d'autres fois. Mais, parmi ces lettres, deux petits papiers qui étaient pliés sans suscription et d'une autre manière que celle dont il avait de coutume de plier les siens, tentèrent merveilleusement sa curiosité, dans la défiance où il était déjà. N'en voulant toutefois rien témoigner devant cette fille, pour l'obliger de s'éloigner de lui, il lui dit de regarder si le prince était déjà loin et fit même semblant de s'avancer pour y aller, ce qui la fit partir de la main[37] pour lui rendre cet office, ne voulant pas souffrir qu'il y allât lui-même. Cependant il prend un de ces papiers et, l'ouvrant un peu, il voit que c'était de l'écriture du prince. Sachant bien que cette fille reviendrait aussitôt, il les met tous deux dans sa poche et va après elle, ce qui fut fait si promptement qu'à peine avait-elle fait quatre pas hors de la chambre. Ainsi elle n'eut aucun soupçon du larcin qu'il avait fait à sa maîtresse. Il eut une extrême impatience d'être à son logis et il n'y fut pas sitôt qu'ouvrant ces deux papiers, il les lut promptement et vit que le premier contenait ces paroles :

« Je ne m'étonne pas de vos premières rigueurs : mon entreprise n'est pas de celles qui n'ont aucune difficulté ; mais aussi mon amour n'est-il pas de ceux que les difficultés peuvent rebuter. Je vous aime, belle Mathilde, et il n'est plus en mon pouvoir de m'en dédire. Vos mépris me peuvent rendre le plus malheureux de tous les hommes ; mais ils ne sauraient chan-

37. *Partir de la main* : « exécuter avec promptitude, avec empressement, ce qui peut être utile et agréable à quelqu'un » (Littré).

ger la résolution que j'ai prise. En vain donc je ferais mille efforts pour en venir à bout. Comme votre beauté est la seule cause qui fait que je vous aime, ne vous en prenez qu'à elle seule, si je ne puis cesser de vous aimer, et ne pensez pas enfin que le Ciel laisse en mon pouvoir ce qui n'est pas même au vôtre. »

L'autre papier contenait un magrigal, avec quelque prose au bas. Montafilant les lut aussitôt et vit que ces vers et cet écrit étaient conçus en ces termes :

Philis, dans mon cruel tourment,
Votre douceur veut que j'espère ;
Mais hélas ! quand je lui veux plaire,
Votre rigueur en ordonne autrement.
Votre douceur m'attire à soi ;
Votre rigueur me désespère.
Que croirai-je et que dois-je faire ?
Amour, amour conseille-moi.[38]

« Oui, c'est lui que je consulte seulement, car que me pourrait alléguer cette amitié dont vous voulez que je prenne les conseils en vain ? Je l'ai écoutée : ses raisons sont faibles contre la puissance de vos charmes. Je ne veux point vous déplaire ; mais faites taire cette amitié importune, de peur que mon amour ne s'emporte. Jusqu'ici je ne vous ai dit que la moitié de ses raisons : mon respect l'a voulu ainsi ; mais ce respect peut n'être pas toujours le maître. Devinez donc ce que je n'ose vous dire, et songez qu'une passion comme celle que j'ai pour vous peut malaisément souffrir d'être sacrifiée à celle d'un rival. »

Soit que ce prince eût effectivement fait ces vers, ou qu'il se fût servi de l'esprit de quelqu'un de sa Cour,

---

38. *Diverses Poésies de M. de Segrais,* éd. orig., 1658, p. 147, ainsi que dans *Œuvres,* Chansons, XXXI (Slatkine Reprints, p. 298-99). Dans les *Diverses Poésies*, le vers 4 est le suivant :

Votre rigueur me le défend.

ils étaient écrits de sa main, et Montafilant les lut avec un déplaisir extrême. Les moindres injures[39] qu'on reçoit des personnes dont on attend de l'amitié ou pour qui l'on en a, sont des outrages sanglants. Ce gentilhomme servait son maître avec une affection et un zèle incroyables, et, se voyant trompé si indignement, il se sentait saisi de la plus cuisante douleur dont un homme puisse être capable. Mais, tournant en même temps ses pensées du côté de Mathilde, cette douleur allait jusqu'à la rage.

Ces lettres n'avaient rien qui la convainquissent de lui être infidèle ; mais quand sa défiance lui représentait que, depuis que ce prince l'aimait, elle ne lui en avait rien dit, dans l'état où il croyait être avec elle, sa jalousie ayant lieu d'agir, il ne pouvait s'empêcher de croire qu'elle écoutait ce prince. Et comme l'amour est naturellement timide et défiant, il s'imaginait aisément qu'elle l'écoutait et que, charmée de la condition de ce prince, elle n'affectait cette rigueur que pour l'enflammer davantage et pour l'obliger à l'épouser. Dans ces différentes pensées, se trouvant seul, son amour, qu'il croyait trahie, et son amitié, qui recevait un si grand outrage, lui mettaient en la bouche les plus pitoyables plaintes qu'on puisse imaginer. Mais, au plus fort de ses plaintes et de son désespoir, il ne pouvait que résoudre.

Il passa le reste de cette journée et toute la nuit dans les plus violentes agitations dont jamais un esprit puisse être tourmenté. Quelquefois il faisait dessein d'aller reprocher à son maître son infidélité pour le faire rougir de l'outrage qu'il lui faisait ; quelquefois il résolvait de sauter les murs qui lui empêchaient la vue de

39. *Injures* : offenses, outrages.

Mathilde pour lui aller témoigner sa juste jalousie ; et quelquefois, abattu d'un si rude coup, il tâchait d'oublier l'un et l'autre. Dans cette pensée, dès que le jour revint, songeant bien qu'il ne pourrait empêcher que sa douleur ne parût sur son visage, il monta à cheval et, comme il était fort sage, de peur de faire rien dont il se repentît après, il aima mieux s'éloigner de la ville.

Il y avait un de ses parents qui possédait presque toutes ces terres qui, du côté du couchant, s'étendent à l'embouchure de la rivière d'Orne. Ce gentilhomme était fort de ses amis et souvent il l'allait visiter, tant à cause de l'amitié et de la parenté qui était entre eux, que parce que la situation de sa maison est une des plus agréables qu'il y ait au monde. Montafilant se retira donc chez lui dans le dessein d'y passer sa mélancolie, ou d'y attendre du temps quelque sage résolution. Le prince le voyait quelquefois partir comme cela sans qu'il s'en mît en peine, car, soit que Montafilant allât voir son ami, ou qu'il allât voir son père, il partait souvent sans rien témoigner à personne et revenait de même au moment qu'on l'attendait le moins. Après y avoir passé quatre ou cinq jours, il pria son ami d'écrire à quelqu'un de la Cour du prince qu'il était malade, afin qu'on ne fût pas en peine de sa retraite, et ainsi, sous ce prétexte, il demeura plusieurs jours dans cette solitude, se laissant consumer à sa douleur.

Quelquefois, ne pouvant souffrir aucune compagnie, il prenait une chaloupe et s'embarquait sur la rivière, qui était au pied de cette maison : il s'allait promener toute la journée jusqu'à la mer et ne revenait qu'avec le flux de la marée, comme il se laissait souvent emporter par son reflux, nourrissant son esprit des tristes pensées que l'état où il était alors, joint aux objets qui se présentaient à ses yeux, pouvaient lui inspirer.

Ce fut dans son inquiétude qu'un jour, jetant les yeux sur la mer et considérant l'instabilité de ses ondes, il fit ce sonnet, qui marque si bien le trouble où il devait être.

Sonnet[40]

Malheureux élément, mer instable et changeante,
Triste jouet des vents, vraie image du sort,
Dans le trouble où je suis, contemplant ta tourmente,
Hélas ! qu'entre nous deux je trouve de rapport !

Comme toi, je dépens d'une humeur inconstante
De qui le changement me travaille si fort
Que mon âme agitée, incertaine et flottante,
Dans la mer de mes maux ne trouve point de port.

Ton eau n'est point amère à l'égal de mes peines ;
Plus tôt on compterait tes flots et tes arènes
Que les divers desseins qu'à toute heure je fais.

Enfin tu n'as sur moi que ce seul avantage
Que le calme succède à ton plus grand orage,
Au lieu que mon esprit n'en espère jamais.

Une autre fois, jetant les yeux sur le rivage et, comme c'était dans la plus rude saison de l'année, voyant la campagne déserte et les arbres dépouillés de leur feuillage, sa triste douleur lui arracha ces pensées, que son oisiveté réduisit presqu'en même temps en cet autre sonnet[41] :

---

40. *Diverses Poésies,* p. 93, et dans *Œuvres,* Sonnets II, Slatkine rep., p. 266, où nous avons pour les deux premiers vers la variante suivante :

Dangereux élément, mer trompeuse et changeante,
Mol esclave des vents...

41. *Diverses Poésies,* p. 94, et *Œuvres* (Slatkine), p. 268.

Campagne de moissons et de fleurs dépeuplée,
Que la saison maltraite avec tant de rigueur,
Triste et funeste objet, arbres que la gelée
Fait paraître tous morts et séchés jusqu'au cœur,

Hélas ! si du soleil la course reculée,
O mes chers confidents, vous prive de vigueur,
Sachez que, comme vous, mon âme désolée
Demeure loin du sien dans la même langueur.

Mais l'aimable printemps peut vous rendre la vie ;
L'espérance du moins ne vous est point ravie :
Dans trois ou quatre mois vous changerez de sort.

Et quand, pour soulager mon déplaisir extrême,
Je pourrais retourner vers l'ingrate que j'aime,
Que puis-je de sa vue attendre que la mort ?[42]

C'était de cette sorte qu'il passait ses jours et menait la plus triste vie qu'on se puisse figurer. Tous les déplaisirs qu'il avait sentis jusqu'alors n'avaient rien de comparable à celui qui le possédait.

Or, avant que de partir, il avait écrit une lettre à Mathilde et l'avait envoyée chez un frère que Clémence avait dans la ville, chez lequel Mathilde et lui avaient de coutume d'envoyer leurs lettres. Clémence y apportait celles de Mathilde et y prenait celles de Montafilant, et un valet de chambre qui était à lui avait soin d'en user de même pour ce qui le regardait, si ce n'était que, quand Clémence avait quelque chose à lui dire de la part de sa maîtresse, elle l'en avertissait le jour

42. Les *Diverses Poésies* de 1658 et l'éd. des *Œuvres* comportent les variantes suivantes :

au vers 9 : vous peut rendre la vie ;
au vers 11 : Au retour du soleil... ;
Aux vers 12 et 13 :

Et quand, pour soulager ma douleur infinie,
Le Ciel m'accorderait le retour d'Isménie...

d'auparavant et il l'allait trouver en cette maison, en quelque église ou en quelqu'autre endroit, variant le lieu de ces rendez-vous le plus souvent qu'il était possible de peur que personne ne découvrît leur intelligence. Or la lettre qu'il avait écrite à Mathilde dans cette conjoncture était accompagnée des deux lettres qu'il avait prises en son écritoire. Et elle était à peu près conçue en ces termes :

« Puisque je n'ai pu mériter votre affection entière, comme je vous avais entièrement consacré celle dont je puis être capable, ne vous donnez point tant de peine pour me tromper. Le prince pour qui vous vous repentez peut-être de vous être engagée à souffrir ma passion, vous peut sembler plus digne de vous servir, et il vaut mieux que par générosité et pour vos intérêts je lui cède une place que je perdrais bientôt par mon malheur. Ne prenez donc plus tant de soin de me cacher ce mystère : c'est assez que votre pensée me soit connue. Perdre en un jour un maître qu'on croyait son meilleur ami et une maîtresse dont on tenait la fidélité assurée, c'est sans doute le plus grand des malheurs où un homme puisse être exposé. Mais il n'y a point de si grands malheurs qui n'aient leurs remèdes, quand on sait mourir.

Cette lettre et celles du prince qui l'accompagnaient affligèrent cruellement Mathilde. Sa conscience, qui lui témoignait combien elle méritait peu ce traitement, le lui fit d'abord regarder comme une chose fort outrageante ; mais amour, qui prend toujours le parti de ses véritables sujets, lui fit bientôt changer de langage. Soit que, comme on le dit, qu'il soit vrai

Que tout crime est léger, dont l'auteur est aimé,[43]

43. Corneille, *la Suite du Menteur,* IV, 3, 1368.

soit que le bruit, qui courut à la Cour et dans la ville, que Montafilant était malade, eût touché le cœur irrité de cette amante, elle ne put souffrir plus longtemps qu'il la condamnât avant que de l'avoir écoutée.

Pour le prince, soit qu'il se doutât de sa feinte, ou qu'il crût effectivement qu'il était malade, étouffant indignement toute l'amitié qu'il avait eue pour lui, il ne put s'empêcher de se réjouir de son absence et, voulant en profiter, il ne put longtemps demeurer sans presser vivement sa maîtresse de recevoir sa passion. Or cela ne se put sans lui tenir quelques discours qui l'étonnèrent : il la menaça de son pouvoir et de se venger sur son rival.

Mathilde, se voyant abandonnée, ne put tenir[44] plus longtemps sa colère, contre le dessein qu'elle avait fait de punir par un long silence son amant, dont elle se croyait offensée : après sept ou huit jours, elle ne put s'empêcher de l'avertir de tout et de lui faire connaître qu'à tort il avait douté de sa fidélité. Elle fit venir le frère de la fidèle Clémence, dont elle avait éprouvé l'adresse et la fidélité en plusieurs rencontres, et, lui ayant donné une lettre, elle le pria de la lui aller porter chez ce gentilhomme où elle savait qu'il s'était retiré. Montafilant reçut la lettre et, l'ayant lue, trouva qu'elle contenait ces paroles :

« Cette mort dont vous me menacez vous serait bien due et j'aurais lieu de vous la souhaiter, si je n'avais encore plus d'amitié pour vous que vous n'avez d'injustice pour moi. Je n'ai jamais ouï dire que de n'aimer pas à apprendre une mauvaise nouvelle à ses amis soit leur faire un outrage. Prenez donc un meilleur sentiment de ma fidélité, puisque c'est là tout mon crime.

---

44. *Tenir* : ici garder, conserver.

Je changerai de procédé avec vous ; mais ce sera pour vous punir. Je ne vous en puis pas dire davantage. Si vous pouvez venir avec cet homme que je vous envoie, il vous dira par quel moyen je puis vous entretenir. Adieu. Vous méritez mieux mon oubli que cette grâce ; mais je suis injuste à votre exemple, avec cette différence toutefois que j'ai reçu une injure de vous, au lieu des remerciements que j'en devais attendre, et que je vous récompense, quand vous méritez d'être puni. »

Montafilant ne put demeurer plus longtemps dans sa solitude, après un si doux commandement. Clémence, qui avait su la commission que Mathilde avait donnée à son frère, l'avait instruit encore bien plus exactement qu'elle, et cet homme ne manqua pas de s'acquitter de sa commission. Montafilant apprit par lui l'extrémité où Mathilde était réduite par l'empressement du prince, et ce fut ce qui le fit résoudre de partir aussitôt.

Il y a un jardin qui est joint à cette abbaye, dont les murailles sont fort hautes. Mathilde avait trouvé un endroit où, par le moyen d'une pierre qui s'ôtait et se remettait, on pouvait au travers de la muraille entretenir ceux qui étaient dans la rue. La ville de Caen n'était pas encore si grande qu'elle l'est aujourd'hui et ce lieu était par conséquent encore plus désert qu'il ne l'est à présent. Le frère de Clémence partit devant, pour avertir Mathilde qu'elle se trouvât à cette ouverture et que, bien avant dans la nuit, quand tout le monde serait retiré, Montafilant ne manquerait pas de s'y rendre. D'un autre côté, ce chevalier régla si bien son chemin qu'il n'arriva que la nuit à la ville, et il se tint caché chez un de ses amis jusqu'à l'heure du rendez-vous.

Il ne servirait de rien de redire tous les discours de ces amants[45] : ces éclaircissements ne se font guère en

45. Toujours le souci du narrateur de faire court.

peu de paroles. Il suffit de dire que Mathilde se justifia à Montafilant de ce qu'elle ne lui avait rien dit de la passion que le prince témoignait d'avoir pour elle, et que Montafilant lui demanda cent fois pardon d'avoir douté de sa fidélité.

Depuis il se passa peu de nuits qu'ils ne s'entretinssent par ce moyen, et dès lors, Montafilant commença à presser plus fortement sa maîtresse de consentir à son enlèvement. Ayant perdu son appui avec l'amitié de son maître, il voyait bien que, sans quelque remède puissant, il ne viendrait jamais à bout de son dessein ; et le prince devint si éperdument amoureux qu'il commença à faire craindre l'un et l'autre. Néanmoins Mathilde ne pouvait se résoudre à faire une chose qui était si fort contre son devoir. Elle lui conseilla d'essayer auparavant de fléchir ce prince et d'employer le crédit de la reine.

Cette princesse avait de l'estime pour lui. Mathilde lui en oyait souvent dire du bien et elle avait vu avec joie que son fils avait choisi un si digne favori. Depuis, ayant remarqué sa disgrâce, elle lui en avait souvent demandé la raison ; mais il ne lui en avait jamais voulu confesser le véritable sujet. Enfin la bonté que ce chevalier remarquait en elle fut cause qu'il se résolut d'y avoir recours. Un jour donc, ayant trouvé l'occasion de l'entretenir, il lui raconta son aventure tout au long, la naissance de son amour et celle de sa faveur, et comme son maître était devenu son rival. La reine, qui était généreuse et qui d'ailleurs commençait à avoir quelque soupçon de la passion de son fils, qu'elle ne trouvait ni juste, ni sortable[46], se résolut de favoriser Montafilant en tout ce qu'elle pourrait. Elle lui promit de parler aux parents de Mathilde et à son fils même.

46. *Sortable* : assortie, convenable au rang du prince.

Pour ce dernier, comme elle en trouva plus aisément l'occasion, elle s'acquitta presqu'aussitôt de sa promesse : le jour ne se passa point qu'elle ne l'entretint longtemps sur ce sujet. Elle lui remontra l'injustice qui en toute manière accompagnait sa passion ; mais elle mêla à ces douces remontrances quelque aigreur, ne pouvant s'en empêcher par la raison qu'elle en avait. Ce prince reçut cet avertissement de fort mauvaise grâce et, bien loin de se faire justice, sans vouloir écouter Montafilant, soupçonnant qu'il était cause de cette réprimande, il lui commanda dès le jour même de se retirer chez son père et il lui défendit sur peine de la vie de rapprocher[47] plus près de la ville où il était.

Ce chevalier, qui était accoutumé aux disgrâces de la Cour, s'émut peu en considération de sa fortune ; mais il ne put songer à l'outrage que reçut son amour sans s'abandonner au désespoir. Son père le consolait en vain. Il ne pouvait songer à céder Mathilde : il aimait mieux mourir mille fois. Cela était cause que, comme ses entrevues avaient été secrètes, il les renouvelait le plus souvent qu'il lui était possible et, dans le malheur où il vivait, ce n'était pas une petite consolation pour lui : car comme la passion d'amour, dans les esprits généreux, est de telle nature qu'elle augmente par les difficultés, sa maîtresse lui faisait voir tant de constance qu'il avait lieu d'en être content.

Aussi le Ciel, qui se plaît à tromper notre espérance et notre désespoir, et qui se rit de la prudence des hommes dans leurs plus sages résolutions, voulut que son bonheur lui vînt du côté qu'il l'attendait le moins, comme avait fait son infortune. Quelques efforts qu'il eût faits jusqu'alors sur l'esprit de Mathilde, il n'avait

---

47. Employé absolument.

jamais pu l'obliger de consentir à son enlèvement et, au moment qu'il s'y attendait le moins, le Ciel fit qu'elle fut contrainte de se jeter entre ses bras.

Depuis le bannissement de Montafilant, la reine, qui en avait deviné la cause, fit ce qu'elle put auprès du prince Henri pour lui remontrer l'indignité de son action ; mais ce prince faisait peu d'état de ses réprimandes et de ses menaces : au contraire, comme il voyait son père éloigné[48], emporté par la violence de son humeur naturelle et par sa passion, il résolut, à quelque prix que ce fût, de donner contentement à son amour. Après avoir en vain essayé la prière, sans regarder les conséquences de son audace, il résolut de l'enlever de ce monastère, apportant toutefois ce tempérament de le faire avec le moins de scandale et de bruit qu'il le pouvait, et de s'y conduire si bien qu'on pût accuser Montafilant de son action et que par conséquent, voyant la justice contre lui, il fût obligé de s'enfuir. Pour cet effet, il choisit trois hommes seulement, des plus résolus et des plus fidèles qu'il put trouver en toute sa Cour.

Il y a un pavillon, à un des bouts du jardin, qui est fort éloigné de l'abbaye. Soit qu'il en eût eu de fausses clefs ou que quelqu'un de dedans lui en eût ouvert la porte, il entra par là et, se glissant ensuite jusqu'à l'appartement de Mathilde, après avoir laissé deux de ses gens à la porte, afin de faire moins de bruit, il entra dans sa chambre avec un homme seul et, la saisissant rudement par le corps, l'enleva par force hors de là, quelque résistance qu'elle pût faire. Elle voulait crier, mais, lui ayant mis un mouchoir sur la bouche, il l'en

48. Le narrateur a dit plus haut (p. 293) que Guillaume le Conquérant était en Angleterre avec son fils Guillaume le Roux.

empêcha. Clémence, qui était dans la même chambre et qui n'était pas encore couchée non plus qu'elle, voulut s'opposer par ses cris à cette injuste violence ; mais cet homme qui était avec le prince lui mit un poignard sur la gorge et la menaça de la tuer, si elle criait. Ne voulant point néanmoins quitter sa maîtresse, elle la suivit et le prince, qui devina bien que, puisqu'elle l'avait reconnu, il était plus à propos de l'enlever aussi, ne s'opposa point à son dessein. Étant parvenus à la fausse porte, un de ces hommes qui la gardaient se joignit à celui qui lui avait présenté le poignard et tous deux ensemble la baillonnèrent si bien qu'elle ne pouvait crier. Pour Mathilde, le prince en usait avec un peu plus de respect ; mais enfin, quelques pleurs qu'elle pût répandre et quelques prières qu'elle lui pût faire, elle n'eût pu s'opposer à son malheur sans l'heureuse arrivée de son amant.

Elle ne s'était point encore couchée et elle attendait que minuit fût sonné, qui était l'heure du rendez-vous. Or il n'était qu'onze heures et, quelque effort qu'elle fît en se faisant traîner pour différer jusqu'à l'heure de l'assignation, malaisément elle en eût pu venir à bout. Mais Montafilant, impatient comme un homme fort amoureux, aimait toujours mieux venir trop tôt que de la faire attendre. Passant donc devant ce pavillon, parce que le lieu par où il entretenait sa maîtresse n'en était pas loin, et oyant ouvrir la porte, cela lui donna curiosité de savoir ce que ce pouvait être.

Il faisait assez clair pour discerner les objets de dix ou douze pas. Cela fut cause qu'à peine se fut-il avancé qu'il remarqua que c'étaient deux femmes qu'on faisait sortir par force, comme il le reconnut par les efforts qu'elles faisaient pour s'échapper des mains de ces ravisseurs. Aussitôt, par un pressentiment de son amour, il devina ce que c'était ; mais les hommes et les chevaux étant presqu'en même temps reconnus de lui, il entra dans une fureur qu'on ne peut concevoir. Il s'imagina bien qu'il allait se perdre ; mais il ne put balancer davantage.

Se jetant sur le premier de ces ravisseurs, il lui passa son épée au travers du corps et le mit hors de combat. Il n'avait qu'un homme à cheval avec lui et d'ordinaire, se fiant sur le secret de son voyage, il le menait plutôt pour tenir son cheval que dans la pensée qu'il pourrait avoir besoin de son secours. Cet homme était fort brave pourtant et il le témoigna bien, car, secondant vaillamment son maître, il s'attacha au combat avec un de ces ravisseurs et se battit généreusement contre lui.

Le prince reconnut Montafilant à même temps et, croyant qu'il respecterait sa condition, il vint à lui. Mais ce chevalier, ayant perdu tout espoir de le fléchir depuis son bannissement, lui répondit fièrement qu'en toute autre occasion, il périrait mille fois pour son service et qu'il respecterait sa personne tant qu'il vivrait, mais que de le faire consentir à l'enlèvement de sa maîtresse, cela ne se pouvait et qu'il n'y avait point de moyen de réussir dans cette extrémité qu'en le faisant mourir auparavant.

— « Eh bien donc tu mourras », repartit ce prince.

— « Seigneur, lui répondit ce chevalier, ne m'obligez point à vous manquer de respect et laissez ma maîtresse libre. Que je la voie rentrer dans ce monastère et je vous rendrai mon épée. Mais auparavant il faut que vous vous attendiez que le premier qui s'efforcera de lui faire la moindre violence mourra de ma main à vos yeux. » Le prince lui répondit que ce serait donc par lui qu'il faudrait qu'il commençât et, en même temps, étant monté à cheval et se faisant donner Mathilde par cet autre homme qui tenait Clémence et qui, ayant fermé la porte du pavillon, la laissa aller, il voulut essayer de la prendre entre ses bras. Montafilant, qui vit cet homme enlever Mathilde de terre, voulut aller à lui et lui passer son épée au travers du corps, mais, craignant en même temps de blesser sa maîtresse, il ne savait par où s'y prendre, car cet homme, qui le connaissait, opposait Mathilde à ses coups et se faisait un bouclier de cette belle.

Cependant le prince voulait seulement achever son entreprise et enlever Mathilde, que cet homme voulait mettre entre ses bras ; mais, dans cette action, il donna une si favorable occasion à Montafilant de lui ôter son épée qu'il se vit presqu'en même temps désarmé. Car ce chevalier, ne craignant rien, lui saisit le bras qu'il tendait pour enlever sa maîtresse et, lui tournant son épée dans la main, la lui arracha en même temps. Le prince, qui se sentit hors de combat par cet accident, perdit aussitôt courage et, jugeant de l'amour de son rival par la sienne même, craignit d'exciter sa fureur, s'il s'opposait davantage à sa valeur. Ainsi, ayant recours à la fourberie et voyant que d'ailleurs celui des siens qui avait attaqué cet homme qui était avec Montafilant avait eu son cheval tué sous lui, il résolut de regagner promptement la ville, avec dessein de revenir avec de nouvelles forces, se persuadant que Montafilant, embarrassé de sa maîtresse, ne pourrait pas faire beaucoup de chemin sans qu'il le rattrapât, ou qu'en tout cas il pourrait, pour se venger de lui, l'accuser de son rapt, le pouvant aisément prouver par la mort d'un des siens. Ainsi Montafilant se vit sans ennemis.

La porte de l'abbaye avait été fermée par les gens du prince et il n'y avait plus de moyen à Mathilde d'y rentrer ; et enfin cet amant se servit si bien de cette occasion qu'il obligea Mathilde de se mettre entre ses mains. Il serait inutile de redire toutes les raisons que Montafilant lui allégua dans ce peu de loisir qu'il en eut : car on les peut deviner par la fureur de ce prince, entre les mains duquel elle craignait de retomber et contre qui elle ne trouvait point d'asile, par la difficulté qu'ils auraient à se voir dorénavant et par tous les incidents d'une si fâcheuse conjoncture. Comme Mathilde connut bien qu'il lui faudrait perdre son amant ou l'exposer aux plus grands périls du monde, effrayée déjà par ceux que lui et elle avaient courus, elle résolut d'être compagne de sa fortune, à cette condition pourtant qu'il n'entreprendrait jamais rien contre son honneur, ni ne la presserait jamais de se marier, qu'elle n'eût adouci ses parents et ne les eût obligés d'y consentir. En même temps, ils avisèrent où serait le lieu de leur retraite et examinèrent la chose autant qu'il leur fut possible dans le peu de loisir qu'ils en eurent.

Le gouverneur de Honfleur était des amis de Montafilant, et ils résolurent que ce serait là qu'il faudrait se réfugier, non que Montafilant voulût exposer son ami dans un péril visible, ni lui attirer le courroux d'un prince si emporté et qui, en l'absence de son père, avait plein pouvoir dans cette province, mais espérant que, comme Honfleur est un port de mer, il pourrait de là passer en quelque province étrangère auparavant que les ordres du prince y fussent arrivés, et qu'en tout cas, tant qu'il y serait, il ne se découvrirait qu'à son ami. Ce dessein ne fut pas sitôt proposé que Mathilde, résolue à tout, l'accepta. Ils partent donc et, sans perdre de temps, prennent le chemin de Honfleur.

Quoique Caen n'en soit éloigné que de dix ou douze lieues, il y a trois passages qui sont difficiles. Le premier est la rivière d'Orne, qu'on ne passe qu'en un bac ; l'autre, celui de la Dives, qu'on ne passe qu'en bateau, et le troisième, celui d'une petite rivière qui est au-dessus[49], qui s'enfle tellement, quand la mer monte,

49. La Touques.

que, si l'on ne prend l'heure que la mer est basse, il faut attendre longtemps ou aller chercher les ponts bien loin. Montafilant fut si heureux qu'il eut tous ces trois passages favorables.

Le prince le suivit à la piste, mais, ayant trouvé la corde coupée au premier bac par où Montafilant était passé, il fallut prendre un grand détour : car, comme l'Orne est large et profonde en cet endroit, il fallut qu'il retournât jusqu'à la ville pour regagner les ponts. Cependant ces amants étaient déjà loin et furent si heureux dans leur disgrâce qu'arrivant à l'embouchure de la Seine, ils trouvèrent un vaisseau flamand, qui partait pour un des ports de Flandres.

Baudoin, comte de cette province, était père de la reine[50], et Montafilant se ressouvint d'avoir ouï dire au vieux Roland son père qu'il en était connu. Cela fut cause qu'il résolut de se réfugier en cette Cour, gardant encore ce respect pour son maître qu'il ne voulait point se sauver auprès du roi de France, parce que le prince et ce roi, ayant eu prise en une entrevue qui se fit entre eux, ils étaient toujours demeurés ennemis[51].

Montafilant s'embarqua avec sa maîtresse et Clémence ; mais auparavant il crut qu'il était à propos d'avertir son père de tout cet accident et de leur dessein, afin qu'il ne les laissât manquer de rien durant

---

50. Baudoin V était en effet le père de Mathilde, qui, d'abord peu disposée à épouser un bâtard, avait fini par consentir à se marier avec Guillaume en 1059.

51. Le roi de France Philippe Ier (1060-1108) s'opposa constamment à son puissant vassal. Selon le *Roman de Rou*, Guillaume étant venu trouver le roi à Saint-Germer et lui promettant d'être son vassal pour le royaume qu'il allait conquérir, Philippe lui refusa son appui. Par la suite, le roi de France ne cessa de susciter des embarras à Guillaume, intervenant en Bretagne ou soutenant Robert Courte-Heuse révolté contre son père.

leur fuite. Pour cet effet, il lui renvoya cet homme qui l'avait si vaillamment secouru et l'instruisit de tout.

Osmond — c'est ainsi qu'il s'appelait — ne manquait pas d'esprit. Il prit un grand détour et, par ce moyen, évitant les gens que le prince avait dépêchés de tous côtés pour se saisir de lui et de son maître, il arriva le jour d'après au château de Montafilant, où le bon vieillard, qui aimait son fils uniquement et qui avait appris quelque chose de l'enlèvement de Mathilde, était en d'étranges inquiétudes. Assuré de son dessein et de son salut par le récit que lui en fit Osmond, soit qu'il prévît que la tempête allait tomber sur lui, ou qu'il ne pût vivre sans son fils qu'il aimait tendrement, il résolut aussitôt de l'aller trouver, parce qu'effectivement le comte de Flandres l'avait fort aimé autrefois et qu'il crut qu'en sa considération ce prince recevrait encore mieux son fils et Mathilde. La femme du Conquérant était fille de ce comte et le vieux Montafilant avait autrefois été envoyé ambassadeur auprès de lui par le roi d'Angleterre, du temps qu'il n'était que duc de Normandie, pour traiter de son mariage avec cette princesse. Ce fut par cette occasion que le père de Montafilant fut connu du comte et qu'il s'en vit beaucoup aimé, tant par les bonnes qualités qui étaient en lui que parce que, comme un homme adroit, sans offenser en rien les intérêts de son maître, il sut obliger la reine et son père en mille rencontres, pendant sa négociation.

Laissant donc tous ses biens à l'abandon et se chargeant seulement de ce qu'il put avoir d'argent et de pierreries, il courut au premier port, d'où il passa aussi en Flandres en si grande diligence que Montafilant et Mathilde n'étaient arrivés à Gand, où ils avaient donné rendez-vous à Osmond, que deux jours avant que ce bon vieillard s'y rendît avec ce fidèle serviteur.

Mais ils n'y furent pas sitôt qu'il sut que le comte était fort malade, et ils furent si malheureux que ce prince, dont ils attendaient tant de protection, mourut trois jours après[52]. Cet accident, qui survint en suite de tant d'autres, leur fut comme un accablement. Le courage de ce pauvre amant s'ébranla en cette conjoncture, voyant sa maîtresse étonnée[53] et se trouvant accablé de la vieillesse de son père. Ainsi, non point pour sa considération, mais pour celle de deux personnes qu'il aimait si chèrement et qu'il voyait plongées dans un si grand malheur à son sujet, il se trouvait hors de lui-même et, quoi que l'un et l'autre pussent faire, son père pour lui témoigner son courage et Mathilde pour lui faire connaître que la passion qu'elle avait pour lui était à toute épreuve, il ne pouvait recevoir aucune consolation, et on ne peut concevoir tout ce que son amour affligé lui mettait en la bouche.

Mais cette fortune, qu'il avait éprouvée si contraire toute sa vie, ne se contenta pas de l'avoir plongé dans cette extrémité. Craignant de ne trouver pas d'appui dans cette Cour contre le prince Henri et contre le roi son père, qui, selon l'apparence, devait appuyer sa querelle par l'intérêt du comte de Bessin, qui, comme son ennemi et l'héritier de Mathilde, ne manquerait pas de s'y joindre, ils crurent qu'il fallait de bonne heure chercher un autre asile.

Les aïeux de Montafilant et ceux de Mathilde étaient venus de Danemark avec Raoul[54], premier duc de Nor-

---

52. Le comte Baudoin V de Flandre mourut en 1067.

53. *Étonner* : « surprendre, épouvanter, causer à l'âme de l'émotion soit par surprise, soit par admiration, soit par crainte » (Fur.).

54. Raoul : Rollon, duc de Normandie, après le traité de Saint-Clair sur Epte, par lequel Charles le Simple lui concédait cette province (911).

mandie, et la chose n'était pas encore hors de la mémoire des hommes : car la plupart des maisons nobles de ce temps-là n'avaient pas encore rompu tout commerce avec le lieu de leur origine. Le vieux Montafilant savait qu'il y avait des parents et, quoique dans le malheur ce ne soit pas toujours un secours assuré, il résolut avec son fils de s'aller réfugier parmi eux.

Mais ils ne furent pas sitôt embarqués qu'il furent attaqués d'une horrible tempête et qui les mit cent fois à deux doigts de la mort. Leur vaisseau n'avait ni mâts, ni gouvernail, et, dans ce triste état, après avoir été deux jours le jouet des ondes, comme si la fortune avait eu peur qu'ils n'eussent échappé à sa colère, elle ne les vit pas plutôt hors de ce danger qu'elle les plongea dans un plus grand.

Tout ce que la mer a de redoutable semblait les avoir pris en butte : le péril de la tempête ne fut pas sitôt passé que ces pauvres amants virent leur navire attaqué par celui d'un corsaire, qui, outre l'avantage de la grandeur, avait encore celui qu'un grand équipage de guerre peut donner sur un simple navire de marchands, comme était celui où ils étaient.

Montafilant eût été bien aise de trouver cette occasion de finir sa triste vie, si la considération de Mathilde n'eût un peu modéré son désespoir. D'un autre côté, il voyait son père et elle si résolus à la mort et la mort si souhaitable qu'il ne savait ni que leur dire, ni que résoudre. Mais ces corsaires ne lui donnèrent pas le loisir d'y songer longtemps. Quelque effort que Montafilant fît pour animer le peu de gens qui était en son navire, il les trouvait étonnés de la présence de leurs ennemis et si abattus de la tempête qu'il ne leur put inspirer sa généreuse résolution. Les corsaires se firent maîtres de leur navire et firent passer presqu'en un moment ce qu'il y avait de plus précieux dans le leur.

Ce qui était arrivé jusqu'alors à ces pauvres amants n'est rien en comparaison de l'extrémité où ils se virent réduits. Le corsaire qui les avait pris était un capitaine écossais[55] fort redouté sur la mer et fort estimé du roi d'Écosse, son maître[56]. Le navire où ces amants s'étaient mis était hollandais, et alors, le roi d'Écosse et le comte qui tenait la Hollande en souveraineté[57] se faisaient la guerre. Ainsi, quoique Montafilant pût alléguer qu'ils étaient français, ils furent déclarés de bonne prise et mis à une grande rançon, comme des personnes qui paraissaient gens de qualité. Ils avaient arrêté entre eux qu'ils se déclareraient sujets du roi de France, sachant l'amitié qui a toujours été entre ces deux couronnes et craignant que, s'ils venaient à déclarer leur nom et leur patrie, la nouvelle de leur infortune ne passât jusqu'en Angleterre, où le comte de Bessin pouvait faire agir le crédit du roi son maître, qui était en paix avec le roi d'Écosse, et qu'ainsi ils ne se revissent en la disposition de leurs ennemis. Mais cela ne leur servit de rien : le roi d'Écosse, voulant favoriser ce capitaine, ordonna qu'ils seraient mis à rançon et on les enferma dans la citadelle d'Édimbourg, dont ce capitaine était gouverneur. Ce qu'ils purent faire en cette extrémité, ce fut d'écrire à leurs parents et[58] de renvoyer Osmond en leur pays pour tâcher d'en tirer du secours.

Mais, bientôt après, il revint avec les plus tristes nouvelles du monde. Il leur rapporta que tous leurs biens avaient été confisqués et donnés au comte de Bessin,

55. Dans les *Mal Mariés*, une des *Nouvelles françaises* de Ch. Sorel (1623), l'héroïne est également enlevée par un corsaire écossais, Albiork.

56. Malcolm III, roi d'Écosse de 1057 à 1093.

57. Le comté de Hollande avait été érigé au début du XIe siècle.

58. Nous avons rajouté la conjonction « et » pour le sens.

que Montafilant était condamné par contumace, et qu'il avait trouvé enfin si peu de chaleur dans tous leurs parents et leurs amis que, de tous ensemble, il n'en avait pu tirer qu'une somme si peu considérable qu'elle ne suffisait pas pour payer la moitié de leur rançon.

En cette fâcheuse conjoncture, on peut se figurer la douleur de Montafilant de voir sa maîtresse en une infortune si grande pour sa considération et son père réduit à son âge dans la misère de la prison par la tendresse qu'il avait eue pour lui. Certes il en témoignait une si vive douleur que, pour empêcher qu'elle ne passât jusqu'au désespoir, Mathilde et ce bon vieillard s'efforçaient pour le consoler de lui cacher leurs propres déplaisirs. Sa maîtresse lui témoignait tant d'amour et son père tant de constance qu'ils semblaient avoir oublié leur infortune particulière et se trouver heureux, dans cette disgrâce, de n'être pas du moins au pouvoir de leurs ennemis, de sorte qu'on peut dire que, par un effet de la passion de ces amants et de l'amitié du vieux Montafilant, aucun ne ressentait sa propre douleur. Le déplaisir de ne pouvoir faire Mathilde heureuse et de voir son père misérable était ce qui désespérait ce triste amant ; et l'un et l'autre, qui voyaient dans son âme par le mouvement de leurs propres sentiments, ne s'affligeaient que de son désespoir. Mais comme, dans cette extrémité, la satisfaction d'être ensemble et de se pouvoir voir tous les jours leur était encore quelque consolation dans une si grande suite de malheurs, la fortune, qui les avait, ce semble, pris en butte, ne leur voulut pas laisser longtemps ce soulagement.

Le capitaine dont ils étaient prisonniers, farouche et brutal comme le sont d'ordinaire les gens de mer, ne sentit nul effet des charmes de Mathilde, étant peu capable d'être touché de sa beauté et de son mérite[59]. Toutefois, étant homme fort intéressé, il s'avisa que, si le favori du roi, qui était un homme jeune et galant, pouvait devenir amoureux de cette belle personne qui était en sa disposition, ce serait un moyen fort apparent de faire sa fortune.

Montrose — c'est ainsi que s'appelait ce favori[60] — était un homme qui avait beaucoup de bonnes qualités ; mais ce qui faisait principalement que ce corsaire tâchait de lui plaire, était qu'il gouvernait le roi si absolument que le moyen le plus sûr de s'avancer en cette Cour était de lui plaire. Il commença donc peu à peu à lui vanter la beauté de sa prisonnière et, après plusieurs embûches couvertes[61] qu'il dressa à sa liberté, par le récit qu'il lui fit des charmes de cette fille, il prit si bien son temps qu'un jour, comme le roi était dans le château d'Édimbourg et Montrose avec lui, il l'obligea de l'aller voir.

Jusqu'alors ce favori n'avait véritablement aimé que sa fortune et son plaisir ; mais il fut vivement touché de la beauté de Mathilde et si d'abord il ne conçut pas pour elle un amour fort respectueux, cette vue lui inspira tant de désirs que, dès lors, il ne pouvait parler d'autre chose. Ce capitaine ne l'en vit pas sitôt épris qu'il commença à témoigner qu'il en faisait plus grand état qu'il n'avait encore fait paraître, donnant toutefois à entendre qu'il ne souhaitait que de lui faire voir son obéissance. D'un autre côté, le roi, qui aimait son

---

59. *Mérite* : « ce que les personnes ont de digne et d'estimable » (Littré).

60. Ce nom a peut-être été suggéré à Segrais par l'existence de James Graham, marquis de Montrose, un général écossais, partisan du roi Charles Ier, qui fut exécuté en 1650.

61. *Couvertes* : dissimulées.

favori si aveuglément que le plus grand plaisir qu'il eût était de le contenter en tout ce qu'il souhaitait, n'apprit pas plutôt qu'il était amoureux de cette étrangère, qu'il lui conseilla de s'en rendre possesseur par quelque moyen que ce fût. Toutefois, par je ne sais quel destin, il se trouva qu'autant que le roi était violent et brutal, autant son favori était honnête et doux, si bien que la vertu de Mathilde, agissant sur un si noble sujet, fit bientôt un effet plus digne d'elle et de lui.

Si Montrose ne songea pas d'abord à l'épouser, il ne voulut point la gagner par des voies si indignes de sa générosité. Il voulait commencer par sa délivrance et par celle des deux Montafilants, qui passaient pour son père et pour son frère ; car, dès lors qu'ils eurent quelque soupçon de cet amour, ils arrêtèrent entre eux d'en user de la sorte[62], croyant avec raison que la première chose que ce favori ferait, ce serait d'éloigner son rival, s'il eût connu Montafilant pour tel, quoique peut-être, comme l'événement le montra, il eût été assez généreux pour en user d'une autre sorte. Il voulait donc, si son amour n'eût suivi que les mouvements de sa générosité, commencer par accabler ces prisonniers de richesses ; mais un confident qu'il avait, auquel il découvrait toutes ses pensées, l'en empêcha par ces raisons :

— « Que voulez-vous faire ? lui disait-il. Vous voyez la froideur avec laquelle cette prisonnière reçoit l'offre de vos services. Si d'abord vous lui donnez la liberté, peut-être ne s'en servira-t-elle que pour se sauver. Que savez-vous si elle n'a pas dans son pays quelque amant, pour qui elle méprisera peut-être votre fortune, comme

62. Dans les *Éthiopiques* d'Héliodore, Théagène et Chariclée, tombés aux mains du satrape Oroondatès, se faisaient passer pour frère et sœur.

elle l'a déjà commencé ? Non, Seigneur, la douce contrainte fait quelquefois sur l'esprit des femmes et de tous les hommes ce que peut-être jamais toutes les obligations reçues n'auraient pu faire. Il faut adoucir l'amertume de sa captivité et de celle de son père et de son frère par tout le bon traitement que vous leur pourrez faire. Il faut lui faire connaître qu'elle peut disposer de tout, hors d'elle-même qui se doit donner à vous en échange de tout ce que vous lui donnerez. Il faut qu'elle soit servie superbement ; il faut que ses meubles soient magnifiques ; en un mot, il faut dorer ses fers et sa prison ; mais il faut qu'elle y demeure toujours jusqu'à ce qu'elle soit dans la vôtre. »

C'était par ces paroles, ou par de semblables, que Gilthon — car c'est ainsi que s'appelait ce confident — arrêtait les sentiments généreux de son maître. Cet homme avait grand empire sur son esprit, et comme effectivement il était habile et que Montrose s'était toujours bien trouvé de ses conseils, cela était cause qu'il croyait beaucoup en lui ; outre que les considérations de son amour se mêlant à des considérations si politiques, quelque généreux qu'il fût, il sentit peu à peu la force de ses raisons et trouva bientôt qu'il valait mieux être un peu moins loué et être un peu plus heureux.

Or quelque douceur et quelque civilité qui accompagnât le procédé de ce nouvel amant, Mathilde ne put s'empêcher d'en être alarmée, et quelque assurance que Montafilant eût de la foi et de l'amitié de sa maîtresse, il ne pouvait s'empêcher de craindre :

Car l'amour craint toujours : c'est un enfant timide.

Montrose était jeune, même un peu plus que lui, parfaitement bien fait de l'esprit et du corps, en réputation de valeur, de courage et de probité : il semblait plutôt être le roi même que le favori. Ainsi Montafilant pouvait avec raison sentir de l'inquiétude d'avoir un si digne rival, dans le pitoyable état où il était et dans la mémoire des choses passées, qui lui fournissait de si grands exemples de l'instabilité du bonheur des hommes. Son maître lui avait manqué de foi et violé l'amitié qu'il lui avait promise, après tant d'assurances du contraire.

Mais certes aussi l'âme de Mathilde était bien autre que celle de ce prince. Depuis la première connaissance qu'elle eut de cette nouvelle passion, pour ne donner aucun sujet à son amant d'avoir la plus petite défiance d'elle, il ne se passa pas la moindre rencontre où elle n'agît par son conseil et par celui de son père. Ainsi, dans cette fâcheuse conjoncture, ils avaient la consolation de n'avoir tous trois que les mêmes inquiétudes : ce qui assurément ne doit pas être une petite consolation à des âmes affligées, tant est grande la puissance d'une véritable union. Tout ce que Montrose faisait pour témoigner sa passion, tout ce qu'il disait pour la lui exprimer, tout était connu à Montafilant. Enfin, si se voir sacrifier un rival plus puissant et plus heureux que soi a quelque chose d'agréable pour un homme qui aime véritablement, Montafilant pouvait bien se vanter de l'avoir, car jamais sacrifice n'a été si entier que celui-là.

Comme, dans leur petit conseil, ils jugèrent d'abord que si cette passion, qui se montra si respectueuse, pouvait être bien ménagée, ce serait peut-être un moyen de leur délivrance, ils arrêtèrent entre eux qu'il ne fallait pas l'effaroucher. Quand Mathilde recevait quelques lettres de Montrose, c'était son rival qui faisait la réponse, et, de cette sorte, il était toujours en son pouvoir de le faire plus malheureux que lui. Mais s'il lui donnait bien de la peine, il se causait aussi d'étranges soins. Il est aisé de croire que toutes les réponses de Mathilde n'étaient pas trop douces, soit dans son entretien, qu'ils préméditaient ensemble, soit dans ses lettres, que Montafilant lui dictait. Sous quelques paroles qu'elles pussent être déguisées, c'étaient toujours des rigueurs. Et cependant comme ce commerce si bien concerté ensemble avait sans doute quelque chose de spirituel qui, avec la modeste retenue de Mathilde, enflammait de plus en plus le cœur de Montrose, on peut dire que tous les soins de Montafilant ne contribuaient qu'à lui donner de la peine, puisqu'il ne lui pouvait venir autre chose de la passion d'un si puissant rival.

Car enfin quel est l'amant qui a le pouvoir en main dont la patience ne s'irrite point quelquefois ? Montrose pouvait se vanter envers Mathilde d'avoir mis en usage tout ce qui le pouvait faire aimer. Ainsi il ne faut pas s'étonner s'il n'était pas toujours maître d'une si forte passion qu'il croyait toujours méprisée. Il priait, il pressait, il soupirait ; mais aussi quelquefois il en venait aux menaces, quand il croyait le conseil du roi. Et puis, revenant en lui-même et aimant encore mieux les rigueurs de Mathilde que son indignation, il en venait aux supplications et aux repentirs : de sorte que, désespéré par son amour et arrêté par la modestie de Mathilde, il se trouva enfin dans les plus cruelles agitations d'un amour invincible.

La politique de son confident, qui lui remontrait que ces prisonniers abusaient de sa douceur, l'humeur du roi, qui ne lui conseillait que des violences, lui faisaient prendre quelquefois des résolutions étranges ; mais il résista sans cesse et sa générosité combattit toujours jusqu'à ce qu'enfin il tomba dangereusement malade[63].

---

63. Cette situation n'est pas sans rappeler un épisode de l'*Astrée* (II, 1-2), où le jeune Calidon, épris de Célidée, qui est aimée de Tha-

Dans les transports de la fièvre, il n'avait que le nom de la belle Française en la bouche : car c'était ainsi qu'on l'appela dans cette Cour, puisque, comme je l'ai dit, elle avait expressément caché le lieu de sa naissance et le nom de Mathilde, et qu'elle en avait pris un autre de difficile prononciation à ces étrangers. Il ne parlait que de son désespoir et il ne répondait aux médecins qui le visitaient que par ces termes que l'amour met d'ordinaire dans la bouche des amants. Ainsi, quand le roi n'aurait pas su sa passion par l'aveu qu'il lui en avait fait, il en eût été pleinement instruit par le récit que les médecins lui faisaient, quand ils lui rapportaient l'état de son mal, et par ce qu'il en voyait lui-même, car il passait quelquefois des après-dîners entières auprès de lui.

Ce n'est pas une chose compréhensible à quel point la brutalité de ce roi s'emporta, quand les médecins lui rapportèrent le péril où était son favori. Sans rien donner à l'honnêteté et à la vertu de Mathilde, qui n'était qu'une cause très innocente d'une mort si redoutable, il ordonna aussitôt qu'on les enfermât plus étroitement qu'auparavant, quoique, depuis l'amour de Montrose, ils n'eussent eu que leur parole et le château d'Édimbourg pour prison. Mais, ne se contentant pas d'un traitement si rude et si peu mérité, il leur fit dire qu'il n'y avait point de grâce, ni de liberté pour eux, si son favori en mourait.

Par hasard, Montrose eut quelque relâche au bout de sept ou huit jours. Il apprit avec déplaisir ce que l'amitié que le roi avait pour lui avait fait envers les deux étrangers et sa maîtresse. Il leur en envoya faire

---

mire, le père adoptif du jeune homme, tombe malade. Pour le sauver, Thamire renonce héroïquement à celle qu'il aime.

des excuses et supplia le roi de changer un arrêt si injuste. Mais, quoi qu'il pût alléguer, le roi ne lui répondit autre chose, sinon que Mathilde lui rendît son favori, qu'elle lui avait presque ravi, et que non seulement il lui rendrait la liberté, mais qu'il n'y avait point de bien qu'il ne lui fît.

Peu s'en fallut que cette réponse, qui était si contraire à ses sentiments, ne redoublât incontinent son mal ; et peut-être, sans la modération que les avis de Gilthon y apportèrent, cet intervalle que la fièvre lui donna n'aurait pas duré longtemps. Mais cet homme adroit et habile, maniant son esprit plus délicatement, n'aida pas peu à y remettre le calme, en lui remontrant que c'était assez qu'en lui-même il eût la satisfaction d'être fort éloigné d'un procédé si cruel, qu'au reste il avait assez longtemps essayé la douceur, qu'il lui importait d'éprouver si cette rudesse qui venait de la part du roi ne lui serait point plus profitable. Peu à peu il faisait goûter ses raisons à ce pauvre malade et, réveillant par elles son espoir à demi mort, il semblait redonner la vie à son corps aussi bien qu'à son amour.

Ensuite par les mêmes conseils, il fait venir Montafilant, qu'il croyait frère de sa maîtresse et non pas son rival ; et comme il ne pouvait parler, il voulut que ce fût devant lui que son confident l'entretînt, de la manière qu'ils en étaient auparavant demeurés d'accord. Ce fut à peu près en ces termes :

— « Étranger, lui dit Gilthon, vous voyez devant vos yeux et dans le pitoyable état où ce trop fidèle amant est réduit le sujet qui l'oblige d'avoir recours à vous. Je crois que votre sœur est une cause très innocente du sinistre accident dont nous sommes menacés ; mais enfin elle en est cause et, par elle, le roi et toute l'Écosse sont sur le point de perdre leurs délices, si vous ne détournez la résolution qu'elle semble avoir prise. Je ne vous remontre point le bien et le mal qui vous en peuvent arriver. Vous n'avez que trop connu l'un par le procédé obligeant et généreux dont jusqu'ici l'amoureux Montrose a usé envers elle et envers vous ; et si vous n'avez pas tout à fait senti l'autre, par l'état où vous êtes et par la puissance du roi, vous devez aisément prévoir quel il peut être, quand la cruauté de votre sœur et votre imprudence ne voudront pas détourner l'orage qui pend sur votre tête. »

Montrose, qui ne pouvait s'exprimer, mais qui tenait toujours la vue attachée sur celui qu'il croyait frère de sa maîtresse, accompagnait ce discours de regards si tristes que tout autre que Montafilant en eût sans doute été touché ; mais il était si interdit d'une aventure si surprenante qu'il ne faut pas s'étonner s'il ne songeait qu'à ce qu'il devait répondre. La mort, qu'il voyait peinte sur le visage de ce pauvre malade, mais qui lui représentait aussi le péril où son père, sa maîtresse et lui étaient exposés, par la connaissance qu'il avait de la cruauté du roi, lui donnait d'étranges alarmes. La jalousie et l'amour ne l'abandonnaient pas dans ce moment, quand il songeait à ce qu'il était en effet[64] ; et, prenant même les sentiments qu'il devait prendre, s'il eût été ce qu'il paraissait, il ne pouvait s'empêcher de rougir de la proposition qu'il voyait bien qu'on lui voulait faire. Il n'osait, d'un autre côté, se manifester pour ce qu'il était, ni répondre avec la fierté que sa naissance lui inspirait, ne jugeant pas à propos de se dédire de tout ce qu'ils avaient dit pour tâcher de faire modérer leur rançon et de se sauver plus aisément.

Dans ce grand désordre, rappelant sa raison par un grand effort qu'il se fit, il tâcha d'interrompre celui qui

64. *En effet* : en réalité (c'est-à-dire l'amant de Mathilde).

lui parlait pour l'empêcher de lui faire la proposition où il voyait bien qu'il en voulait venir.

— « Arrête, chevalier, lui dit-il. N'abuse point de notre captivité et ne me tiens point un discours indigne de moi. Quand la beauté de ma sœur aurait été capable de réduire ton maître à l'état où je le vois, il suffirait que je la laissasse agir comme elle voudrait. Tu es plus éloquent que moi pour lui persuader ce qu'il te plaira, et si tu crains que je ne l'empêche de t'écouter, tu sais qu'il est aisé de m'empêcher de lui parler. »

Mais, s'adressant à même temps à Montrose :

— « Seigneur, lui dit-il, le traitement que nous avons reçu de votre générosité nous a si puissamment soumis à vous que je mourrais avec joie pour vous témoigner la reconnaissance que j'en ai. Faites encore agir cette même générosité : vous avez tout pouvoir sur nous ; nos vies et nos personnes sont en votre puissance, par le malheur de notre infortune ; mais vous êtres trop raisonnable pour vouloir rien entreprendre sur la vertu de ma sœur et sur mon honneur. »

Le ton dont Montafilant prononça ce peu de paroles fit bien connaître à Gilthon que l'expédient qu'il avait trouvé n'aurait pas un succès fort avantageux. Toutefois il ne put se rendre si tôt. D'abord il voulut faire goûter à Montafilant ce qu'il devait à la considération de son père et de sa sœur, et du péril où il s'exposait, par une infinité de raisons. Mais, comme elles ne faisaient pas grand effet, insensiblement il passe à la menace, voulant éprouver si la rigueur ne serait point capable de l'émouvoir. Or si, jusqu'alors, l'autre lui avait répondu avec beaucoup de douceur, la pensée qu'il était prisonnier ne sut le retenir. Se croyant outragé de cet homme, il ne put s'empêcher de lui dire que, tout prisonnier qu'il était, il lui ferait sentir son ressentiment sans le respect qu'il devait à la condition de son maître. Et, s'adressant à lui à même temps :

— « Seigneur, lui dit-il, renvoyez-moi dans la prison plutôt que de souffrir que cet homme me tienne un discours indigne de vous et de moi. »

Ce qui fut presque exécuté en même temps.

Depuis, la maladie de ce favori augmenta, et le roi, ayant appris la réponse de Montafilant et la résolution de Mathilde, ordonna dès lors qu'on leur fît le plus mauvais traitement qu'il serait possible. Ces rigueurs, qui leur en firent appréhender de plus grandes, mirent Montafilant au désespoir : car la vieillesse de son père, jointe à tant de sujets de déplaisir, lui faisait à chaque moment redouter sa mort.

Cependant la maladie de Montrose vint enfin à ce point qu'on crut qu'il mourrait infailliblement. Ces prisonniers apprirent cette nouvelle avec tout le déplaisir imaginable. Quand les menaces du roi ne les auraient pas plongés dans la plus grande affliction qu'il est possible de s'imaginer, cet amant et cet ennemi tout ensemble avait de si belles qualités et avait mêlé tant de respect dans son procédé qu'il n'était pas possible à des personnes si généreuses de n'être pas touchées de sa perte, quoiqu'il les rendît si misérables. Mais ce qu'il y eut encore de plus touchant, c'est qu'au moment qu'un des gardes leur vint dire cette triste nouvelle, un des pages de Montrose entra, qui donna une lettre à Mathilde et lui dit qu'ayant été condamné de tous les médecins et sollicité par eux de dire ses dernières volontés, il avait demandé de quoi écrire et lui avait aussitôt commandé de lui venir apporter cette lettre, qu'il avait écrite avec beaucoup de peine. Mathilde appela aussitôt le vieux Montafilant, qu'elle disait être son père, et, ayant ouvert cette lettre devant lui, elle vit qu'elle était conçue en ces termes :

« Belle étrangère, je sens bien qu'il me faut mourir, non parce que les médecins m'abandonnent, mais parce que je suis abandonné de vous. Le destin et la fortune semblaient me promettre plus de bonheur ; mais il n'était pas en leur pouvoir de me tenir ce qu'ils me promettaient, si vous n'en étiez d'accord. Il n'y avait que vous seule qui pouviez me faire vivre heureux ; et il n'y a que vous seule qui sembliez avoir entrepris de me faire mourir misérable. C'est donc pour vous obéir que je meurs, heureux, si, par la perte de ma vie, j'obtiens une seule fois un bonheur aussi grand que l'est à mes yeux celui de vous plaire, et malheureux de n'avoir pu l'obtenir par la plus violente passion qu'on ait jamais ressentie. »

Montafilant s'approcha à la lecture que Mathilde fit de cette lettre. Et certes ni elle, ni son père, ni lui ne purent s'empêcher d'en être vivement touchés. Surtout Montafilant et son père en furent extrêmement affligés, et à un si haut point que, par la seule générosité et non par la peur des disgrâces que leur pouvait causer sa mort, ils portèrent Mathilde à le traiter avec plus de douceur et, lui ayant mis la plume à la main, l'obligèrent de lui faire cette réponse :

— « Qui souffre avec tous les regrets imaginables la perte du plus généreux de tous les hommes n'a garde d'être cause de sa mort. Plût à Dieu, Seigneur, qu'il fût en mon pouvoir de détourner un si funeste accident ! Quand ce devrait être par la perte de ma vie, vous ne me verriez point balancer, et il n'y a rien que vous ne dussiez attendre de la reconnaissance que j'ai de votre générosité et de l'estime que j'ai pour vous.

« Mais jugez mieux, Seigneur, de l'état où vous êtes, et ne croyez point qu'il soit au pouvoir de la plus misérable personne qu'il y ait au monde de contribuer quelque chose à la félicité de celui qui, apparemment, devrait être le plus heureux des hommes. Vivez, pour l'éprouver, si j'ai quelque empire sur vous ; guérissez-vous pour m'obéir ; et ne doutez point que ce ne soit le plus fort de tous mes souhaits. »

Quoique cette lettre ne fût pas telle qu'il la fallait apparemment pour la guérison de Montrose, soit par l'effet qu'elle fit, ou par le hasard seul, il est certain qu'il ne l'eut pas sitôt reçue qu'il sentit quelque allègement. Les deux ou trois jours qui suivirent celui auquel il la reçut, lui furent encore favorables de plus en plus. Mais si les prisonniers commençaient à s'en réjouir, ils changèrent bientôt d'avis, quand ils virent que la fortune ne les avait retirés de cette traverse que pour leur en susciter une plus dangereuse et telle qu'il semblait que cette cruelle ennemie, qui les avait sans cesse poursuivis avec tant de haine, semblait pour cette fois avoir épuisé sa malice et son industrie.

Je ne sais ce qui contribua si fort à la guérison de Montrose : si ce fut l'espérance qu'il conçut du dessein qu'il projeta peut-être pendant sa maladie, ou si ce dessein même ne naquît que de son désespoir ; mais enfin il ne se vit pas plutôt en état de pouvoir s'exprimer qu'il renvoya quérir Montafilant, et ce chevalier ne fut pas plutôt venu qu'il fit retirer tout le monde de sa chambre et lui tint ce discours :

— « Quelque sujet que j'aie d'espérer que je ne suis pas tout à fait abandonné de ma bonne fortune, chevalier, je ne vous ai prié de me rendre cette visite que pour vous dire que je n'attends ma guérison que de vous seul. »

— « De moi ? interrompit soudain Montafilant. Eh ! Seigneur, comment pouvez-vous croire que je sois assez heureux pour cela ? »

— « De vous, reprit incontinent Montrose. Mais permettez-moi de m'expliquer sans m'interrompre, pendant que mon mal m'en laisse le moyen.

— « J'avoue que j'eus tort de souffrir que Gilthon

vous parlât dernièrement comme il fit, et je vous prie de pardonner au zèle d'un ami affectionné et au désespoir où j'étais. Je vous confesse que votre infortune, ni votre prison ne m'ont jamais ôté la considération que le mérite qui est en vous et en votre sœur peut exiger des plus barbares. J'ai toujours découvert en elle et en vous je ne sais quoi qui me fait croire que votre naissance est encore plus grande que vous ne la dites ; et aussi je ne crois pas que ni elle, ni votre père, ni vous puissiez m'accuser d'en avoir mal usé à votre égard. »

Montafilant ne pouvait s'empêcher de répondre à ce discours par de profondes soumissions[65] et de l'interrompre même par quelques paroles qui le conviaient insensiblement à finir cette longue préface et à lui demander enfin ce qu'il pouvait exiger de lui. Sur quoi Montrose, s'étant un peu arrêté pour reprendre haleine, comme un homme qui ne parlait qu'en se faisant un grand effort, poursuivit enfin de cette sorte :

— « Ce que je veux de vous, généreux chevalier, n'est point une action qui en soit indigne, ce n'est point une chose que je ne puisse proposer moi-même à votre sœur, si j'étais en état de l'aller trouver : c'est votre liberté et celle de votre père que je vous propose, avec le partage de ma fortune, en un mot, c'est son mariage avec moi que je vous prie de lui faire agréer. J'ai reconnu si peu d'affection pour moi en elle que j'espère qu'elle fera peut-être, par votre conseil et en la considération de son père, ce que mes services n'ont pu m'obtenir. Je crois que vous ne doutez pas que je vous propose une chose que les premiers de cet État recherchent avec ardeur. Je ne vous mets point ma conquête à plus haut prix que vous ne la pouvez estimer. Allez en résoudre avec votre sœur.

---

65. *Soumissions* : démonstrations de respect.

« Pour vous dire le vrai, j'espère moins en elle qu'en vous ; mais comme aussi je ne suis pas obligé d'avoir pour vous tant de considération que la forte passion qu'elle m'inspire m'en a donné pour elle, ne vous offensez point, si je vous déclare que la liberté de votre père et la vôtre ne sont qu'à ce prix. Vous avez ma vie et ma mort entre vos mains : si vous me rendez la vie, espérez tout de ma reconnaissance ; mais n'espérez point de grâce du roi, ni que je lui en demande pour vous, si votre sœur et vous m'êtes inexorables. »

Montafilant fut tellement surpris de cette proposition qu'il demeura sans y pouvoir répondre, ne sachant s'il devait refuser ou accepter cette commission, et ne pouvant dans ce moment accorder les violentes passions dont il était combattu. Montrose s'aperçut aisément du trouble où il était ; mais n'ayant garde d'en découvrir le véritable sujet et ne l'attribuant qu'à la surprise où il devait être apparemment d'une fortune si peu espérée pour sa sœur et pour lui :

— « Allez, reprit-il encore, voyant qu'il ne lui répondait rien, ce ne sera pas ici que vous déciderez de ce que je dois devenir. Cette proposition vous surprend ; mais allez l'examiner à loisir. Sachez que votre sœur peut attendre de son mérite et de sa beauté que je garde inviolablement ma parole, et que, de misérable prisonnier, vous pouvez devenir la plus considérable personne de tout ce royaume. »

A ces mots, il se tourna de l'autre côté, lui ayant donné congé par un signe des yeux qui lui fit connaître qu'il n'avait plus rien à lui dire.

S'il y a jamais eu un homme plus cruellement inquiété que ce triste amant, je vous le laisse à juger. Certes ce ne fut pas mal à propos pour lui que son rival lui dît qu'il allât examiner cette proposition à loisir : car, apparemment, il lui fallut assez de temps pour songer à ce qu'il devait faire et à ce qu'il devait dire à Mathilde. D'abord il ne se présenta pas devant elle ; mais allant s'enfermer dans sa chambre sans lui faire savoir qu'il était revenu, il demeura jusqu'au soir, qu'il lui envoya dire que Montrose l'avait envoyé quérir, mais qu'il n'avait pu lui parler, à cause que le redoublement de sa fièvre l'avait repris au moment qu'il était arrivé. Dans ce funeste état, s'abandonnant à ses cruels ennuis, il versa un torrent de larmes et proféra les plus tristes paroles que jamais la douleur ait fait dire à personne.

« O fortune ennemie, disait-il, qui t'a rendue si ingénieuse à me faire des malheurs ? O Mathilde ! ô mon père ! ô malheureux que je suis ! ah ! cruel rival, qui es encore plus heureux que moi dans les bras de la mort ! quelles récompenses peux-tu me proposer qui puissent approcher du prix de ce que tu me demandes ? Ah ! qu'aisément je me défendrais de tes récompenses et qu'aisément aussi je braverais tes supplices, si Mathilde et mon père n'étaient pas entre tes mains ! Mais, ô père qui m'as trop aimé, ô Mathilde que j'ai trop aimée, ne suis-je né que pour faire votre malheur, ou ne m'êtes-vous donnés que pour mon désespoir ? »[66]

Il passa le reste de la journée dans ces pitoyables exclamations et ne se présenta point devant Mathilde, ni son père, feignant de se trouver un peu mal et d'avoir besoin de repos. La nuit étant venue, il se mit au lit ; mais, étant seul dans sa chambre, il se relevait et se promenait à grands pas, tantôt furieux et tantôt abattu de

66. Dans l'*Astrée*, II, 1, Thamire est déchiré par un dilemme analogue : « D'un côté, l'amitié me demandait Célidée pour Calidon ; d'autre côté, l'amour me défendait de la donner. Mais, me disait l'amitié, Calidon mourra, si tu ne la lui donnes... Et l'amour répondait : Et comment penses-tu pouvoir vivre toi-même, su tu ne la possèdes. » (Éd. Vaganay, p. 36).

douleur, tantôt invoquant toutes les puissances du Ciel et ne se pouvant empêcher quelquefois de les accuser d'injustice. Il ne savait à qui se prendre de ses malheurs, quand il voyait de quelle sorte ils étaient enchaînés les uns aux autres : ou à l'injustice du roi d'Angleterre, ou à l'infidélité de son maître ; car, à prendre les choses de plus loin, l'un et l'autre étaient bien les causes de l'extrémité où il était réduit. Parmi tout cela, les considérations de son amour ne pouvant l'abandonner :

« Ah ! trop aimable Mathilde, disait-il, hélas ! aurais-je pu prévoir qu'un jour je devrais être fâché de vous avoir connue ? Cependant, il est vrai que, dans le pitoyable état où je suis, je devrais souhaiter de ne vous avoir jamais vue, puisqu'il faut enfin que je vous perde, ou que je vous rende la plus malheureuse personne qu'il y ait au monde et devienne coupable de la mort de mon père.

« Ah ! non, non, périsse plutôt toute la terre que jamais je vous abandonne, ou que du moins je vous en donne le conseil ! Aimez, belle Mathilde, aimez ce rival, si la fortune peut avoir assez de charmes sur votre esprit pour vous obliger à la plus haute infidélité qui jamais ait été commise, ou si l'ennui de la prison peut vous dégager de la foi que vous m'avez donnée.

« Mais que plutôt je devienne l'horreur de tous les hommes que de me rendre moi-même l'instrument de ma ruine ! Vous avez déjà trop langui, ô ma divine maîtresse ! et vous êtes trop accoutumée aux souffrances pour vous rendre aux appréhensions d'une plus cruelle destinée. Mon amour, qui par sa fermeté me fait juger de la fermeté du vôtre, m'assure de votre courage et de votre constance ; et je ne ferai sans doute rien dont vous puissiez vous offenser, quand vous verrez que je souffrirai avec vous. Pardon donc, ô sacrée vieillesse de mon père ! pardon si...

« Mais que veux-je dire ? » s'écriait-il aussitôt, en s'interrompant lui-même et, songeant à la résolution que sa passion lui inspirait, « Arrête, ô ma bouche impie et sacrilège ! Ne prononce point, en l'incertitude où je suis, et ne te noircis pas d'un crime que mon cœur n'a point encore commis. »

En même temps, une infinité de pensées venaient le tourmenter et tournaient tout à fait son esprit de l'autre parti. Elles lui représentaient la langueur où la prison et la vieillesse avaient déjà réduit le vieux Montafilant son père, le hasard où il était de voir périr sa maîtresse et lui dans la misère d'une captivité qu'on rendrait insupportable ; et d'un autre côté, la prospérité qu'il leur pouvait causer, s'il pouvait consentir au mariage de Mathilde avec un homme qui possédait si puissamment la faveur d'un roi, comme il était naturellement généreux et reconnaissant de l'excessive amitié que son père avait toujours eue pour lui, se laissant conseiller par sa raison qui prenait à son tour l'empire sur son âme et faisait pour un temps taire sa passion.

« En quelle rigoureuse extrémité suis-je réduit, poursuivait-il, de voir périr mon père, de perdre Mathilde pour jamais ou de les plonger l'un et l'autre dans la dernière misère et de me rendre avec eux le plus infortuné de tous les hommes ! Car enfin vous puis-je voir, belle Mathilde, en la possession d'un autre, ou vous puis-je voir dans une éternelle captivité avec mon père et songer incessamment que j'ai pu rompre vos fers et que je n'ai pas eu le courage de le faire ? Pourrai-je souffrir vos divins regards et les cheveux blancs de mon père, ou ses derniers soupirs, qui me reprocheront sans cesse la barbarie dont l'intérêt de mon amour seul m'aura fait user envers vous ?

« Ah ! non, non, meure mon amour malheureux plutôt que de faire mourir un père qui vivrait content, s'il ne m'eût point trop aimé ! périsse plutôt le malheureux Montafilant, et qu'il languisse éternellement plutôt que de voir davantage languir la divine Mathilde ! Quel profit puis-je attendre de mon amour que de faire trois misérables et que dois-je craindre que de mourir seul, si j'écoute la raison ? La mort peut-elle m'être désagréable, quand j'aurai conservé la vie de mon père et fait la félicité de ma maîtresse ? Par moi vous régnerez, belle Mathilde, puisque je n'ai pu vous faire heureuse autrement. Il ne faut pas qu'une foi, que vous m'avez donnée peut-être imprudemment, me serve à vous tyranniser. Il faut que je sois plus juste que vous et, si je vous ai protesté cent fois que je voudrais mourir pour vous faire vivre heureuse, puis-je refuser la belle occasion que j'en ai ? Je serai libre alors de me venger de mes ennemis, je pourrai chercher la mort et, n'ayant plus que ma misère seule à craindre, je n'aurai sans doute que trop de courage pour la souffrir. Ainsi du moins je vous rendrai la liberté ; ainsi je ne serai point coupable de la mort de mon père. Mais ainsi, poursuivit-il, accordant encore quelque pensée à son amour qu'il semblait avoir étouffé tout à fait, je me rendrai le plus malheureux de tous les hommes ; mais ainsi il faudra vous perdre pour jamais, divine Mathilde ! mais ainsi il faut que tu meures, ô cruel amour, qui malgré mes disgrâces fait pourtant toutes les délices de ma vie ! »

Cette réflexion ne pouvait passer dans son esprit[67] sans y exciter de grands tumultes ; mais comme il penchait déjà tout à fait de l'autre côté, l'image de ses longues misères, la suite de tant de disgrâces enchaînées les unes aux autres et sa piété naturelle, revenant ensem-

67. Le texte original est : dans un esprit.

ble comme à la charge, achevèrent de l'emporter tout à fait, après une longue incertitude.

« C'en est fait, dit-il, et tout doit être résolu, puisqu'il ne va enfin que de mourir seul, ou de plonger mon père et ma maîtresse dans les plus grands malheurs qu'on puisse imaginer. Si mes ennuis ne me peuvent donner la mort et s'il ne m'est pas permis de finir par mes mains le long cours de mes misères, mon cruel maître ne me manquera pas à ce besoin. Et dans le désespoir où je suis, j'en obtiendrai du moins cette grâce qu'il ne laissera pas languir longtemps le ravisseur de Mathilde. Cependant, ô père qui m'as trop aimé ! ô père digne d'un fils plus heureux ! Mathilde ne vous abandonnera pas, et Mathilde, dans la fortune qu'elle mérite, pourra peut-être se souvenir de moi et songer que qui n'a pu vivre pour la servir a du moins su mourir pour la faire régner. »

Le jour survint cependant et le trouva si ferme dans cette résolution que toutes les pensées qui lui passèrent par l'esprit ne purent la changer depuis ; et enfin, sitôt qu'il crut que sa maîtresse serait éveillée, comme il avait toute liberté de la voir, il entra dans sa chambre et, s'étant assis auprès de son lit, il luit tint ce discours :

— « Ah ! ma chère sœur, désormais ce nom que nous affectons pour tromper le monde me convient bien mieux que ceux que l'amour m'a tant de fois mis en la bouche et qu'il rend encore si agréables à mon cœur. Ah ! ma chère sœur, puisqu'enfin il faut que je cesse de vous appeler ma divine maîtresse, il faut céder aux rigueurs de mon infortune, il faut que je vous perde. »

Ce discours si imprévu, avec les transports de Montafilant, donnèrent de grandes inquiétudes à Mathilde, qui ne pouvait deviner où tendaient ces paroles. Mais quand il eut achevé de lui exprimer la résolution qu'il avait prise et lui eut exagéré[68] tout au long les raisons qui la lui avaient fait prendre, c'est une chose qui ne se peut pas concevoir que le pitoyable état où elle se vit réduite.

— « Quoi ! lui dit-elle, également transportée de colère et de douleur, tu es ce même Montafilant pour qui j'ai méprisé l'affection du prince Henri ? Tu es ce même qui m'as traînée de province en province, pour qui j'ai affronté la tempête et méprisé la captivité ? Tu es ce même encore, et c'est toi qui me conseilles d'en épouser un autre ? »

— « Oui, belle Mathilde, je suis celui-là même ; mais ajoutez encore que je suis celui qui meurt d'amour pour vous, qui vous aime encore plus passionnément qu'il n'a jamais fait et qui ne peut consentir que vous vous rendiez misérable pour l'amour de lui. La passion que j'ai pour vous est pure et désintéressée, comme je vous l'ai protesté mille fois, et il ne me sera point reproché que, n'ayant qu'à mourir pour vous faire vivre heureuse et tirer mon père et vous d'une captivité sans espérance, j'aie préféré de vivre pour vous rendre misérable avec moi. »

— « Ah ! cruel ! m'as-tu quelquefois ouï me plaindre de cette captivité, et t'ai-je quelquefois accusé des maux que j'ai soufferts ? Je suis aussi sensible que tu le peux être à la langueur où la vieillesse et la prison ont réduit ton père, quoiqu'après avoir oublié le mien, ma mère et tout ce que j'avais de plus cher pour te suivre, je voie à regret qu'il y ait quelque chose au monde qui, dans ton cœur, tienne la balance avec moi. Mais ne cherche point de prétexte à ton ingratitude et à ton

68. *Exagéré* : fait valoir.

infidélité[69]. Tu t'ennuies de traîner partout une malheureuse et tu es ravi de pouvoir colorer ton crime d'un faux prétexte de générosité. »

— « Ô trop obligeants reproches ! s'écria alors Montafilant. Ô cruautés qui m'êtes si agréables ! n'entreprenez pas de séduire[70] mon devoir, qui ne s'évertue[71] qu'à regret. Lisez, belle Mathilde, lisez dans mon cœur, et ne m'obligez point de ma dédire du généreux dessein que j'ai pris. Rendez-moi misérable, mais laissez triompher le respect que j'ai pour vous, pour mon honneur et pour mon père. »

— « Et penses-tu, reprit Mathilde, plus irritée que jamais, que je coure après toi quand tu m'abandonnes ! Va ! je ne lis que trop dans ton cœur infidèle et parjure. Va ! le conseil en est pris : tu seras libre, puisque, pour rompre ta prison, tu n'as qu'à rompre la mienne. Je brise tes fers moi-même et je te rends cette foi que tu m'as donnée, puisqu'elle n'est pas inflexible aux plus rudes épreuves. Ton père jouira, s'il le veut, de cette haute fortune que tu me procures ; tu en jouiras aussi, si tu le veux, puisque la grandeur a tant de charmes pour ton âme faible et légère ; mais, cruel ! je n'en voulais qu'avec toi. Souviens-toi seulement de ces paroles et n'attends jamais de moi que de la haine et du mépris. »

Ces termes qui, malgré toute leur rudesse, se montraient remplis de tant d'amour pensèrent fendre le

---

69. Dans l'*Astrée*, II, 1, p. 40, Célidée, que Thamire voulait céder à Calidon pour sauver la vie de ce dernier, s'indigne aussi de cette proposition : « Comment, Thamire, oses-tu tendre la main à celle que tu as donnée à un autre ? Ne te contentes-tu pas de m'avoir abusée ?... » Et elle aussi lui reproche sa perfidie et son ingratitude.

70. *Séduire* : égarer.

71. *S'évertuer* : faire effort.

cœur de ce pauvre amant, et, quelque effort que sa générosité eût fait, sans doute il n'eût pu résister à des charmes si doux. Déjà il se repentait et, ravi du courage de Mathilde, il voulait la remercier de tant de fermeté et lui faire mille protestations de la plus ferme amour qu'on ait jamais conçue, en lui remontrant le généreux motif de la proposition qu'il lui avait faite ; mais à peine eut-il proféré trois ou quatre paroles que Mathilde, l'interrompant, lui ferma la bouche par celles-ci :

— « Cesse, malheureux, et n'attends plus de moi de grâce et de miséricorde. Mon dessein est pris aussi bien que le tien : j'épouserai ton rival. Puisque tu m'as donné sujet de t'oublier, le plus fort en est fait : car je t'avoue encore que lui donner mon cœur était un moindre effort à faire sur moi que celui de te l'ôter. Mais enfin tu l'as fait, cet effort ; et si tu m'as enfin contrainte de cesser de t'aimer, ce que je croyais impossible, je puis bien peut-être en aimer un autre, qui n'a que trop de belles qualités pour se faire aimer de quiconque ne t'aime plus. Va rendre la réponse que tu as promise et deviens véritablement mon frère, puisque tu as oublié que tu étais mon amant. »

Montafilant voulut encore l'interrompre en cet endroit ; mais la colère de Mathilde ne le lui permit jamais et, quelque effort qu'il pût faire, elle ne voulut point changer de dessein. Ainsi, en partie par force, en partie par les raisons de son premier motif, il se vit contraint de céder sa maîtresse. Il en porta la parole lui-même à son rival : du moins, ayant feint d'être malade, il l'envoya prier de lui envoyer quelqu'un à qui il pût s'exprimer. Montrose lui envoya son confident et, ayant commencé de lui dire la résolution de Mathilde, il le renvoya à elle pour savoir plus particulièrement son intention. Mathilde, qui était encore dans la colère que la pensée que Montafilant voulait l'abandonner avait excitée contre lui, répondit à ce confident que Montrose lui faisait trop d'honneur et qu'elle consentait à sa recherche.

Ainsi, en un moment, ce favori recouvra ses forces et le pauvre Montafilant commença depuis à tomber peu à peu dans un état plus dangereux que la maladie dont son rival était guéri. Il se traînait encore pourtant, malgré sa langueur ; mais Mathilde ne le voulait plus souffrir.

— « Penses-tu, lui disait-elle, que j'en puisse épouser un autre et consentir que tu me voies encore ? Ah ! n'y prétends plus ; trouve ton bonheur dans l'éclat de ma fortune, je ne m'y oppose point ; mais ne prétends plus que je t'écoute, ni que je te voie. »

Quoi que Montafilant lui pût alléguer, elle ne put changer de résolution, et insensiblement le temps qui était nécessaire à Montrose pour recouvrer sa santé et pour faire les préparatifs des noces étant expiré, ce jour, qui devait apparemment être le dernier de ce pauvre amant, arriva.

Mathilde avait été visitée du roi et de toute la Cour ; et la joie que Montrose sentit lui avait rendu tout à fait sa bonne mine et son embonpoint[72]. Mais certes, si l'amour qu'il avait pour Mathilde eût été à l'épreuve de quelque changement, celui qui parut sur le visage de cette fille était bien capable d'en causer. Quelque effort qu'elle eût fait et en quelque engagement qu'elle se fût mise, elle ne put voir approcher ce dernier jour sans sentir les plus cruelles douleurs dont on puisse être capable. Et certes je crois que c'est bien en cette rencontre qu'on peut dire aussi bien qu'Andromède dans la comédie :

72. *Embonpoint* : état d'un corps en bonne santé.

... que la grandeur de courage
Devient d'un difficile usage,
Quand on touche au dernier moment[73].

Les prisonniers avaient déjà eu leur liberté et Mathilde avait été logée chez la fille du roi, attendant qu'elle pût être conduite en une superbe maison qui était à Montrose. Ce favori, qui possédait tout à fait le cœur de son maître, eût pu épouser sa fille, s'il n'avait trouvé plus de charmes en la beauté de l'étrangère. Cette princesse sans doute voyait ces noces avec déplaisir : car la personne de ce favori était telle et sa fortune dans une si grande élévation qu'elle pouvait avoir regret de voir qu'il lui en préférait une autre. Ainsi ce mariage faisait bien des malheureux pour un seul qu'il comblait de joie.

Montafilant, désespéré, n'espérait plus qu'en son désespoir[74] et se fortifiait autant qu'il le pouvait dans la première résolution qu'il avait prise de s'en retourner s'exposer au courroux de son infidèle maître, après qu'il aurait dit le dernier adieu à Mathilde. Mais elle ne le voulait pas souffrir, et ce pauvre amant attendait ce jour si heureux pour son rival dans les transes de la mort, n'osant se présenter à sa maîtresse, qui se montrait d'autant plus irritée que ce jour approchait. Toutefois, quelque sévérité qu'elle affectât pour punir son amant, elle sentait bien une bonne partie de la douleur

---

73. Ces vers (III, 1, 797-99) figurent dans la tragédie de Corneille, jouée en janvier 1650. Ils sont prononcés par l'héroïne, qu'on vient d'attacher à un rocher pour être livrée à un monstre marin. Dans des stances émouvantes, elle dit qu'elle ne craignait pas la mort, quand elle l'envisageait de loin,

mais que la grandeur du courage... Etc.

74. Cette expression antithétique, que n'eussent pas désavouée les Précieuses, signifie simplement que Montafilant n'attendait plus que la mort.

qu'elle lui causait. La veille de ce jour fatal, se mettant au lit et n'ayant plus que Clémence dans sa chambre, après avoir versé un torrent de larmes, que la présence des personnes qui l'avaient visitée tout le jour avait retenues jusqu'alors :

— « Ah ! ma chère nourrice, lui dit-elle, que je suis misérable de ne pouvoir mourir de douleur, puisqu'enfin je crains bien de ne pouvoir être maîtresse du désespoir où je suis ! O grand Dieu, qui me causes une si cruelle infortune, donne-moi des forces pour la souffrir et ne permets pas que je me laisse emporter à la rage qui me conseille de me faire mourir. »

Clémence, qui peut-être était lasse de tant de calamités et qui ne pouvait s'empêcher de se laisser flatter à l'intérêt qu'elle trouvait en la grande fortune de sa maîtresse, tâchait de la consoler autant qu'il lui était possible, non qu'elle n'eût pitié de ce pauvre Montafilant, mais, soit pour la raison que j'ai dite, ou qu'elle cachât sa pitié pour mieux résoudre sa maîtresse à un mariage qui ne se pouvait plus éviter, elle s'efforçait de lui remontrer par leurs malheurs passés l'aise qu'elle devait avoir d'avoir enfin trouvé un port après de si cruelles tempêtes. Mais, quoi qu'elle pût alléguer, Mathilde demeura inconsolable.

Le jour vint, et enfin il se fallut orner pour une fête si célèbre[75]. Montrose employa pour cela tout ce qu'on pouvait attendre de la richesse de son maître et de la sienne, et elle se laissa parer de toutes les pierreries de la couronne et des plus précieuses robes qu'on pût inventer. Mais elle se laissait mettre tous ces ornements comme une victime qu'on pare pour le sacrifice. C'est ce qu'elle songeait en elle-même ; et son premier amant,

75. *Célèbre* : solennelle.

qui était témoin de cette pompe, comme celui qui y était obligé par le personnage qu'il devait jouer en cette cérémonie, ne pouvant s'oublier et se tromper lui-même comme il trompait toute l'Écosse, ne pouvait s'empêcher de dire en lui-même que c'était bien lui qui devait être la misérable victime de ce sacrifice. Il suivit Mathilde jusque dans le temple, mais si tourmenté que, s'il n'eût déguisé son trouble d'un prétexte de maladie, ou si son rival n'eût été si entièrement possédé de sa[76] joie qu'il ne faisait réflexion sur rien, il devait[77] sans doute s'apercevoir que ce prisonnier goûtait mal la joie de sa liberté et que ce frère prenait d'étranges intérêts à la fortune de sa sœur.

Mathilde, d'un autre côté, voulait se dédire en voyant la tristesse qui était sur le visage de Montafilant. Pour lui, il voulait s'aller jeter aux pieds de son rival et lui raconter le pitoyable état où il était réduit, et lui demander plutôt la mort que l'aveu qu'il lui fallait donner à cette cruelle union. S'ils eussent été en état de pouvoir concerter ensemble ce qu'ils avaient à faire en cette rigoureuse conjoncture, sans doute ils n'eussent pas donné les mains à leur malheur comme ils l'y donnèrent. Mais enfin l'heure vint. Montrose donna la main à sa maîtresse et, en présence de toute la Cour, il approcha avec elle de l'autel où l'évêque d'Édimbourg l'attendait, comme celui qui était destiné pour faire ce mariage.

Mais que sert enfin de vous tenir plus longtemps en l'impatience où je vous vois et ce pauvre amant en une si grande inquiétude ? Après que les premières cérémonies furent faites, au moment qu'il fallut que Montrose

76. Le texte original porte : *la* joie.

77. *Il devait* : nous dirions : il aurait dû.

donnât l'anneau et la main à sa maîtresse, il arriva deux choses qui troublèrent merveilleusement cette fête. Mathilde s'évanouit et, au même instant encore, Clémence, qui avait la vue attachée sur la main de Montrose, s'avança et s'écria qu'on ne passât pas plus outre sans l'écouter : elle avait remarqué que cet amant avait une rose sur la main, la mieux exprimée[78] qu'il était possible, et, songeant en même temps que le frère qui avait été enlevé à Mathilde incontinent après sa naissance avait précisément cette même marque, elle se crut obligée de le déclarer. Elle savait que Montrose était étranger et qu'on ne savait point de qui il était né, soit que ce bruit s'épandît par l'Écosse seulement par la vérité du fait, ou par l'envie qui s'attaque toujours à ceux qui possèdent la faveur des rois. Ces deux considérations firent naître son soupçon, avec[79] quelque ressemblance qui se remarquait sur le visage de Mathilde et celui de ce favori, ce qui arrive quelquefois entre les personnes qui s'aiment et ce qui avait souvent servi de conversation entre sa maîtresse et elle.

Toutes ces choses jointes ensemble et à l'évanouissement de Mathilde, qu'il fallut reporter sur son lit, tant il dura longtemps, interrompirent cette cérémonie ; outre que, comme on dégrafa sa robe, un poignard qu'on y trouva caché[80] donna encore de grands sujets de discourir sur cet accident si merveilleux.

---

78. *Exprimée* : représentée.

79. *Avec* : ainsi que.

80. Dans *Édouard*, une tragi-comédie de La Calprenède (1640), l'héroïne dissimulait également un poignard sur elle pour se soustraire en se tuant aux violences du roi d'Angleterre Édouard III, qui était épris d'elle. L'histoire figurait déjà dans une nouvelle de Bandello (II, 37).

Enfin il se trouva que le soupçon de Clémence était véritable. La marque de Montrose était si singulière qu'elle était capable de servir seule d'un grand indice pour cette reconnaissance. Mais un marchand qui l'avait nourri[81], ayant rapporté qu'il l'avait eu des mains des pirates et ajoutant que ç'avait été vers les côtes de Normandie, proche[82] le Mont Saint-Michel, et que c'était de ce mont et de la rose qu'il avait marquée sur la main qu'il lui avait donné le nom de Montrose, accrut tellement le soupçon de Clémence qu'il en fallut venir à un plus grand éclaircissement.

De bonne fortune, il se trouva encore un vieux soldat dans le château d'Édimbourg qui, ayant su cette dernière aventure et étant complice de l'enlèvement, crut qu'il pourrait faire beaucoup pour lui, s'il rapportait la chose comme elle était. Il vint donc trouver ce favori et, après lui avoir demandé pardon, il lui raconta comme un capitaine qu'il servait alors fut pratiqué[83] par le comte de Bessin, tandis qu'ils étaient en un des ports d'Angleterre, qu'on leur donna un homme pour les conduire et qu'enfin la chose fut exécutée comme Montafilant l'avait racontée au prince Henri, la première fois qu'il lui parla de Mathilde[84]. Mais ce qui acheva d'empêcher que Montrose ne[85] pût douter de la déclaration de ce soldat, ce fut qu'il ajouta qu'ayant eu part au butin que ses camarades firent en pillant la maison du baron de Douvre, entre plusieurs meubles[86] qui lui

---

81. *Nourri* : élevé.

82. *Proche* : à proximité de.

83. *Pratiqué* : gagné, soudoyé.

84. Voir *supra* p. 15 sq.

85. *Ne* est ici explétif.

86. *Meubles* : le terme désigne des objets d'usage domestique.

échurent pour sa part, il lui dit qu'il lui était toujours demeuré un de ces cristaux qu'on donne aux enfants pour se jouer, quand les dents commencent à leur percer. Il le fut quérir aussitôt et, comme ce cristal était garni d'or et qu'il y avait des armes gravées dessus, Mathilde les reconnut pour les siennes, et Clémence ajouta que ce cristal avait été destiné pour cet enfant qui leur avait été enlevé, comme, avant les couches d'une personne de qualité, d'ordinaire on prépare jusqu'aux moindres choses qui peuvent servir à l'enfant qui doit naître.

Ainsi Montrose ne pouvant plus douter de son extraction et ayant appris, par ce poignard que Mathilde avait caché sous ses habits, la violence qu'elle se faisait pour l'épouser, et ensuite l'histoire de son amant et d'elle, cet homme, qui s'était montré si généreux en toutes ses actions, ne voulut point se dédire en celle-ci. Quelque temps après, Mathilde et Montafilant s'épousèrent avec autant de joie qu'ils avaient eu d'inquiétude auparavant. Montrose épousa la fille du roi son maître et, faisant généreusement part de sa fortune à sa sœur et à son beau-frère, leur donna suffisamment de quoi se consoler de la perte de leurs biens et de quoi s'établir en ce pays. Telle est l'origine de la maison des Montrose et le passage[87] des seigneurs de Montafilant, qui depuis quittèrent la Normandie.

Le roi d'Écosse ayant écrit au roi d'Angleterre l'insigne méchanceté du comte de Bessin et lui ayant fait prouver la chose par tant d'indices véritables, ce prince si sage et si juste commença à connaître la perfidie de cet homme ; et la fortune, qui avait été si contraire à

87. Sans doute faut-il comprendre : voilà comment s'explique le départ des seigneurs de Montafilant.

ces amants, se montra depuis si favorable à tous leurs souhaits que, peu de temps après, ils rentrèrent en possession de leurs biens et surent la disgrâce de leur ennemi, qui, convaincu de plusieurs crimes, périt malheureusement[88] et vit tous ses biens confisqués aux églises[89], comme on le voit encore par les dons qui leur en furent faits alors par Guillaume le Conquérant ou par la reine sa femme.

Quoique cette nouvelle se soit si fortement imprimée dans mon esprit par l'agréable récit qu'en fit la belle Aplanice que je ne pense pas avoir oublié une de ses moindres circonstances, je n'ose pourtant pas me donner la vanité de croire qu'elle fasse par mon récit sur l'esprit du lecteur le même effet qu'elle fit sur cette assemblée, quand elle fut racontée par une personne si spirituelle et si charmante. Elle exprima si divinement la délicatesse des sentiments et toucha avec tant d'adresse les passions si tendres et si généreuses de ces deux fidèles amants qu'il n'y eut aucune de ces dames qui n'en parût touchée, mais à un tel point qu'elles semblaient, pour ainsi dire, avoir renoncé à cette insensibilité dont elles ont toujours fait gloire.

Pour moi, bien que cette relation m'attachât avec d'invisibles chaînes qui ne me laissaient pas disposer d'une seule de mes pensées, je confesse que, voyant le destin de ce malheureux amant pleuré par les plus beaux yeux du monde, je ne puis m'empêcher de l'envier, tout infortuné qu'il pouvait être avant la reconnaissance du généreux frère d'une si digne sœur.

L'étonnement, la compassion et la joie tout ensemble engagèrent toutes ces dames dans un si grand silence

88. *Malheureusement* : d'une manière funeste.

89. Au profit de l'Église.

qu'il y avait déjà longtemps qu'Aplanice avait cessé de parler quand Silerite lui adressa ces paroles :

— « Je ne sais pas, divine Aplanice, où vous pouvez avoir appris une histoire si agréable, car il faut avouer que, quand tous ces incidents seraient imaginés, il serait difficile que le vraisemblable et la bienséance y fussent mieux observés, chose très rare dans les événements que nous voyons tous les jours. »

— « Je crois aussi, dit Uralie, que c'est cette raison seule qui peut excuser l'homme de cette grande passion qui semble lui être naturelle pour le mensonge[90]. Car si nous faisons réflexion sur les choses qui lui sont les plus agréables, vous trouverez que nous n'aimons celles que l'art produit qu'en tant qu'elles contrefont ces heureuses productions du hasard ou de la nature ; et que l'un, ni l'autre n'ont aucun charme pour nous, si elles n'ont quelque imitation de l'artifice humain. »[91].

— « Cela ne se peut contredire, ajouta la princesse ; mais il ne faut pas croire que cela vienne de l'imperfection de l'homme, comme il me semble qu'au contraire ce serait quelque marque de sa justice, puisqu'il semble ne souhaiter ainsi les choses que pour réparer les défauts qui se trouveraient infailliblement en leur production, si on les abandonnait au caprice seul de la nature, ou si l'art ne prenait d'elle quelques instructions[92].

« Mais, pour en revenir à ce qui nous regarde principalement, quoique je ne sois pas de celles, comme je l'ai déjà dit, qui sont le plus obligées de protéger cette

---

90. C'est-à-dire la fiction.

91. Selon Uralie, nous n'apprécions que les œuvres qui imitent le réel et dans la mesure où ce réel semble une production de l'art.

92. Selon Aurélie, l'art corrige les défauts de la nature, mais doit aussi s'en inspirer.

affection qui est quasi naturelle à notre sexe pour les événements des romans et pour leurs agréables mensonges, quand le vraisemblable y est observé en toutes ses parties, ne peut-on pas dire que notre fantaisie ne s'y laisse emporter que pour corriger, pour ainsi dire, les erreurs de l'histoire, dans laquelle pour le plus souvent les témérités du hasard et les injustices de la fortune règnent avec tant d'empire ? »[93].

— « Il vaut mieux en effet, dit Gélonide, se laisser abuser par un agréable mensonge que de s'ennuyer et de s'affliger même par un récit véritable des choses, qui ont toujours leur succès[94] contre notre inclination. Car, sans chercher d'autres histoires que celles qui nous sont familières, qui est la personne à qui il arrive quelque aventure comme on souhaiterait qu'elle fût arrivée pour être agréable en toutes ses circonstances ? »

— « Ou du moins à laquelle, dit encore la charmante Frontenie, notre imagination ne pût donner une meilleure forme ? Car, ou la vertu n'y aura jamais la récompense dont elle est digne, ou rarement le crime y sera puni comme il le mérite. Et c'est ce qui m'a fait davantage admirer l'histoire qu'Aplanice nous a racontée : car, nous attachant à des choses véritables, comme la princesse nous l'a ordonné, ou du moins à les raconter de sorte qu'on ne les puisse pas contredire, il faut demeurer d'accord qu'il est difficile d'en trouver quelqu'une qui ait une fin plus souhaitable et plus surprenante à la fois[95].

---

93. La princesse souligne le goût des femmes pour les fictions romanesques, fictions légitimes si, tout en respectant la vraisemblance, elles corrigent ce qui, dans l'histoire, heurte notre sens de la morale et de la justice, opinion partagée par Gélonide et Frontenie.

94. *Succès* : issue, résultat bon ou mauvais.

95. Le dénouement de cette histoire satisfait en effet à la fois le

« Mais, pour changer un peu de discours et ne pas trop nous égarer pourtant, je ne sais d'un autre côté si, en quelque manière, nous ne nous serions point laissé séduire par l'agrément du discours d'Aplanice en une chose dont il me semble qu'avant qu'elle eût parlé, je ne serais pas demeurée d'accord et qu'elle nous a pourtant fait voir non seulement excusable, mais quasi juste et nécessaire. Car, dites-moi, je vous supplie, si, sans aucune préface, on nous faisait cette proposition : un amant peut-il avec honneur céder sa maîtresse à son rival ?[96] qui est celui qui ne s'écrierait aussitôt que cela ne se peut, ni ne se doit, pour quelque raison que ce puisse être ? Et cependant qui est celle de nous qui ait murmuré de la résolution de Montafilant ? »

— « Il est vrai, dit Gélonide, que, si j'ai remarqué sur tous vos visages que chacune le plaignait, je n'ai point vu qu'on le blamât. Mais aussi j'ajoute encore que j'ai présumé que, si sa résolution était admirable, on en aurait aisément excusé une autre, s'il l'avait prise ; et laissant la chose dans le général, comme vous nous la proposez, il me semble qu'en effet il y a mille et mille raisons qui persuaderaient qu'un homme de courage[97] ne doit jamais céder sa maîtresse à un rival plus puissant que lui, et qu'il n'y en a quasi point qu'on pût apporter pour maintenir le contraire. Car pour détruire toutes celles qu'on pourrait objecter par une seule, il n'y a pas de difficulté qu'on ne peut apporter pour excuse d'une si louable infidélité que l'honneur et le devoir, qui doivent triompher de l'amour. Mais

---

goût des femmes pour le romanesque (« surprenant ») et leurs exigences morales (les amants vertueux trouvent enfin le bonheur).

96. C'est là un point de casuistique galante, dont les devisantes vont maintenant débattre.

97. *Courage* : cœur.

examinez un peu, je vous supplie, s'il peut être de plus rigoureux point d'honneur au monde que celui de ne point violer mille serments qu'on suppose qu'il a faits de ne point abandonner une personne qui s'est jetée entre ses bras et qui avait tout méprisé pour le suivre ; et enfin, si l'on prend les choses par les lois des amants, s'il est une loi dans l'empire d'amour qui précède ou détruise celle d'aimer véritablement. »

— « Si ce que vous dites, répondit Aurélie, n'est justement pensé, du moins, il est dit fort galamment. Je demeure d'accord que la chose ne serait pas sans difficulté, mais je ne serais pas d'avis que, sur une maxime générale, il fallût condamner le héros d'Aplanice : car enfin, si la proposition qu'a faite Frontenie semble être sans contredit, trouveriez-vous qu'il y en pût avoir beaucoup en celle qu'on ferait pour savoir si un fils, pouvant délivrer son père, le doit laisser mourir dans la prison ? On peut donner quelque explication à la vôtre ; mais à celle-ci, il n'y a personne qui ose seulement y penser. Ainsi, pour ne vous pas redire les raisons de Montafilant qu'Aplanice a si agréabement exprimées dans l'irrésolution de ce pauvre amant, si je prends pour vous celles de Chimène, il faut que vous me laissiez celles de Rodrigue[98] et que vous demeuriez d'accord qu'en cette affaire-ci, il y avait assurément de quoi dire :

Père, maîtresse, honneur, amour

de quoi s'écrier :

Percé jusques au fond du cœur[99],

---

98. Rodrigue fait passer ses devoirs envers son père avant ce qu'il doit à sa maîtresse dans la délibération lyrique (les stances de l'acte I, scène 6) de la tragédie de Corneille.

99. Vers 311 et 291.

et de quoi enfin faire d'aussi belles stances que le fils de Dom Diègue souffleté. »

— « Je le prends bien plus sérieusement que vous, dit la spirituelle Silerite, avec cet air enjoué qui fait trouver tant de charmes en tout ce qu'elle dit. Car, si vous le prenez par les raisons du Cid, je le prends par la droite raison et quasi par celle de l'Écriture sainte, si je n'avais condamné les nouvelles de la reine de Navarre d'en user ainsi[100]. Mais, dites-moi, je vous supplie, quand on nous marie, ne nous dit-on pas qu'il faut non seulement quitter père, mère et famille pour suivre son mari[101] et leur ôter quasi ses affections pour lui en donner une plus forte ? et l'amant de Mathilde ne pouvait-il pas dire d'elle ce que dit Dom Bertrand dans la comédie[102], quand il veut regarder à l'honneur d'Isabelle, qu'elle est presque sa femme ? »

Ce qu'Aurélie et Silerite rapportèrent excita un agréable ris dans toute la troupe et depuis, il fut difficile de remettre cette conservation dans le sérieux. Je n'aurais jamais fait, si j'entreprenais de vous dire toutes les plaisantes raisons qui furent rapportées de part et d'autre et les agréables difficultés qu'on fit naître.

Aplanice s'élut un successeur, au commandement que lui en fit la princesse. Mais, si elle ne se mêla presque point dans cette conversation, quoique elle y eût

---

100. Dans la discussion initiale du roman, Silerite reprochait à Oisille, une des devisantes de l'*Heptaméron*, de trop mêler « de passages de l'Écriture sainte en des choses profanes » (voir tome I, p. 22).

101. Voir Mathieu, 19, 5 : « L'homme quittera son père et sa mère, et s'attachera à sa femme, et les deux deviendront une seule chair. »

102. Il s'agit de la pièce de Thomas Corneille, *Dom Bertran de Cigarral* (1652) ; Dom Bertran, qui doit épouser Isabelle, s'indigne de trouver dans sa chambre son cousin Dom Alvar, qui est épris de la jeune fille (III, 8).

bien pu trouver sa place, quand on vit le divertissement qu'elle avait préparé à ces dames, on demeura d'accord qu'elle avait bien raison d'y songer. Car ceci ne se peut quasi pas croire sans qu'on la soupçonne de quelque enchantement. Il y avait deux jours que les comédiens de la princesse étaient venus[103] ; on leur préparait leur théâtre et l'on croyait qu'ils pourraient l'ouvrir dans trois ou quatre jours ; mais, soit qu'Aplanice eût été auparavant dans le bois où elle récita son histoire, ou que quelqu'un lui en eût donné l'avis, elle imagina la plus agréable chose du monde.

Proche du lieu où Aurélie et ces dames s'assirent, au plus écarté de la forêt et en l'endroit de tous où les arbres étaient les plus épais, les plus hauts et les plus verts, il y avait un petit tertre, qui heureusement s'élevait dans cette figure même qu'on donne d'ordinaire aux théâtres. Il était fermé d'un côté d'une grosse roche, d'un buisson fort épais par l'autre et, dans son enfoncement, des plus beaux arbres de la forêt, qui composaient la plus régulière perspective qu'on puisse imaginer. Enfin, par quelque caprice de la nature ou par l'industrie d'Aplanice, ce lieu était tout à fait semblable au théâtre de l'hôtel de Bourgogne, quand les comédiens représentent l'Amarillis[104] : ce qui fut cause qu'elle choisit cette pièce

Ce bois est éloigné de près de deux lieues du château ; son histoire fut un peu plus longue que celle des autres, et la conversation qui la suivit ne finit pas aisément. La nuit donc commençait à venir et l'obscurité de la forêt

---

103. Les *Mémoires* de Mlle de Montpensier mentionnent la venue de comédiens à Saint-Fargeau, en 1656.

104. Il s'agit de l'*Amarillis* de Tristan, remaniement de la *Célimène* de Rotrou, une pastorale, représentée à l'Hôtel de Bourgogne en 1652.

n'y contribuait pas peu. Et en un moment, comme la princesse lui demanda quel divertissement elle leur avait préparé, sans que personne sût rien de son dessein, on vit briller une infinité de lumières, qui sortirent d'une quantité infinie de chandelles, qu'on avait attachées aux arbres et au rocher qui environnaient le théâtre. Ceux qui ont quelquefois pris plaisir d'allumer de ces feux dans les bois savent que le vert des arbres et la lumière font ensemble un fort bel effet. Jugez donc de l'étonnement de tout le monde quand, en même temps, les comédiens ouvrirent la scène, vêtus en bergers et en bergères, avec toute la propreté[105] et le bon air qui peut relever la simplicité de cet habillement.

Cette pièce est tout à fait agréable par le mérite de son premier auteur[106] et par ce tour excellent que celui qui l'a repolie[107] lui a donné. Mais représentez-vous ce que ce dut être quand les comédiens furent animés par de si illustres auditeurs et par les grâces naturelles de leur décoration. Car enfin, pour vous figurer au vrai l'heureuse situation de ce théâtre, comme il était nécessaire qu'il y eût une fontaine pour représenter la Fontaine de la Vérité d'amour qui sert au dénouement de cette pièce[108], la nature, pour ainsi dire, eut cette complaisance pour Aplanice : du rocher qui fermait un des

105. *Propreté* : élégance.

106. Rotrou. L'édition de sa *Célimène* est de 1636.

107. Tristan L'Hermite.

108. L'acte V de la pastorale se déroule en effet près de la Fontaine de la vérité d'amour, où les satyres se disposent à assaillir les bergères et où celles-ci ont donné rendez-vous à Cléonte, en réalité Bélise travestie, qui, après avoir révélé son véritable sexe, les réconciliera avec leurs amants. Dans l'*Astrée*, la Fontaine de la vérité d'amour permettait aux amants qui s'y miraient de savoir s'ils étaient aimés.

côtés de ce théâtre découlait une source d'eau vive, la plus claire et la plus nette qu'on ait vue depuis celle qui fut le miroir et le tombeau de Narcisse, et, dans le milieu du théâtre, vers son enfoncement, elle s'arrêtait dans un grand bassin, qui représentait un parfait carré, et enfin de cette sorte même que les comédiens s'étudient avec soin de représenter celle de la Vérité d'amour. A dire le vrai, la scène des satyres[109] fut retranchée et, comme il faut dire les choses en véritable historien, il est vrai qu'il n'y en eut point d'autres que ceux qui doivent habiter cette belle forêt. Il est à croire qu'ils étaient en grand nombre autour de ces belles nymphes et plus à croire encore, si l'on s'en rapporte à leur humeur, que la présence de tant de belles personnes leur donna une méchante nuit. Elle était avancée quand la princesse revint.

109. Il y a dans l'*Amarillis* plusieurs scènes où paraissent des satyres. Dans l'une (II, 1), un satyre décrit complaisamment aux deux autres les nymphes de Diane qu'il a vues se baigner ; plus loin (IV, 7), les satyres vont assaillir les bergères, et en V, 5-6, ils se jettent sur Amarillis, mais ils sont mis en fuite par Philidas, l'amant de la jeune fille.

ARONDE

Nouvelle cinquième.

INTRODUCTION

Après la Normandie de Guillaume le Conquérant, c'est la France du début XVe siècle, envahie par les Anglais et déchirée par les luttes entre Armagnacs et Bourguignons, que Segrais prend pour cadre de sa nouvelle.

L'héroïne, Agnès, fille du duc de Bourgogne Jean sans Peur, rentrant à Dijon vêtue en bourgeoise, rencontre dans une auberge Aronde, en fait Charles, comte de Clermont, qui voyage aussi incognito. Il s'éprend de la jeune fille, qu'il accompagne à Dijon, où il apprend sa condition véritable, mais continue à lui faire une cour respectueuse sans se faire connaître. Une conversation qu'il a surprise lui apprend qu'il ne lui est pas indifférent. Une révolte ayant éclaté à Bruxelles, « Aronde » y devance la princesse, rétablit l'ordre et révèle enfin à Agnès sa qualité. Il obtient la main de la jeune fille, quand un rival, le prince anglais Clarence, lui fait croire qu'il jouit de ses faveurs : dépité, Aronde renonce à l'épouser et, peu après, apprend qu'elle est morte. Le héros est désespéré, d'autant plus que Clarence, pris de remords, lui avoue qu'il a menti et qu'Agnès lui était fidèle. Le duc de Bourgogne lui propose alors d'épouser sa fille aînée et insiste pour qu'il la voie : c'est Agnès elle-même que son père, la croyant coupable, avait fait passer pour morte. Elle pardonne au comte de Clermont de l'avoir crue infidèle, et le mariage des jeunes gens est célébré en présence de Clarence repentant.

A la différence des nouvelles précédentes, l'histoire tient une grande place dans Aronde. Les protagonistes sont des personnages qui ont réellement existé : Agnès est la dernière fille du duc de Bourgogne Jean sans Peur, assassiné en 1419 ; « Aronde » est Charles, comte de Clermont, puis duc de Bourbon à la mort de son père, en 1434 ; Thomas, duc de Clarence, est le second fils du roi d'Angleterre, Henri IV Lancastre. Un certain nombre d'événements historiques sont mentionnés : la déposition de Richard II d'Angleterre par son cousin Henri de Lancastre (p. 396-97) ; les hostilités entre Armagnacs et Bourguignons (p. 383-384) ; la folie du roi de France Charles VI et les ambitions des princes (p. 386-387) ; la défaite d'Azincourt et la captivité du duc de Bourbon (p. 425) ; le traité de Troyes par lequel la reine Isabeau déshérite son propre fils, le dauphin Charles (p. 386) ; la terreur et les massacres à Paris à la suite de l'entrée des Bourguignons dans la ville, en mai 1418 (p. 417) ; le mariage de Jacqueline de Bavière avec le duc de Gloucester et les entreprises de ce dernier sur le Hainaut (p. 418) ; le rapprochement des maisons de Bourbon et de Bourgogne et le mariage d'Agnès et de Charles (p. 426) ; la paix entre Charles VII et Philippe le Bon (p. 458).

Ces événements ne sont pas seulement des jalons chronologiques, mais les péripéties de la nouvelle leur sont liées. C'est à la suite de la bataille de Nicopolis et de la défaite infligée aux « croisés » européens par Bajazet (1396) que le héros est revenu en France ; les troubles en Angleterre et l'exil de plusieurs princes anglais expliquent la présence en France de Clarence ; ce sont les excès des « cabochiens » à Paris qui provoquent le retour de Jean sans Peur dans la capitale (juillet 1418) ; et cette histoire d'amour se termine heureusement par le mariage d'Agnès de Bourgogne avec Charles de Clermont (septembre 1425).

*Pour tous ces événements, Segrais s'est documenté dans l'*Histoire de France *de Mézeray (c'est à Mézeray qu'il doit l'idée que Jean sans Peur aurait fait assassiner le duc d'Orléans parce qu'il croyait qu'il avait séduit sa femme), ainsi que dans l'*Histoire d'Angleterre, d'Écosse et d'Irlande *de Du Chesne. Il a pu lire aussi les chroniques de l'époque, comme celles de Monstrelet, de Richemont et du maréchal Boucicaut.*

*On peut néanmoins relever quelques erreurs flagrantes dans la chronologie ou dans les faits. On nous dit que le comte de Clermont apprend le décès de son père alors qu'il attendait son consentement pour épouser Agnès : or le mariage fut célébré en 1425 et le duc de Bourbon ne mourra, en captivité, qu'en 1434. Si, à la fin du XIV*e *siècle, il y eut souvent des conflits en Flandre entre le pouvoir comtal et les républiques urbaines, et si, en 1424, l'équipée de Gloucester provoqua des troubles en Hainaut, on ne voit pas qu'il y ait eu d'insurrection obligeant Agnès de Bourgogne à se rendre à Bruxelles au moment où les excès des cabochiens appelaient son père à Paris. Surtout le personnage de Clarence et son rôle dans l'intrigue semblent purement imaginaires. Thomas de Lancastre, duc de Clarence, frère puîné du futur Henri V, s'est tristement illustré, l'été 1412, en ravageant le Maine, la Touraine et l'Orléanais, à la tête d'un corps expéditionnaire anglais, envoyé d'ailleurs à la demande des princes armagnacs (les ducs de Berry, de Bourbon et d'Orléans), ligués contre le duc de Bourgogne. Mais il n'a jamais été l'exilé et le soupirant malheureux que nous dépeint Segrais : le narrateur a évidemment déformé des événements qu'il valait mieux passer sous silence. Et comment Clarence, mort en 1421 à Beaugé, aurait-il pu assister au mariage du comte de Clermont, en 1425 ? En dépit de ces inexactitudes, l'ancrage de l'intrigue romanesque dans la réalité historique donne au récit de Segrais l'apparence de l'authenticité.*

Il n'en conserve pas moins beaucoup d'aspects romanesques. L'aventure galante des protagonistes dont chacun ignore l'identité de l'autre, au début de la nouvelle[1] *; ce galant qui entre au service d'un prince ennemi sous un nom d'emprunt, par amour pour sa fille*[2] *; ce rival qui demande au héros de parler pour lui à sa belle ; l'entretien, surpris par le galant, où l'héroïne confie à sa suivante l'inclination qu'elle ressent*

1. « La princesse regarda cette aventure comme un incident fort propre à embellir le roman de son déguisement. » (p. 388).

2. C'est ce que font Artamène auprès de Cyaxare (*Le Grand Cyrus*), ou Césarion à la cour du roi d'Éthiopie (*Cléopâtre*).

pour lui[3] *; le stratagème de Clarence pour brouiller les amants*[4] *; cette fausse mort qui plonge Aronde dans le désespoir*[5] *: toutes ces péripéties peu banales appartiennent à la tradition romanesque.*

Les héros sont aussi des personnages de roman. La princesse est idéalement belle[6] *; le comte de Clermont est « fort bien fait de sa personne » et il a acquis « beaucoup de gloire » dans la guerre contre les Turcs. Surtout, dans une schématisation manichéenne, Segrais oppose Aronde, l'amant parfait, amant respectueux, dissimulant son identité pour être aimé pour lui-même et servant chevaleresquement sa maîtresse, à l'amoureux mal aimé et perfide, qui recourt à l'imposture ne craint pas de salir la réputation d'Agnès pour en détourner son rival, qui aura encore sur la supériorité de lui pardonner.*

René Godenne, après avoir constaté la persistance du romanesque dans Les Nouvelles françaises, *montrait l'importance de l'inspiration « galante » dans le recueil et citait précisé-*

---

3. Dans *Cléopâtre*, Césarion surprend de même un entretien de la princesse Candace avec sa confidente :

« Je t'avoue, dit Candace, et je t'avouerai possible sans rougir, que je recevrais Cléomédon (c'est le nom d'emprunt de Césarion) de sa main (du père de Candace) avec moins de répugnance que je n'en aurais pour tout autre... » L'analogie avec la nouvelle de Segrais (voir p. 99) est évidente. Ce rapprochement nous a été suggéré par M. Al Chamali.

4. Dans l'*Astrée* (Histoire de Daphnide et Alcidon), Alcyre emploie le même stratagème pour brouiller Amintor et Clarinte (III, 4).

5. Dans le *Polexandre* de Gomberville, un roi mexicain a lui aussi enfermé sa fille Izatide et fait courir le bruit de sa mort. Son amant, Zelmatide, se rend au temple où la jeune fille est prétendument enterrée et verse « un torrent de larmes ».

6. « Elle avait la taille fort avantageuse, les yeux, la bouche et les cheveux beaux par excellence », et, lorsqu'elle ôte son masque, Aronde « confessa en lui-même qu'il n'avait jamais rien vu de plus beau. »

ment plusieurs passages d'Aronde pour illustrer son propos[7]. *« Écrivant pour une société passionnée par la galanterie et ses manifestations », comme le remarque justement ce critique, Segrais, à travers cette histoire d'amour, a développé avec une certaine complaisance les scènes où se manifeste cet esprit galant. Si, lors de la première rencontre des amants, le comte de Clermont, pensant avoir affaire à une simple bourgeoise, lui déclare cavalièrement son désir, agissant « avec l'audace que la naissance donne à une personne de son rang » (p. 388), ses manières changent quand il apprend, à Dijon, la qualité de la princesse, et un badinage spirituel commence entre les jeunes gens (p. 393 sq.) : Agnès, amusée de sa surprise, plaisante le « malheureux amant devenu veuf sans que (sa) maîtresse soit morte », et Aronde, entrant dans le jeu, s'applaudit du choix heureux qu'il avait fait inconsciemment et, nouvelle Artémise, se dit inconsolable. Lorsqu'il prétend ne pas changer leurs relations, il s'attire un refus hautain ; mais la passion de Clarence, qui l'a chargé de parler pour lui à la princesse, lui permet, sous couleur de parler pour un autre, de lui dire, sans l'offenser, « qu'il est impossible de (la) voir sans mourir d'amour », détour ingénieux qui fait tolérer une déclaration que son interlocutrice feint de ne pas comprendre (p. 403-405).*

Ne pouvant se déclarer ouvertement, le comte récite alors à Agnès des poèmes, où il se dit partagé entre l'amour et la crainte de déplaire :

> *Comment vivre sans voir l'objet de son martyre,*
> *Le voir sans soupirer, soupirer sans le dire,*
> *Ou le dire du moins sans mériter la mort ?*

autre moyen spirituel de déclarer ses sentiments (p. 407), d'autant qu'il lui fait « comprendre par ses regards passionnés et par ses paroles fort tendres que nulle autre qu'elle n'en avait été le sujet » (p. 406). Sans doute, après une autre tentative ingénieuse de se déclarer — il confie ses souffrances

---

7. Voir son *Histoire de la nouvelle française aux XVII*e *et XVIII*e *siècles*, p. 53 sq.

à des tablettes qu'il a trouvées dans la chambre de la princesse (p. 407) —, celle-ci lui enjoint de se guérir de ses « folies », et il en est réduit à chanter sa tristesse, la nuit, se croyant seul (p. 411)[8]*. Mais la fortune, cette fois, le favorise : on l'a entendu et lui-même surprend — nouvelle scène romanesque et galante — une conversation entre Agnès et sa suivante qui le fait passer du découragement à l'espoir : après avoir soutenu « qu'une princesse de sa qualité ne peut aimer un homme de médiocre naissance », Agnès confesse à Yolante qu'elle souhaiterait que le prince qu'on lui destine ait « autant de belles qualités que lui » (p. 412-415). Enfin, après l'épisode bruxellois, où Aronde a apporté chevaleresquement son aide à la princesse, vient la déclaration en forme, « dans un jardin », comme il se doit, lorsque les domestiques se sont retirés par respect*[9] *: le comte supplie Agnès de lui pardonner une imposture qu'il a continuée pour ne pas se prévaloir de sa qualité et l'assure qu'il n'aime que sa seule personne, déclaration que la princesse écoute modestement, en dissimulant sa joie intérieure sous l'intérêt d'une union qui rapproche leurs deux maisons (p. 422-425).*

Toutes ces scènes — badinage spirituel, déclaration indirecte, poèmes tendres ou chanson langoureuse, confidence surprise, aveu — sont autant d'étapes d'un itinéraire amoureux conforme au code galant et nous font assister à l'évolution des sentiments de l'héroïne, d'abord amusée, affectant ensuite de ne pas comprendre, puis se fâchant, avant de confesser son amour et de répondre à tant de témoignages passionnés. Ces conversations, longuement rapportées, ralentissent la progression de l'action, comme le remarque justement R. Godenne[10] *: c'est seulement après la déclaration du comte*

8. Silvandre chantait aussi son désespoir, dans l'*Astrée* (I, 8, p. 271), et était lui aussi entendu par Diane à qui il n'avait pas osé déclarer son amour.

9. Cf. Molière, *Les Précieuses ridicules*, sc. 4 : « Le jour de la déclaration arrive, qui se doit faire ordinairement dans une allée de quelque jardin, tandis que la compagnie s'est un peu éloignée... ».

10. *Op. cit.*, p. 57. La narratrice, pourtant, affirme à plusieurs reprises (p. 395, 450) son intention de faire court.

que survient la péripétie — le stratagème de Clarence et ses conséquences dramatiques. Mais ces entretiens galants plaisaient à la société aristocratique à laquelle Segrais destinait son roman.

C'est aussi pour satisfaire le goût de ses lectrices que Segrais introduit, au cours de l'entretien qui suit le récit de Frontenie, un débat en forme sur les agréments respectifs de la ville et de la campagne[11]*. L'Espagne avait créé la tradition de l'éloge de la vie champêtre : dans la* Diana *de Montemayor, le berger Sireno évoquait le bonheur qu'il avait connu dans la campagne arrosée par l'Ezla ; après lui, Gil Polo, dans sa* Diana enamorada, *exaltait la vie pastorale en l'opposant à l'existence des courtisans ; et dans la* Galatea, *Cervantès instaurait un débat entre Darinto, qui louait la vie des champs, et Elicio, qui lui rétorquait qu'on y connaissait les mêmes peines qu'à la ville. Ici, dans deux discours éloquents où se succèdent arguments et réfutations, Gelonide loue le séjour des villes où, dans une société choisie, on goûte des plaisirs multiples (ballets, comédies, assemblées), alors que la campagne, si rude en hiver, n'offre qu'un spectacle de misère et de désolation ; tandis que Silerite vante les charmes d'une vie innocente et libre dans une nature accueillante, où la chasse, la pêche, la promenade ou la lecture valent bien les distractions des villes. Le débat reste sans conclusion, chacun des points de vue ayant ses partisans, mais il reflète bien les goûts d'une aristocratie oisive, qui fuit une nature inclémente — Gelonide frissonne en évoquant « les étranges incommodités des glaces, des vents et des pluies, qui ne permettent pas de songer à la moindre visite » —, ou qui se fait de la vie champêtre une vision idyllique inspirée de l'*Astrée *: « Quelle vie avez-vous jamais pu vous figurer, si délicieuse et si charmante qu'elle puisse être, qui ne l'ait cédé à la première*

11. On sait que ces débats, par exemple les discussions entre Silvandre et Hylas sur le véritable amour, étaient fréquents dans l'*Astrée*. On trouve aussi dans le roman de d'Urfé une discussion dans laquelle, contre Circène qui souhaite vivre parmi les bergers, Florice fait l'éloge de la vie de Cour (IV, 2, p. 58).

imagination de cette vie que menaient les bergers de Lignon ? »[12].

*Ce débat rhétorique ou ces entretiens galants, qui rappellent l'*Astrée, *ces déguisements, ce rival perfide, cette fausse mort, héritage du roman héroïque, font un contraste piquant avec les réalités historiques — quelques-uns des acteurs de la Guerre de Cent ans et les événements dramatiques de cette époque — évoqués dans la nouvelle. Ce mélange de romanesque et d'histoire fait d'*Aronde *un récit original qui préfigure les nouvelles « historiques et galantes » du dernier tiers du XVII*e *siècle.*

---

12. Dans un article de la revue *The Seventeenth Century* (vol. IV, 1989, n° 2), « Les choses comme elles sont : Art and Nature in the Nouvelles françaises of Segrais », Jonathan Mallinson montre bien que la nature champêtre exaltée par Silerite est une nature « civilisée », vue à travers la littérature pastorale :

« This vision of the country is clearly seen to be a 'tamed' one, and her conception of rural pleasures involves a great deal of art... Significantly, she bases her final argument not on the compelling attraction of nature itself, but on a literary vision of it — l'*Astrée* » (p. 157).

L'offrande du cœur, tapisserie, début du XVe siècle.
(Paris, Musée de Cluny).

ARONDE

C'était à la belle Frontenie qu'Aplanice avait donné sa voix : elle fut donc maîtresse du cinquième jour et ce fut de cette sorte qu'elle raconta la cinquième nouvelle.

Tout le monde sait[1] combien les querelles de la maison de Bourgogne et de la maison d'Orléans ont apporté de misères à la France[2], et personne n'ignore combien les différentes cabales de ces deux maisons, prévalant l'une par dessus l'autre selon l'humeur des Pari-

1. Notamment par la *Chronique* d'Enguerran de Monstrelet et les ouvrages historiques d'A. Du Chesne et de Mézeray.

2. La folie du roi Charles VI (1392) avait réveillé les rivalités d'ambition entre Philippe le Hardi, duc de Bourgogne, oncle du roi, et le frère de ce dernier, Louis, duc d'Orléans, Après la mort de Philippe le Hardi (1404), la lutte devient ouverte entre le fils du duc, Jean sans Peur, et Louis d'Orléans, que Jean sans Peur fait assassiner en novembre 1407. C'est cet assassinat qui déclencha la guerre civile entre les partisans de Jean sans Peur, les Bourguignons, et ceux d'Orléans, les Armagnacs, ainsi appelés du nom de leur chef, Bernard d'Armagnac, beau-père de Charles d'Orléans, le fils du défunt. Cette guerre civile, qui s'ajouta à la guerre contre les Anglais, devait durer jusqu'en 1435, date du traité d'Arras, qui marque la réconciliation du roi de France Charles VII avec le fils de Jean sans Peur, Philippe le Bon.

siens[3], se sont donné de traverses et de peines. Encore que la maison de Bourgogne eût plus souvent attiré Paris dans son parti que celle d'Orléans, il advint une fois entre autres que, dans la peur d'un tumulte voisin, les plus signalés du parti de Bourgogne furent contraints de sortir à la hâte de cette grande ville[4]. Le duc était à Dijon et ses ennemis, se fortifiant de son absence, tournèrent tellement l'esprit de ce peuple à leur avantage que la princesse Agnès, sa fille[5], fut contrainte de s'enfuir en désordre, quoique, tenant beaucoup de son aïeul, qui avait mérité le nom de Hardi[6], elle passât pour une personne fort résolue et fort au-dessus de la timidité qui est ordinaire à son sexe. Sortant donc de cette ville, elle se travestit et, craignant quelque surprise, elle se crut obligée de retourner à Dijon sans découvrir sa qualité par les chemins. Elle n'avait avec elle que deux ou trois de ses domestiques et une dame de condition, qui s'appelait Yolante et en qui elle avait beaucoup de confiance, et, selon la coutume de ce temps, elle allait à cheval.

---

3. Dans cette période troublée, Paris fut en effet dominé tour à tour par les factions rivales. Jean sans Peur était populaire à Paris : il attisait le mécontentement populaire contre la lourdeur des impôts. En 1413, Caboche et la corporation des bouchers soulèvent les Parisiens et obligent le roi à promulguer des réformes. Mais les exactions des cabochiens irritent la bourgeoisie, si bien que Jean sans Peur doit quitter la ville et que les Armagnacs y rentrent et emprisonnent ou font exécuter les meneurs cabochiens et bourguignons. Ils tiendront Paris jusqu'en 1418, où les Bourguignons reviendront dans la capitale. Jean sans Peur y fait sa rentrée avec la reine le 14 juillet 1418.

4. Probablement en 1413, lors de la réaction contre les excès des cabochiens.

5. Agnès était la dernière fille de Jean sans Peur.

6. Philippe le Hardi, grand-père d'Agnès.

Étant parvenue à la seconde journée et ne pouvant supporter la fatigue des chemins, il lui vint en fantaisie de se reposer en une hôtellerie quand, d'un autre côté, un jeune prince de la maison de Bourbon[7] y arriva.

Il revenait de Hongrie, où la guerre était fort allumée contre les Turcs[8], et il y avait acquis beaucoup de gloire. La princesse de Bourgogne et lui ne se connaissaient point, car il était parti de la Cour de France avant qu'elle y eût été et ils avaient été élevés en différents lieux : elle en Flandre ou à Dijon, où le duc son père tenait le plus souvent sa Cour, et lui aux exercices auprès du roi de France, où le duc de Bourbon son père lui avait fait passer sa première jeunesse, jusqu'à ce qu'il l'eût envoyé en Hongrie avec une partie de la noblesse de France. Car plusieurs, détestant les guerres civiles qui tourmentaient alors ce royaume, plutôt que de prendre parti, aimaient mieux aller signaler leur courage et leur valeur contre les ennemis de la chrétienté, qui profitaient de nos divisions et qui étendaient chaque jour leur empire au grand opprobre des chrétiens.

Ce jeune prince, ne sachant encore de quel parti il serait obligé d'être et craignant de tomber entre les mains de ses ennemis, ne se découvrait point non plus

---

7. Il s'agit de Charles Ier, comte de Clermont, fils de Jean Ier de Bourbon, qui fut fait prisonnier à Azincourt.

8. A la suite de la victoire de Mourad Ier sur les Serbes à Kossovo (1389), le roi de Hongrie, Sigismond, réunit des troupes pour résister aux envahisseurs. La noblesse française, rendue disponible par la trêve de 1389 avec l'Angleterre, participa à cette nouvelle croisade. Jean sans Peur emmena en Hongrie un contingent de dix mille hommes. Mais les croisés, qui assiégeaient Nicopolis, furent écrasés par le sultan Bajazet : beaucoup furent massacrés et les plus notables — Jean sans Peur et le comte de Clermont — mis à rançon.

qu'elle. Ayant laissé la plus grande partie de ses gens pour cette raison ou pour voyager avec la plus grande commodité, il se faisait seulement passer pour un gentilhomme de qualité et il n'avait que trois personnes avec lui. Il arriva de bonne heure dans cette même hôtellerie où la princesse était déjà.

Elle était d'une humeur fort enjouée et, de hasard, ayant vu arriver un bourgeois de Paris qui en était parti après elle, elle le fit approcher et prit un singulier plaisir à l'entretenir, parce que cet homme, qui ne la reconnaissait pas, lui disait avec naïveté les véritables sentiments que le peuple avait de tous les Grands de ce temps-là, chose dont rarement les princes sont instruits par ceux qui les approchent. Mais celui-ci n'épargnait point la reine, qui était Isabeau de Bavière, mère dénaturée et qui, bien éloignée des mœurs de la gracieuse reine qui nous a si heureusement gouvernés pendant sa régence[9], fit injustement déshériter son propre fils pour satisfaire à son ressentiment[10]. Il n'épargnait point le roi, qui était Charles sixième, prince malheureusement tombé en frénésie[11] ; ni l'ambition des princes[12] qui, par de différents motifs, jouèrent leurs rôles dans

9. Il s'agit évidemment d'Anne d'Autriche, régente à la mort de Louis XIII, en 1643, jusqu'à la majorité de Louis XIV, en 1651.

10. Isabeau de Bavière, reniant son propre fils, avait négocié avec Henri V d'Angleterre et Philippe le Bon le traité de Troyes (1420), par lequel le roi Charles VI reconnaissait Henri V comme son héritier, à l'exclusion du « soi-disant dauphin ».

11. Le roi Charles VI avait été frappé d'un accès de folie furieuse en août 1392, tandis qu'il chevauchait dans la forêt du Mans. Cette crise s'était apaisée, mais des accès de plus en plus rapprochés rendirent le roi incapable de gouverner et en firent le jouet de son entourage, de ses oncles et de la reine.

12. Les ducs de Berry et de Bourgogne, le duc Louis d'Orléans, Bernard d'Armagnac.

les sanglantes tragédies qui rendirent ce siècle si funeste ; ni l'avarice ou l'insolence des ministres, qui, selon leurs intérêts, firent agir tant de différents maîtres[13].

Elle était sur le chapitre de son père, le duc de Bourgogne, quand le comte de Clermont (c'est ainsi que s'appelait ce jeune prince du sang de Bourbon) se mêla en cette conversation, après l'avoir saluée fort civilement. Il était naturellement respectueux et honnête, et il aimait la conversation des femmes. Cette princesse était masquée, mais elle avait la taille fort avantageuse, les yeux, la bouche et les cheveux beaux par excellence, et, de cette sorte, quoiqu'elle cachât beaucoup d'autres appas, elle n'en faisait que trop paraître pour attirer à elle un homme qui eût été moins galant que lui. D'ailleurs les réponses du bourgeois et les questions qu'elle lui faisait étaient capables d'arrêter le moins curieux. Le prince, lui entendant parler de tant de personnes où il pouvait prendre intérêt, se mêla dans cette conversation pour sa propre satisfaction et il tâchait par ses questions de la rendre la plus agréable qu'il lui était possible. Il advint cependant que cette dame qui était masquée devint fort à son gré, tant dans cette grotesque conversation elle lui découvrait d'esprit et de grâces. Elle entretenait ce bourgeois de Paris en une salle basse et, comme la chambre où son dîner était servi était en haut, ce prince lui donna la main, par le seul motif de la civilité qu'un chevalier crut devoir à une dame qui, dans un équipage si peu sortable à sa condition, attirait néanmoins beaucoup de respect.

---

13. Aux États généraux de Langue d'oïl, au début de 1413, l'Université et la ville de Paris se plaignirent des exactions et des larcins des officiers de finances, du prévôt de Paris et des conseillers du roi. Voir in *Histoire de France* d'E. Lavisse, IV, première partie, p. 369-70.

Quand elle fut dans cette chambre, elle ôta son masque et ce prince confessa en lui-même qu'il n'avait jamais rien vu de plus beau. Il ne dissimula pas longtemps sa passion, traitant cette affaire comme un homme qui croyait qu'il n'y avait que lui de déguisé en cette compagnie, qui était fort galant de son naturel et qui agissait avec l'audace que la naissance donne à une personne de son rang. Quoiqu'il fût obligé de quitter cette dame parce qu'il vit qu'elle allait dîner, il ne le put toutefois sans lui faire fort grande civilité et sans lui faire connaître qu'il n'avait pu voir tant de charmes et n'en être pas touché.

La princesse, qui avait l'humeur fort enjouée et fort agréable, regarda aussitôt cette aventure comme un incident fort propre à embellir le roman de son déguisement[14]. Ce prince était fort bien fait de sa personne, mais elle n'en jugeait que par ce qu'il paraissait et, trouvant fort plaisant qu'un homme de cette sorte lui eût si librement déclaré sa passion, pour ne pas perdre la belle occasion qu'elle avait de se divertir, elle ne voulut point l'effaroucher en lui faisant paraître une vertu trop sévère.

Aussitôt qu'elle eut dîné, le prince revint en sa chambre et il ne fut pas longtemps sans recommencer sa galanterie. La princesse, souriant à cette dame qui était avec elle du personnage qu'elle jouait, le reçoit avec civilité et, répondant aux discours de ce prince dans les sentiments que j'ai dits,

Par un refus modeste et fait pour inviter,

elle fait qu'il devient extrêmement amoureux. Que vous dirai-je ? Enfin il apprend d'elle qu'elle ne partait point

14. C'est dans les romans (voir l'*Astrée, Le Grand Cyrus, Ibrahim,* etc.) que les héros se déguisent, occasion de méprises plus ou moins piquantes.

de la journée et, quoique son premier dessein n'eût pas été de séjourner fort longtemps par les chemins, il trouva bientôt des raisons pour demeurer le reste du jour.

Quoique cette princesse se donnât bien du plaisir de cette conquête qu'elle avait faite, ce prince mêlait avec une déclaration assez franche tant de respect dans son procédé et lui faisait voir tant d'esprit dans son entretien qu'insensiblement le ridicule s'en dissipait. Et d'un autre côté, la fierté qu'elle lui faisait voir parmi les charmes de son visage et les grâces de son esprit tournait, sans qu'il y pensât, ce feu si soudain en une belle passion.

Néanmoins ils ne songèrent d'abord qu'à s'informer l'un de l'autre ; mais ils avaient donné bon ordre pour s'entretromper. Les gens du comte de Clermont, s'étant enquis soigneusement des gens de la princesse, lui vinrent rapporter bien finement que c'était une dame de Normandie qui allait à Dijon recueillir la succession d'un frère, qu'elle avait perdu depuis peu et qui était mort au service du duc de Bourgogne auprès duquel il avait acquis de grandes richesses. La princesse avait feint cette mort de son frère parce qu'effectivement elle était en deuil alors pour la mort du dauphin de France, frère aîné du roi Charles septième[15].

Ayant fait demander aussi qui était ce gentilhomme qui s'empressait si fort auprès d'elle, ses gens lui vinrent rapporter que, s'en étant curieusement informés de ceux qui étaient avec lui, ils avaient appris d'eux qu'il était de Berry, qu'il était fils du seigneur d'Aronde et qu'il portait ce même nom. Au reste, pour ses affaires

---

15. Le dauphin Louis, duc de Guyenne, était mort le 18 décembre 1415. Le nouveau dauphin, Jean, duc de Touraine, mourra le 5 avril 1417.

et pour son voyage, il ne déguisait rien : car ils dirent qu'il venait de Hongrie avec le comte de Clermont et qu'il s'en retournait à Paris, ayant laissé ce prince, qui s'en revenait aussi, à cinq ou six journées de là.

La maison de Bourgogne et celle de Bourbon étaient alors en des intérêts contraires : celle de Bourgogne, plus proche de la Couronne que celle de Bourbon[16], semblait la vouloir exclure du gouvernement et de l'autorité, comme celles d'Orléans, d'Anjou et enfin toutes les autres, car ce duc de Bourgogne était fort impérieux. La princesse néanmoins, ayant toujours ouï dire beaucoup de bien de ce comte de Clermont, en demandait des nouvelles à ce gentilhomme, comme la dame qu'elle représentait aurait dû le faire apparemment. Le prince répondait avec modestie, comme s'il eût eu honte de dire du bien de lui-même tant qu'enfin, ses réponses ne revenant pas à la réputation qu'il avait acquise, la princesse lui demanda s'il en avait reçu quelque déplaisir ou si ce prince avait changé depuis quelque temps, s'il avait dérogé aux grandes espérances qu'on avait conçues de sa valeur, s'il n'avait pas remporté trois ou quatre victoires, comme on l'avait publié en France, et enfin si, par quelques mauvaises qualités, il avait altéré tant de grandes vertus qui le rendaient si célèbre et si renommé.

Ces demandes le flattaient insensiblement, quoique sans doute c'eût été bien plus agréablement encore, s'il eût connu de qui elles partaient. Enfin, pour oublier mille circonstances qui ne servent de rien, ayant passé

16. Le duc de Bourgogne, Jean sans Peur, était le petit-fils du roi Jean le Bon, donc cousin du roi Charles VI. Les Bourbons, descendants de Robert de Clermont, sixième fils du roi Louis IX, étaient donc plus éloignés de la famille royale. Ils y étaient pourtant alliés, la sœur du duc de Bourbon, Jeanne, ayant épousé Charles V, père du roi actuel.

ce qui restait de cette journée avec cette dame, il s'en trouva charmé, et à un tel point que, par un caprice assez capable d'entrer en la fantaisie d'un jeune homme de dix-huit à vingt ans (car il n'avait pas davantage alors), il résolut de pousser sa bonne fortune à bout. Il la suivit donc, prenant la route de Bourgogne avec elle.

La beauté de la princesse était aussi grande que celle d'aucune dame qu'il eût jamais vue à la Cour, et l'espérance qu'il concevait aisément de son procédé civil et obligeant et de la douceur de son humeur l'enflammait merveilleusement, de sorte qu'avec le temps, cette passion, née si agréablement, lui devint à charge. Les mérites qu'il découvrait en cette dame augmentaient fort son amour, car plus la princesse approchait des états de son père, plus sa fierté croissait et l'espérance du prince s'affaiblissait. Mais un cœur généreux ne se rend pas pour les difficultés. Il s'y embarquait comme on fait au jeu, hasardant sans cesse de peur de perdre tout à fait ce qu'il avait déjà perdu. Mais elle s'en voulait donner du plaisir jusqu'au bout. Elle avait fait ce qu'elle avait pu pour l'empêcher de la suivre, d'une manière toutefois qu'elle lui laissait toujours lieu de croire qu'elle en était bien aise, et de cette sorte ce prince, ne se pouvant garantir d'un appas si dangereux, tomba dedans à la fin, mais de sorte qu'il ne s'en pouvait retirer.

La princesse, qu'il pouvait tous les jours entretenir par les chemins, le charmait de plus en plus, et de telle manière que, si son espoir diminuait, son respect augmentait. Quelquefois, rentrant en lui-même, il se demandait quel était son dessein et souvent il s'en faisait la guerre secrètement ; mais, plus souvent encore, il se trouvait charmé et, commençant enfin à succomber à la violence de son amour, il se plaignait déjà de la rigueur du sort, qui lui faisait trouver tant de grâces en une personne qu'il jugeait par trop inférieure à sa condition pour en venir à l'hyménée, mais qui, d'un autre côté, lui faisait voir tant de vertu qu'il n'en pouvait espérer une fort grande satisfaction.

La princesse remarquait bien ses différents transports, mais elle n'en jugeait que par l'extérieur non plus que lui, et elle ne se souciait pas fort des inquiétudes du seigneur d'Aronde. Au reste, elle voulait pousser cette aventure jusqu'au bout, qui était de voir quels seraient les sentiments de ce chevalier, quand il la connaîtrait.

Dans ces entrefaites, elle arrive à Dijon, et l'on peut se figurer les différentes pensées du jeune prince, quand il vit qu'elle était fille du duc de Bourgogne et que son cœur véritablement enflammé ne s'était point mépris en son choix. Mais la princesse se croyait bien la plus rusée et, le jugeant interdit de cette surprise, elle s'en réjouissait merveilleusement avec cette dame qui avait été compagne de son aventure. Le prince eût bien pu lui rendre le change, mais, comme il se sentait véritablement amoureux, dans les premiers mouvements que put causer en lui une conjoncture si imprévue et si agréable à sa passion, il n'y voulut pas aller si vite. Quoique cette princesse, dans le personnage de la dame de Normandie, ne lui eût pas donné de fort grandes espérances, comme j'ai dit, elle l'avait engagé pourtant, et lui, qui se flattait comme un amant, espérait peut-être, car dans l'amour on espère aisément. Soit donc par cette raison, ou bien parce qu'il savait bien que le duc de Bourgogne et le duc son père étaient alors ennemis[17], se trouvant entre ses mains, il ne voulut

17. Le duc Louis de Bourbon avait conclu à Gien, en 1410, avec Charles d'Orléans, le duc Jean de Berry, Jean comte d'Alençon et Bernard d'Armagnac, une ligue contre le duc de Bourgogne.

point découvrir sa condition et, par une fantaisie assez bizarre, poursuivant ce qu'il avait commencé, il voulut éprouver si, sans le secours de sa qualité, il pourrait rendre sa personne aimable.

La princesse d'ailleurs, qui avait reconnu sa discrétion, son esprit et les autres qualités qui étaient en lui, crut qu'elle en devait faire état. Elle se contenta de l'obliger à prendre un autre procédé avec elle et, jugeant favorablement de sa valeur et de son courage par les autres qualités qui étaient en lui, elle pensa qu'elle ne ferait rien qui fût contraire au service de son père, si par son accueil et par un bon traitement elle pouvait obliger un si brave chevalier d'entrer dans les intérêts de sa maison. Et puis une honnête personne peut bien, sans déroger à sa vertu et à son honneur, confesser qu'elle ne hait point un homme par la seule raison qu'il est amoureux d'elle.

La princesse ayant reçu tous les honneurs que la cérémonie veut qu'on rende aux personnes de sa condition et ayant satisfait aux devoirs qu'elle devait au duc et à la duchesse, qu'elle fut voir à son arrivée, elle se retira chez elle. Le comte de Clermont n'avait point voulu la suivre dans cette foule et il l'attendait dans sa chambre. La princesse, pour continuer dans le plaisir de la comédie qu'elle avait jouée durant tout le chemin, ne l'aperçut pas plutôt qu'elle le fit approcher avec Yolante, pour qui, comme je l'ai déjà dit, elle avait beaucoup d'amitié. Prenant toujours ce prince pour le seigneur d'Aronde,

— « Je m'assure, lui dit-elle, que vous ne croyiez pas avoir si bien placé votre affection »,
raillant comme elle avait toujours fait avec lui.

— « Divine princesse, lui dit-il, mon cœur me disait toujours bien qu'il avait fait un choix qui lui était fort glorieux. Il est vrai aussi que, sans un extrême aveuglement, mes yeux devaient bien s'apercevoir que tant de beauté et tant de mérite ne pouvaient se trouver dans une personne ordinaire. »

— « Je suis fâchée, reprit la princesse, que la dame de Normandie n'est plus ici pour vous répondre. Vous avez vu qu'elle n'a point eu trop de rigueur tant qu'elle a été avec vous ; mais vous êtes un malheureux amant d'être devenu veuf sans que votre maîtresse soit morte. »

— « Belle princesse, répondit-il, s'il faut que cela soit, comme vous me faites l'honneur de me le dire, je ferai voir qu'il peut être des Artémises[18] de tous sexes, et si le nôtre, jusqu'ici, ne s'est pas trop piqué de la vertu d'être inconsolable, je crois que j'en vais devenir un mémorable exemple. Mais je souffrirais mon infortune avec patience, tout extrême qu'elle est, si je voyais que vous daignassiez en avoir tant soit peu de compassion. Personne ne le mérite mieux que moi : j'ai perdu la maîtresse du monde la plus aimable ; mon espoir ne doit point lui survivre ; il faut enterrer tous mes désirs avec elle, et, de tout cela, je ne crains point de vous maintenir hardiment que vous seule en êtes cause, si toutefois c'est assez pour mériter l'honneur d'en être plaint. »

— « Aronde, répliqua la princesse, je vous plains aussi ; mais non seulement je vous plains, je vous veux soulager. »

Le prince ne pouvait se contenir de joie, oyant ces paroles ; mais, quand il entendit le reste, quoique apparemment elles fussent assez obligeantes, il n'en fut pas fort content.

---

18. On sait qu'Artémise, reine d'Halicarnasse, inconsolable de la mort de son époux Mausole, lui avait élevé un tombeau magnifique (353 av. J.-C.).

— « Car pour vous montrer, poursuivit-elle, que je prends part à votre infortune, c'est qu'au lieu de la maîtresse que vous avez perdue, je veux vous donner un maître qui ne vous manquera jamais et que vous êtes incapable de perdre par un semblable accident. Le duc mon père mérite autant d'être servi que la dame de Normandie, et vous trouverez pour le moins aussi bon parti auprès de lui que celui que vous pouviez espérer avec elle, et c'est de quoi je vous veux répondre. »

— « Généreuse princesse, repartit ce prince, qui agissait toujours comme le feint Aronde, mon service n'a jamais été intéressé et, si vous vouliez souffrir que je ne changeasse point de condition, je m'en tiendrais bien plus heureux, car j'appréhende toujours de ne la pouvoir changer, toute rigoureuse qu'elle est. »

— « Aronde, répliqua la princesse, en se levant, je ne vous en demanderai pas tout à fait votre avis. Ce qui m'était agréable il y a quelques jours ne me le serait peut-être pas toujours. Mais vous avez trop d'esprit pour m'obliger de vous avertir quel doit être désormais votre procédé avec moi. »

Après ces paroles, elle se mêla dans la compagnie d'une grande troupe de dames et de gentilshommes qui étaient à un autre bout de la chambre, et le prince, qui ne put supporter ce coup de foudre qui abattait toute sa joie et toute sa constance, se sentit si oppressé de douleur que, craignant de découvrir par son visage ce qu'il avait dans l'âme, il se retira en même temps au lieu où ses gens avaient choisi son logis.

Mille différentes pensées le vinrent assaillir, mais il serait inutile de les exprimer. Il suffit qu'elles ne purent l'obliger à se déclarer pour les raisons que j'ai dites, et que, de plus en plus, il se trouva tellement épris des charmes et du mérite de la princesse qu'il ne fut plus en son pouvoir de s'en éloigner.

S'il n'eût été que ce qu'il paraissait, il était le plus heureux homme du monde, car la princesse ne lui manqua point de parole. Dès le lendemain, elle le fit connaître au duc son père et il en reçut tout l'accueil qu'un parfait chevalier en pouvait espérer. Ses bienfaits même suivirent bientôt les charges, et les pensions lui venaient sans qu'il les briguât : et il était obligé de les accepter de peur de se faire reconnaître pour cette raison même. Quoiqu'il fût fort changé depuis trois ans qu'il avait quitté la France, il ne se montrait guère dans les grandes assemblées ; il était le plus souvent chez la princesse, dont la Cour n'était pas si grosse que celle du duc, et encore il observait toujours de choisir les heures où il y avait moins de monde. Cependant il y avait alors auprès du duc de Bourgogne un prince du sang d'Angleterre.

Ce royaume est fort sujet aux grandes mutations, et, dans ce temps, il s'en fit une des plus mémorables que l'on ait jamais vues en aucun État. Un roi, régnant dans l'oisiveté, parmi les délices et dans la plus grande tranquillité qu'un prince pût souhaiter, vit en peut de temps son royaume révolté contre lui[19]. Un autre prince, de la maison de Lencastre[20], qui se plaignait que celui-ci, ou son père, avait usurpé le royaume sur lui, prit cette

---

19. Il s'agit du roi Richard II. Sa politique d'entente avec la France et les dépenses de la Cour avaient irrité l'opinion, et le Parlement lui adressa des remontrances. Richard fit arrêter ou exiler les opposants. Jean de Gand, duc de Lancaster, étant mort en 1399, il réunit à la couronne les domaines du défunt. Les mécontents se tournèrent alors vers le fils de Jean de Gand, Henri de Lancastre, qui débarqua en Angleterre, et contraignit le roi à abdiquer.

20. Henri de Lancastre Bolingbroke avait été dépouillé de ses biens, mais n'avait aucun titre à la royauté, son père, Jean de Gand, n'étant que le troisième fils d'Édouard III, après le Prince Noir, père de Richard II, et Lionel, duc de Clarence.

occasion et se servit si bien de la chaleur des peuples révoltés qu'ils contraignirent le roi de signer lui-même son arrêt et de se condamner à une prison perpétuelle et fort rigoureuse[21].

Un prince qui était son parent fort proche, s'étant sauvé de la tempête qui avait fait périr toute sa maison, s'était réfugié en la Cour du duc de Bourgogne, après avoir en vain tâché par sa valeur d'aider à ce misérable roi à recouvrer ce que sa mauvaise fortune lui avait fait perdre. Le duc le faisait subsister, mais, comme celui qui s'était emparé du royaume d'Angleterre devint un formidable prince par les divisions qui désolèrent toute la France, le duc de Bourgogne, qui était un homme plus ambitieux que charitable, n'avait garde de s'attirer un si puissant ennemi. Il se contentait de laisser vivre en sûreté le duc de Clarence[22] (car c'est ainsi que s'appelait ce prince qui s'était réfugié en ses États) et de ne lui refuser rien de ce que, par les droits de l'hospitalités, les princes se doivent les uns aux autres. Or celui-ci était fort bien fait de sa personne

---

21. Le roi Richard II avait d'abord concédé à Henri le titre de « steward » du royaume, en attendant qu'il lui succède sur le trône. Mais, accueilli à Londres par des huées et des injures, tandis qu'on acclamait Henri, il fut conduit à la Tour, où il abdiqua et se déclara « indigne de régner ». Pour tous ces événements, voir en particulier J. Calmette et E. Déprez, La France et l'Angleterre en conflit, in *Histoire du Moyen Age*, publiée sous la direction de G. Glotz, tome VII, Première partie.

22. Qui est ce duc de Clarence ? Il ne peut s'agir d'Edmond, cinquième comte de March, fils de Mortimer, et arrière petit-fils de Lionel, duc de Clarence : Edmond, né en 1391, aurait difficilement pu « aider » le roi Richard II. Il est plus tentant de penser à Thomas, duc de Clarence, fils cadet du roi Henri IV, qui mourra en 1421 à Baugé. Mais Thomas aurait-il soutenu Richard II contre son propre père ? Il est probable que Segrais a donné ici un nom connu à un personnage de son invention.

et homme qui, pour parvenir à ses fins, avait autant d'esprit qu'un autre et qui sans doute eût eu un meilleur succès, si la fortune ne se fût pas déclarée ouvertement contre tous ses projets, en cela véritablement héritier du malheur du roi dont il soutenait les droits.

Se trouvant donc en la Cour du duc de Bourgogne, dont il voyait bien qu'il mendiait en vain le secours, il crut qu'il ne pouvait mieux faire que de tâcher d'entrer dans son alliance. Le duc avait deux filles : la première, qui avait été mariée au dauphin de France[23], et l'autre, cette princesse dont je raconte l'histoire. Ce fut à celle-ci qu'il fut obligé de s'adresser. Ainsi, soit par ce motif, soit qu'effectivement il fût épris des beautés de la princesse, comme cela était assez possible, il n'épargnait rien de tout ce qui le pouvait rendre aimable. Il avait pourtant ce malheur que la princesse n'était pas persuadée de son amour ; et cette infortune n'est pas petite, car ce n'est pas pour être bientôt aimé que de voir sa maîtresse douter si l'on aime. Sa galanterie était commencée il y avait longtemps ; mais la princesse l'imputait plutôt à la nécessité de ses affaires qu'à une forte inclination. Il continuait néanmoins avec constance et il ne se rebutait point. D'un autre côté, la princesse ne lui donnait pas lieu de tourner cette passion en rage et en haine : elle lui faisait toujours voir qu'elle dépendait de son père et cependant, comme l'infortune et la qualité de ce prince méritaient toujours beaucoup de respect d'une personne généreuse et bien née, elle vivait avec lui fort civilement.

Le bruit de cet amour était si public qu'il eût été bien difficile que le comte de Clermont n'en eût appris quel-

23. La fille aînée de Jean sans Peur, Marguerite, avait épousé le dauphin Louis de France. Elle avait plusieurs sœurs : Catherine, Marie, Isabelle, Anne et Agnès, la dernière.

que chose. Et d'ailleurs il était si assidu chez la princesse qu'il était bien malaisé qu'il n'y vît souvent ce prince étranger, qui, comme son rival, n'y avait sans doute pas moins d'affaire que lui. Mais quand il n'en aurait rien appris, il était impossible qu'il ne s'en aperçût cette fois entre autres.

Le duc de Clarence avait un musicien de son pays qui était en grande réputation. Il l'amenait souvent à la princesse, parce qu'elle aimait la musique ; et comme il ne chantait d'ordinaire que des airs italiens ou anglais, la princesse lui ayant témoigné le jour précédent qu'elle aimait mieux les nôtres, cette fois il chanta ces vers :

J'ai pour mes envieux
Les plus puissants des dieux :
Où dois-je, hélas ! chercher quelque retraite ?
Bien loin de me sauver
Où je l'ai cru trouver,
Hélas ! j'y trouve ma défaite.

Ces dieux ont contesté
Longtemps ma liberté,
Sans que l'on vît où penchait la victoire.
Mars enfin m'a laissé ;
Amour m'a fort pressé,
Mais vos beaux yeux en ont la gloire.

Las ! en vain de la mort
Et des rigueurs du sort
J'avais sauvé ma franchise et ma vie :
Ce qui m'était resté
Malgré leur cruauté,
Vous me l'ôtez, belle Silvie.

Mais, malgré leurs rigueurs,
Au moins dans mes malheurs
J'avais toujours conservé l'espérance.
Cependant je la perds,
Depuis que je vous sers :
Est-ce le prix de ma constance ?

Le comte de Clermont était présent à cette galanterie, et il était bien malaisé qu'il n'en comprît le sujet, car l'histoire de son rival était trop visiblement décrite dans ces vers. La bonne mine du prince étranger pouvait l'inquiéter, quoiqu'il ne fût pas en un état fort digne d'envie ; il pouvait arriver des révolutions en un pays qui est si sujet aux grands changements ; et d'ailleurs la princesse était si généreuse que la mauvaise fortune de son rival ne pouvait pas l'assurer[24] tout à fait. Ainsi il était fort aise d'apprendre par cette galanterie qu'il n'était pas plus heureux que lui.

Aronde observait diligemment toutes choses et il était vigilant comme un rival qui n'est point aimé. Toutes ses actions étaient si bien composées, tant de respect se mêlait à l'assiduité qu'il avait auprès de la princesse qu'elle ne pouvait condamner son procédé. Mais ce n'était pas assez pour un homme qui aimait si ardemment.

La Cour de cette princesse était fort divertissante : c'était le rendez-vous de ce qu'il y avait de plus parfait à la suite du duc son père. Les comédies, les bals, les festins, les promenades et tout ce qui peut composer les plus agréables passe-temps n'y manquaient point, selon les saisons. Mais ce qu'il y avait de plus singulier, c'était que, pendant un carnaval, cinq ou six dames de ses plus particulières amies s'y rendaient tous les soirs, à l'entrée de la nuit, et elles jouaient à mille jeux différents, qu'elles inventaient souvent, où la princesse semblait s'attacher avec affection.

Le duc de Clarence y était fort assidu, tant parce que la princesse semblait s'y plaire que parce que, la com-

---

24. *L'assurer* : le rassurer.

pagnie se divisant selon les lois de ces petits jeux, on le mettait plus souvent auprès de la princesse qu'aucun autre, pour le rapport de leurs conditions. De cette manière, il avait plus souvent occasion de l'entretenir que dans tous les autres passe-temps, ce qui ne plaisait point du tout au jeune prince déguisé. Quoique il fût toujours de ces jeux, par la faveur de la princesse, il était néanmoins obligé, pour ne se pas découvrir, de céder beaucoup de choses ; mais, pour le consoler, comme il cherchait toujours quelque occasion de lui adresser quelque parole douce sans qu'elle pût s'en offenser, quelques jours après, il s'en présenta une bien agréable et bien extraordinaire.

J'ai dit, ce me semble, comme, par la faveur de la princesse, Aronde réussit promptement en cette Cour : sa bonne mine, son esprit et la grâce de la nouveauté, qui est si puissante dans toutes les Cours et principalement en celle où règne l'humeur des Français, le mirent bientôt en celle-ci dans un rang considérable. Il advint cependant que, comme la princesse lui témoignait publiquement assez d'amitié et lui parlait, pour toutes ces qualités, plus qu'à aucun autre, le duc de Clarence crut qu'il n'y avait personne plus propre à faire réussir son dessein que lui, ne pouvant s'imaginer qu'un homme de la condition dont il paraissait être pût avoir d'autre pensée en cette Cour que celle d'y faire sa fortune. La princesse le lui avait présenté elle-même, et depuis, par l'opinion qu'il eut que c'était un homme dont il pourrait tirer quelque utilité (chose qui fait agir les grands princes aussi bien que les particuliers), il n'y avait sorte de caresse qu'il ne lui fît.

Un jour donc, dans une promenade qu'ils faisaient à cheval, l'ayant écarté de sa troupe pour quelque temps, il se mit à lui faire cent amitiés, redoubla ses caresses et les promesses qu'il lui avait faites de lui donner des marques de sa bienveillance, si jamais la fortune lui était favorable. Ensuite il lui parle de ses espérances, lui communique ses projets pour son rétablissement et lui donne enfin toute la part qu'il pouvait lui donner en sa confidence. Aronde lui répondait avec le plus de soumission qu'il lui était possible ; mais, découvrant ainsi le but de tant de caresses et que tout cela n'était que pour l'obliger d'entretenir quelquefois la princesse en sa faveur, il ne put s'empêcher de se réjouir en lui-même d'une si extraordinaire aventure[25]. Il lui répond d'abord que son crédit était fort médiocre auprès d'elle, et il lui dit qu'il était bien vrai que cette princesse, ayant beaucoup de générosité et ayant cru avoir occasion de l'employer en sa personne, elle lui avait témoigné de la bienveillance ; mais que de croire qu'elle pût déférer quelque chose à ses conseils dans l'âge où il était, c'était une chose dont il ne pouvait pas se vanter. Pour conclusion, néanmoins, il remercia ce prince de l'honneur qu'il lui avait fait de le juger capable de le servir en un si haut dessein, et il lui promit de ne laisser échapper aucune occasion de faire remarquer à la princesse son mérite et sa passion.

Dès le jour même, il en eut la commodité telle que le duc de Clarence l'eût pu souhaiter pour lui-même, car il trouva la princesse fort disposée pour l'écouter. Elle avait passé la journée seule, et elle ne l'aperçut pas plutôt qu'elle s'approcha de lui pour lui demander des nouvelles de la promenade du duc de Clarence : car elle

---

25. La situation du galant qui méconnaît son rival et même l'aide à son insu dans ses projets amoureux se rencontre dans les comédies contemporaines, par exemple dans *La Suite du Menteur,* de P. Corneille, *la Dame suivante,* de d'Ouville (ici c'est une femme qui aide sa rivale), *Dom Bertran de Cigarral*, de Th. Corneille. Voir notre *Comédie avant Molière*, p. 96-98.

savait bien qu'ils étaient partis ensemble, parce qu'ils avaient passé à cheval devant son logis.

— « Princesse, lui répondit-il, notre promenade a été telle qu'il est aisé de se le figurer par la beauté du jour que nous avons choisi ; mais vous pouvez encore juger de mon divertissement par l'honneur que j'ai reçu d'avoir presque toujours entretenu le duc de Clarence et d'avoir toujours parlé du mérite et de la beauté de la plus charmante princesse qu'il y ait au monde. »

— « Votre divertissement était médiocre, lui répondit-elle, si l'éloquence du prince et la beauté du jour ne vous en ont fourni un meilleur sujet. »

— « Il était tel, répliqua ce prince, qu'il ne se passera jour de ma vie que je ne m'en souvienne. Car enfin jugez de la bonne fortune que j'y ai trouvée, puisque je pense y avoir rencontré une occasion de vous dire sans vous offenser que vous ne voyez pas toutes les peines que vous faites souffrir, qu'il est impossible de vous voir sans mourir d'amour pour vous, et qu'il y a un malheureux qui n'attend que l'heure de la mort pour s'être trop témérairement exposé à vos divins regards. »

— « Je ne sais pas, reprit la princesse, qui n'entendait que la moitié du sens de ces paroles et qui les attribuait tout entières au jeune Aronde, quelle extraordinaire aventure peut vous avoir donné lieu de croire que je dois souffrir des extravagances en une saison plutôt qu'en l'autre. »

— « Belle princesse, répliqua-t-il, vos charmes ne sont sans doute pas si considérés[26] dans leurs conquêtes qu'il faut que nous le soyons dans nos respects ; et si tous objets peuvent en ressentir la puissance, je sais fort bien que tous ne doivent pas avoir indifféremment la liberté de découvrir leurs blessures et de s'en plaindre. »

---

26. *Considérés* : circonspects.

— « Et pourquoi, dit la princesse, en l'interrompant d'un ton un peu fier, croyez-vous plutôt être des derniers que toutes les personnes que je vois ? »

— « Jugez plus favorablement de mon respect, répliqua-t-il. Il faut qu'Aronde se taise pour lui ; mais Aronde ne peut-il point parler pour le duc de Clarence ? »

En même temps, la princesse, qui ne comprenait pas tout à fait ces paroles, voulut en avoir l'explication et, sur ce sujet, ce prince lui raconta comme ce duc l'avait prié de l'entretenir de l'amour qu'il avait pour elle, mais d'une façon si galante et si industrieuse que la princesse ne put s'empêcher de souffrir le récit qu'il lui en fit, quoique il ne laissât pas de lui faire connaître que ce prince était si malheureux en toutes choses que, même en ses amours, il s'était adressé à son rival pour en faire son confident. Car enfin, pour conclusion de cette aventure, entrant dans une raillerie dont la princesse lui fournissait le sujet insensiblement :

— « Adorable princesse, lui dit-il, le duc de Clarence, ayant besoin d'un truchement pour vous dire qu'il vous aime, ne s'est pas mépris au choix qu'il en a fait par la ressemblance que cette dame, que j'ai si passionnément aimée pendant notre voyage, avait l'honneur d'avoir avec vous. Nul ne peut mieux savoir que moi la puissance de vos charmes ; nul ne peut mieux dire combien il est malaisé de s'en défendre et combien il est difficile de diminuer de la passion qu'on ne peut s'empêcher de concevoir pour tout ce qui vous ressemble. Enfin, pour en revenir à ce que j'ai pris la liberté de vous dire, vous ne sauriez trouver mauvais que je me réjouisse d'une aventure si extraordinaire, puisqu'au moins je vous puis apprendre, sans vous offenser, que le duc de Clarence m'a commandé de vous dire ces mots seulement : Je meurs pour vous trop aimer. » Je vous assure qu'on ne vous a peut-être jamais rien dit de plus véritable. L'amant pour qui je parle est contraint de se servir de l'apparence d'un autre ; mais, belle princesse, la chose du monde la plus souhaitable en amour et la plus difficile à obtenir est de pouvoir bien dire à son gré combien l'on aime et combien on a de peine quand on ne saurait l'exprimer. »

La princesse, avec toute sa fierté, ne put s'empêcher d'admirer l'adresse et l'esprit du faux Aronde ; mais, étant fort remplie de la grandeur de sa naissance, toutes les qualités qu'elle aimait en ce chevalier ne faisaient nul effort sur son inclination. Tantôt, pour n'avoir pas lieu de s'offenser contre lui, elle feignait de ne rien comprendre aux discours qu'il lui tenait de cette manière. Quelquefois, elle lui en faisait une douce guerre d'un ton toujours railleur, pour lui faire connaître qu'elle n'en voulait rien croire. Mais il n'osait pas s'émanciper davantage, ce qui lui donnait de cruelles gênes. Il n'oubliait rien pourtant de tout ce qui pouvait servir à ses fins et il se conduisait toujours dans sa passion avec tant d'adresse qu'il ne faisait rien qui le pût contraindre de découvrir sa condition, ni rien qui pût rendre la fable de la Cour cet Aronde dont il jouait le personnage.

Si la princesse vantait quelques vers ou quelque lettre de galanterie pour être bien faits, il savait toujours quelque sonnet, quelques stances ou quelque poulet qui revenait à son aventure, soit que, comme un amant assez oisif, il les fît lui-même, car il en était fort capable, n'ignorant rien de toutes les règles de la poésie et ayant le goût fort excellent pour bien juger et pour bien écrire, soit qu'il en récitât de quelque auteur de la Cour de France qui se rapportassent toujours à sa condition présente.

Le soir de ce même jour, la princesse dansant aux chansons et faisant danser avec elle ces dames qui composaient le plus souvent sa Cour et autant d'hommes, comme ce vint à son tour, tournant les yeux sur elle, il chanta ces vers, lui faisant assez comprendre par ses regards passionnés et par ses paroles fort tendres que nulle autre qu'elle n'en avait été le sujet.

Ah ! que mes yeux sont contents,
Au moment qu'ils vous regardent !
Mais mon cœur, en même temps,
Connaissant ce qu'ils hasardent,
Leur défend de rechercher
Un bien qui coûte si cher.

Toutes les nuits que l'amour
Le tourmente et le déchire,
Songeant aux plaisirs du jour,
N'ai-je pas raison de dire :
Ah ! mes yeux, pourquoi chercher
Un bien qui coûte si cher ?

De vains et cruels désirs,
Des ennuis, de longues veilles
Suivent de près les plaisirs
D'avoir vu tant de merveilles.
Sans cela, qu'il serait doux,
Philis, d'être auprès de vous ![27]

Une autre fois, au lieu de quelques vers qu'il lui avait dits et qu'elle avait trouvés à son gré, comme elle les lui demanda, il lui donna ce sonnet dans le temps qu'elle sortait, afin que, n'étant pas en lieu où elle pût lui dire qu'il s'était mépris, elle le lût cependant plutôt que les autres, parce qu'il le trouvait plus conforme à l'état de son martyre :

---

27. Chanson XXXIV des *Poésies diverses*, p. 151, et dans *Œuvres*, 1755. Slatkine reprints, p. 300-301.

Sonnet.

Que je crains votre vue et que je la souhaite !
Que j'y trouve pour moi de joie et de tourments !
Dans mes désirs cachés, dans ma crainte secrète,
Je n'approche de vous qu'avec des tremblements.

Je meurs quand je vous quitte, et ma langue indiscrète,
Qui ne peut près de vous cacher mes sentiments,
De ma témérité trop fidèle interprète,
M'en fait appréhender les justes châtiments.

Je souffre avec plaisir une peine infinie ;
Mais si de vos beaux yeux j'aime la tyrannie,
Si pour m'en affranchir je ne fais nul effort,

Comment vivre sans voir l'objet de son martyre,
Le voir sans soupirer, soupirer sans le dire,
Ou le dire du moins sans mériter la mort ?[28]

Toutes ces marques qu'il donnait de son affection lui semblaient trop légères et, quoiqu'il fût dans la crainte d'être banni d'un lieu où il faisait consister toutes les délices de sa vie, ou de perdre enfin cette familiarité qu'il avait acquise par son déguisement et par un nom si éloigné du sien, il ne pouvait longtemps vivre sans se déclarer davantage.

Un jour, entrant dans la chambre de la princesse et trouvant ses tablettes sur une table, voyant que personne ne le regardait, tenté par la belle occasion qu'il en avait, il écrivit dedans ces paroles :

Que tes lois, amour, sont cruelles !
Que malheureux sont ceux que tu peux enflammer !

---

28. Sonnet VII, *Œuvres*, p. 270. Le texte des *Poésies diverses*, p. 96 donne les variantes suivantes : au vers 6, « celer » au lieu de « cacher » ; au vers 9, « adorable Isménie », au lieu de « une peine infinie. »

Plus malheureux encor ceux qui te sont fidèles !
Mais qui peut vivre sans aimer ?[29]

« Hélas ! c'est ce que l'on éprouve bien en vous voyant, ô trop parfaite princesse ! Mais quelles lois sont plus cruelles que les vôtres ? On ne peut vous voir sans rencontrer la mort, et cette mort, que vous donnez indifféremment à tous, devient encore un crime à celui qui la souffre, s'il n'est digne de la souffrir. »

Comme il achevait d'écrire ces paroles, la princesse sortit de son cabinet. Certes un voleur qui se trouve surpris dans son larcin ne demeure pas plus confus que lui, car, plein de respect comme un homme qui aime véritablement et s'apercevant qu'il avait sans doute trop osé, il ne put souffrir les regards de la princesse, qui s'approcha aussitôt qu'elle vit qu'il remettait ses tablettes sur la table, pour lui demander ce qu'il en voulait faire. Et, en même temps les ouvrant, elle jeta les yeux sur ces lignes. La confusion qui était sur le visage d'Aronde lui donna encore plus de colère qu'elle n'aurait peut-être pas eu, s'il avait tourné l'affaire comme il avait de coutume. Mais il ne pouvait lui dire un seul mot, tant il était éperdu : car on n'eût jamais dit qu'il était ce brave prince qui avait signalé son courage en tant de batailles, tant il tremblait à l'aspect de cette princesse, qui, enfin, ne pouvant plus retenir sa colère, lui dit ces paroles :

— « Aronde, si je n'étais retenue par quelque considération qui procède de la bienveillance et de l'amitié que j'avais pour vous, je vous défendrais ma chambre et ma présence pour toute votre vie, et je vous ren-

29. Chanson XXIX, *Œuvres*, p. 297, *Poésies diverses*, p. 145. Au vers 2, au lieu de « que malheureux sont ceux », « malheureux sont les cœurs ».

drais le ridicule de toute la Cour. Mais prenez ces mots pour un sage avertissement et guérissez-vous de vos folies, ou appréhendez-en le supplice. »

— « Grande princesse, repartit ce prince, tout éperdu, après ce que j'ai souffert pour ne vous pas déplaire depuis un si long temps, je suis en état de ne rien appréhender pour ma vie, pour mon honneur ou pour mon repos ; mais votre colère est même redoutable à qui ne craint pas la mort. »

Il voulait continuer et se justifier sur la violence de son amour et sur la longue contrainte où il vivait, et se déclarer peut-être, s'il l'avait vue tant soit peu touchée de tant de preuves qu'il lui avait données de son extrême passion ; mais elle ne lui en donna pas le loisir, car, l'interrompant soudain et répétant presque les mêmes paroles qu'elle lui avait dites d'abord, elle lui ferma la bouche et le laissa presque en même temps le plus confus et le plus interdit de tous les hommes.

Depuis on peut dire qu'il ne fit plus que languir. Ses regards étaient si tristes et son visage si pâle qu'il était en état de faire pitié aux plus insensibles ; mais la compassion que la princesse en avait n'était pas pour lui servir de beaucoup. Elle estimait mille qualités qui étaient en lui et elle voyait avec regret qu'il ne se défaisait pas d'une fantaisie qui était si éloignée des siennes. Sa sœur aînée avait été mariée au dauphin qui était mort[30]. Tous les potentats de l'Europe qui pouvaient aspirer à l'alliance de France jetaient les yeux sur elle : car il n'y avait point de princesse alors dans un plus grand éclat, tant à cause du grand pouvoir de la maison de Bourgogne que de la haute réputation où elle

30. Marguerite avait été mariée au dauphin Louis, mort le 18 décembre 1415. Il en a déjà été question plus haut (p. 398).

était. Ainsi, quand elle aurait eu compassion de la forte amour d'Aronde, cette compassion n'eût jamais été de la manière qu'un amant eût pu le souhaiter pour donner quelque repos à son esprit : car elle avait l'âme fort éloignée de tout ce qui pouvait tourner à la galanterie, quoique naturellement elle eût l'esprit galant[31] et bien fait. Au reste, elle était si retenue et d'une humeur si réservée et si glorieuse[32] que peut-être elle aurait eu de l'inclination pour une personne faite comme Aronde qu'il n'en aurait jamais eu la moindre connaissance.

Il vivait donc dans d'étranges irrésolutions. Quelquefois il mettait en balance s'il se devait manifester ou non, mais aussitôt : « quoi ? disait-il en lui-même, il faudra que je doive à ma naissance et à ma qualité ce que je mériterais par mon amour seul ! » ; et d'autres fois, comme le grand esprit, l'extrême vertu et les charmes de cette princesse lui faisaient connaître combien il serait heureux, s'il pouvait l'épouser, il n'était point tout à fait fâché de ses rigueurs. La sévérité et la vertu qui accompagnent tant de grâces sont de grands attraits en une femme pour les hommes mêmes qui les souhaitent les plus faciles. Tout ce qu'il eût bien désiré eût été de savoir qu'elle eût quelque inclination pour sa personne, et en cela certes, l'estime qu'elle en faisait, par ce qu'il paraissait même, lui donnait quelque consolation.

Mais il lui advint un jour une rencontre où il ne s'attendait point, qui n'aida pas peu à le soulager dans la grande mélancolie où il vivait. Au palais de la prin-

---

31. Il n'y a pas contradiction. La princesse était éloignée de toute galanterie, c'est-à-dire de toute intrigue amoureuse, mais elle avait l'esprit galant, c'est-à-dire beaucoup de distinction et d'agrément dans la conversation .

32. *Glorieuse* : fière.

cesse, il y avait un assez beau jardin qui était le divertissement de tous les gens de la Cour. Aronde y allait souvent s'y divertir, quand il ne pouvait être auprès d'elle : car, de ce lieu, il voyait toujours les fenêtres de sa chambre et cette vue flattait ses rêveries[33]. Or, un soir que la nuit était déjà avancée, la croyant retirée et voyant qu'il y avait peu de monde qui pût l'entendre, hors ceux qui étaient dans la chambre de la princesse, il se mit à chanter cette chanson :

Paisible nuit, dont la noire peinture
De tant d'amants va cacher les plaisirs,
Hâte tes pas, las ! je ne t'en conjure
Que pour cacher mes pleurs et mes soupirs !

Combien d'amants, sombre nuit, à cette heure,
Trouvent par toi la fin de leur tourment !
Et cependant je soupire et je pleure,
Heureux encor si c'était librement.

Qu'un plus heureux un plus grand bien prétende :
De son bonheur je ne suis point jaloux.
Paisible nuit, hélas ! je ne demande
Que le repos que tu donnes à tous[35].

L'air de cette chanson était en vogue depuis peu. Il était fort triste, et les paroles, qui exprimaient bien au gré de ce prince la contrainte où il lui fallait vivre, l'avaient obligé de le choisir plutôt qu'aucun autre. Il avait la voix fort belle et la princesse y prêta l'oreille aussitôt qu'elle l'entendit, non qu'elle fût en sa chambre, comme il le croyait, mais elle était dans une allée de ce jardin même, où elle prenait le frais, parce que le jour avait été fort chaud. Il n'y avait avec elle que

---

33. Dans *la Princesse de Clèves,* Nemours regardera aussi les fenêtres de l'appartement de Mme de Clèves (éd. Niderst, p. 399).

34. *Poésies diverses,* p. 114 et *Œuvres*, Slatkine reprints, p. 282-83.

Yolante, deux ou trois de ses femmes, et quelques gardes ou domestiques qui se tenaient éloignés par respect. La princesse reconnut la voix d'Aronde et, quand il eut cessé de chanter, cet objet tourna insensiblement la conversation qu'elle avait avec cette dame sur le sujet de ce triste amant.

D'un autre côté, croyant que la princesse était couchée, parce qu'il ne voyait que fort peu de lumière dans sa chambre, comme si c'eût été celle qui s'y allume après que les personnes de sa condition sont couchées, et ne pouvant encore se retirer chez lui, pour entretenir sa rêverie plus commodément, il prit une des allées de ce jardin. De fortune, ce fut celle où était la princesse, et il n'eut pas fait cent pas qu'il entrevit deux femmes qui marchaient devant lui.

Elles parlaient ensemble, comme il le remarqua aussitôt, mais, quand il eût eu plus de curiosité qu'il n'avait, il n'eût pu entendre ce qu'elles disaient, car elles parlaient trop bas et, sans l'occasion qu'elles lui en donnèrent, il ne s'en fût peut-être pas avisé. Elles marchaient lentement et, de peur de les interrompre, ne voulant pas passer devant elles si brusquement, il passa de l'autre côté de la palissade à la première ouverture qui se présenta devant lui. Mais, à peine eut-il fait quelques pas à côté d'elles que, lassées de se promener, elles vinrent s'asseoir sur un siège qui était tout proche de cette palissade et à l'endroit même où il était, de sorte qu'ayant moins de peur d'être reconnu d'elles ou de passer pour indiscret, il s'approcha le plus près qu'il put, et enfin, ayant reconnu la voix de la princesse, il ouït qu'elle disait ces paroles :

— « Non, je n'ai jamais compris comme une personne de ma qualité peut s'abaisser jusqu'à aimer un homme de médiocre naissance. »

— « Vous voyez toutefois, reprit cette dame qui était avec elle et que le comte de Clermont reconnut aussitôt à la voix pour Yolante, que les siècles passés ne nous en fournissent que trop d'exemples. »

— « Crois-tu, répliqua la princesse, qu'il faille ajouter foi à tout ce que le vulgaire grossier et ignorant débite insolemment ? Non, je vois de si grandes contrariétés[35] à toutes les opinions du peuple sur quoi bien souvent les histoires sont fondées, que j'estime que c'est mal juger des choses que de s'y laisser emporter. Je vois tant de raisons pour me persuader qu'une grande princesse ne doit rien aimer qui lui puisse faire honte, que je suis fort éloignée de croire qu'aucune tombe aisément dans ce défaut. Quelque mérite qui pût être avec tant d'inégalité, il me semble que de n'être pas né prince est toujours un reproche secret à l'amour d'une personne de mon rang, et l'on ne doit point trouver de défauts dans l'objet qu'on veut trouver digne de son affection. »

— « Il est pourtant certain, reprit Yolante, que l'amour, qui est aveugle, ne se règle pas sur l'égalité. »

— « L'amour, repartit la princesse, n'est aveugle que quand on le veut, quoique il ne suive pas si précisément ces justes ressemblances[36] de qualités comme celles de l'humeur et des esprits. Une princesse bien née ne s'abandonne pourtant guère à ces extraordinaires passions sans quelque frénésie. Mais il y a une chose qui me fait encore plus de peine que cela et qui m'empêche davantage d'entrer dans ton sentiment. Les hommes bien souvent n'aiment guère sans espérance d'être aimés, et comment veux-tu qu'une personne qui est si

35. *Contrariétés* : contradictions.

36. *Ressemblances* : conformités.

fort inférieure à une autre qu'elle ne l'aborde qu'en tremblant, ose lever les yeux sur elle et lui parler d'amour sans qu'elle lui en inspire l'audace ? et comment une personne de courage peut-elle se ravaler à cette bassesse de se montrer douce et propice à qui n'aurait peut-être jamais la pensée de la souhaiter telle ? Enfin comment t'imagines-tu qu'une personne qui se croit digne d'être aimée des plus redoutables princes puisse faire des avances à un sujet ? »

— « A cela, répondit cette dame, j'aurais à vous répliquer qu'il n'en va pas toujours ainsi ; qu'encore qu'il y ait une grande différence entre les gentilshommes et leur souverain pour le rang et pour la grandeur, il y a beaucoup plus de rapport néanmoins pour les mœurs, pour l'esprit, pour la valeur et enfin pour tout ce qui fait le mérite des hommes qu'il n'y en a entre les gentilshommes de qualité et les paysans ou ces habitants des villes, qui n'ont rien que d'impertinent et de grossier dans leur façon de vivre. N'en voyons-nous pas tous les jours à qui il ne manquerait rien pour avoir toutes les qualités requises pour se faire aimer ? Croyez-vous que, si vous vouliez écouter les soupirs de tous ceux qui sont capables de ressentir la force de vos attraits, vous fussiez obligée de faire des avances ? N'en avez-vous pas un grand exemple en la personne de ce gentilhomme français qui s'est attaché à votre service avec tant de ferveur ? Il vit avec tout le respect qu'un homme comme lui peut rendre à une grande princesse comme vous, mais avec tout cela, quoique il ne vous parle point de sa passion, en pouvez-vous douter ? »

— « Celui-là, reprit la princesse, a commencé à m'aimer par une aventure si bizarre que son exemple ne doit pas être allégué. Mon déguisement lui donna la hardiesse de me découvrir sa passion et, le plus fort étant fait, il a cru peut-être que cela était beau de pouvoir faire l'amant d'une personne de mon rang et, ayant été écouté par un caprice et par la nécessité de feindre, il a cru qu'il n'avait qu'à persévérer, qu'en tout cas, il ne lui en arriverait pas grand dommage.

« Quoiqu'il en soit, il est encore une preuve de ce que je dis. Il est aussi bien fait qu'on le puisse être de sa personne ; il a autant d'esprit que jamais homme en ait eu ; la guerre, où il s'est généreusement embarqué à son âge et l'accès qu'il a eu auprès du comte de Clermont, qui est un prince qui ne souffre point de lâche auprès de lui, nous doivent bien faire juger de son courage ; je crois qu'il m'aime encore et, ce n'est pas une petite raison, tu sais que je n'en aime point d'autre : cependant je t'avoue que, toute convaincue que je le suis de son mérite et toute remplie d'estime et de bienveillance pour lui, il ne me fait point changer d'opinion. Je te dirai plus. Il me faudra peut-être aimer un prince qui ne sera pas si aimable que lui et je ne doute pas que je n'en vienne à bout. Je te confesse pourtant, afin que tu ne me reproches pas mon insensibilité, que j'aurais voulu que le prince que le duc mon père voudra me faire épouser eût autant de belles qualités que lui. »

Aronde écouta tout ce discours attentivement et, si le commencement lui avait donné de mortelles atteintes, ces dernières paroles furent un excellent remède aux transes qu'il souffrait. Mais la bonne fortune qui l'avait conduit en ce lieu ne voulait pas qu'il en demeurât là. Yolante avait écouté la princesse attentivement et elle était d'humeur fort gaie. Trouvant donc occasion de tourner cet entretien si sérieux plus agréablement :

— « Encore est-ce quelque chose, reprit-elle, que vous rendiez cette justice au pauvre Aronde. Pour moi, je vous avoue qu'il m'a tout à fait rangée de son parti, sans m'avoir fait sa confidente. Et que savons-nous ? Peut-être se trouvera-t-il que c'est quelque empereur ou quelque monarque qui s'est déguisé pour vous voir. L'autre jour, je m'informais de lui à un gentilhomme, qui devait être de son pays, si ce que vos gens avaient appris des siens était véritable, et il me dit qu'il ne le connaissait point du tout. Vous voyez cependant qu'assurément il est impossible que sa naissance soit médiocre, car il est trop bien né : vous voyez avec quel désintéressement il s'attache au service de votre maison. »

— « Tu es bien folle, reprit la princesse, en interrompant cette dame, de te former ces chimères en l'esprit. Ne voudrais-tu point que sur l'apparence que tu trouves de sa grandeur et de sa puissance, j'allasse m'embarquer en une belle passion avec lui ! »

A ces mots, la princesse se leva ; mais cette dame, en la suivant et continuant dans cet entretien :

— « Je gage qu'avec toute votre sagesse, vous ne seriez point fâchée que cela fût. »

— « Quand je te l'avouerais, ajouta encore la princesse, me trouverais-tu fort charmée de lui pour cela ? »

— « Non, reprit cette dame, et, quoique ce souhait ne fît pas grand préjudice à votre vertu, si ce pauvre amant le savait, il ne laisserait pas sans doute d'en être bien consolé. »

A ces mots, elles changèrent de discours et s'éloignèrent si promptement qu'Aronde n'en put rien entendre.

Comme il était fort tard, il se retira aussi chez lui, plus satisfait qu'il ne l'avait jamais été ; mais comme la joie a ses transports et ses inquiétudes aussi bien que la douleur, quoiqu'il se mît incontinent au lit, il ne s'endormit pas plus promptement qu'il n'avait de coutume, quand son amour le tourmentait le plus. Il ne balançait pourtant plus s'il se découvrirait ou non, car ce qu'il avait entendu l'encourageait tout à fait. Il ne délibérait plus que sur la manière et sur le temps qu'il choisirait pour cela. Pour le dernier, il conclut aussi que ce devait être au plus tôt pour satisfaire à son impatience. Quant au premier, il mettait toute son adresse et tout son esprit pour tâcher que ce fût le plus galamment et le plus noblement qu'il lui serait possible. Enfin, croyant bien qu'il en pourrait trouver quelque occasion, las d'être agité de mille pensées qui lui passèrent par l'esprit, il s'endormit, après avoir résolu que ce serait dès le jour suivant, sachant par l'expérience de plusieurs qu'en amour non plus qu'en la guerre les moments ne se doivent point perdre.

Mais le lendemain, à son réveil, il apprit deux nouvelles tout à la fois, qui le surprirent fort : à savoir que le duc et la princesse étaient partis en grande hâte de Dijon, le duc pour Paris et la princesse pour Bruxelles. Dans Paris, il y avait eu du désordre ; la cabale de Bourgogne, qui avait eu le dessus, rappelait le duc à la hâte[37]. C'était en suite de cette grande sédition, où le connétable d'Armagnac, le chancelier de Marle et les principaux du parti d'Orléans furent tués, avec un si grand massacre qu'on n'épargna pas même les évêques et les personnes sacrées[38]. Le duc reçut cette nou-

37. Les Bourguignons avaient repris Paris le 29 mai 1418. Ils arrêtèrent Bernard d'Armagnac, le chancelier Henri de Marle, les Parlementaires et tous les chefs du parti armagnac. Les pillages et le désordre durèrent plusieurs jours ; la terreur cabochienne reprit et la populace massacra plus de 2 000 personnes, dont Bernard d'Armagnac et le premier Président (le 12 juin). Les conseillers de Jean sans Peur — alors à Troyes, et non à Dijon — le supplièrent de venir à Paris. Il ne s'y résolut qu'un mois après les massacres de juin et entra dans la capitale le 14 juillet. Voir J. Calmette et E. Déprez, *op. cit.*, p. 344 sqq..

38. Au cours des massacres de juin 1418, quatre évêques (Lisieux, Évreux, Senlis, Coutances) et l'abbé de Saint-Denis avaient été tués.

velle au soir même et soudain il résolut de s'y en aller en diligence. Mais, avec cette nouvelle qui était si bonne pour lui, il en reçut une autre, qui était fort mauvaise et que le Ciel semblait lui envoyer pour lui montrer qu'il n'y a guère de contentement parfait dans toutes les choses qui dépendent de la fortune, et surtout quand on ne fait pas des desseins justes.

Il y avait une comtesse de Hainaut qui, ayant épousé un prince de la maison de Bourgogne, l'avait quitté et s'était remariée au duc de Clocestre, frère du roi qui régnait en Angleterre alors, et, par ce double mariage, avait rempli le Hainaut de confusion[39]. L'Anglais avait fait une descente considérable à Calais, qui était à lui dans ce temps-là. Le duc de Bourgogne prenait le parti de son parent et, par cette raison et par le voisinage du Hainaut, les villes de Flandre, qui étaient du domaine du duc à cause de sa mère, héritière de cette province[40], étaient menacées de pareils désordres. D'ailleurs, se trouvant fort oppressées d'impôts, elles semblaient vouloir secouer le joug, Bruxelles principalement[41].

---

39. Jacqueline de Bavière, héritière de Hollande, Zélande, Frise et Hainaut, d'abord mariée à Jean de Brabant, neveu de Jean sans Peur, avait quitté son mari, faible et incapable, pour épouser, en 1422, Humphrey, duc de Gloucester, frère du roi Henri V d'Angleterre. Les prétentions de Gloucester sur le Hainaut inquiétaient évidemment le duc de Bourgogne, alors Philippe le Bon. Ce dernier, avec l'appui de Bedford, fit casser le mariage de Gloucester, qui débarqua à Calais et occupa le Hainaut (1424). Mais les Bourguignons le contraignirent à battre en retraite et à se rembarquer. Ces événements sont donc très postérieurs aux troubles parisiens de 1418.

40. Marguerite de Flandre, mariée en 1369 à Philippe le Hardi, père de Jean sans Peur, lui avait apporté Artois, Flandre et Comté de Bourgogne (France Comté).

41. Les républiques urbaines de Flandre supportaient mal le pouvoir central et se rebellèrent à plusieurs reprises. Mais cette insurrection de Bruxelles dont parle Segrais semble imaginaire.

Et, à l'heure même que le duc reçut les nouvelles du tumulte de Paris, il reçut un courrier de quelques habitants de cette ville, qui l'avertissait qu'il était absolument nécessaire qu'il y allât ; que l'Anglais y avait de grandes pratiques ; que le peuple avait résolu de se donner à lui, s'il approchait ; et qu'enfin toutes sortes d'apparences menaçaient son autorité. Le duc, ne pouvant se partager en deux, en un besoin si pressant, crut qu'il ne pouvait mieux faire que d'aller à Paris et d'envoyer le prince Philippe, son fils[42], à Bruxelles pour représenter sa personne, et, parce qu'il était encore fort jeune[43], d'envoyer aussi la princesse sa fille avec lui, pour le conseiller et le faire agir, parce qu'elle était fort aimée de ce peuple. A la première proposition qu'il lui en fit, elle accepta cette commission, l'aimant beaucoup mieux que de le suivre à Paris, dont le tumulte lui déplaisait. Le duc, qui n'avait pas tant de bonté, prit la route vers cette grande ville, après avoir fait partir son fils et sa fille, et après avoir promptement donné tous les ordres nécessaires pour la conservation de ses propres États.

La princesse était donc partie, quand le comte de Clermont s'éveilla ; mais, en ayant bientôt appris le sujet, il ne tarda guère à suivre la route qu'elle avait prise.

Le duc s'avançait en grande hâte vers Paris, et la princesse vers la Flandre. Le péril ne pressait pas moins à Bruxelles que l'occasion qui appelait son père dans la capitale du royaume. Les peuples de Flandre sont

42. En 1424, date des troubles provoqués en Hainaut par les prétentions de Gloucester, Philippe avait succédé à son père Jean sans Peur depuis cinq ans.

43. Philippe, né en 1396, n'était pas « fort jeune » en 1418, encore moins en 1424.

fort inconstants. Celui de Bruxelles, après s'être si ouvertement déclaré contre son prince, redoutant la punition et voyant l'Anglais si proche, semblait vouloir achever son entreprise. Le duc de Clocestre, qui commandait les troupes d'Angleterre et qui avait ses desseins et savait ceux de son frère[44], était averti de tout. Il avait sourdement envoyé des gens dans Bruxelles, qui avaient sollicité le bourgeois de s'armer ; mais, ne s'étant pas contenté de cela, ayant su la marche de la princesse, il était avancé avec ses troupes et marchait à la hâte vers cette ville déserte, et, sans une extrême diligence de la princesse, il s'en rendait le maître infailliblement.

L'émotion était grande ; les conjurés, qui voyaient les troupes si proches et qui savaient la marche de la princesse, ne voulaient point la recevoir et se hâtaient de finir leur entreprise. Mais cette princesse joignit à sa diligence extrême tant de courage que tous leurs projets s'en allèrent en fumée, non sans mille dangers d'être prise par les chemins, car elle n'avait avec elle que fort peu de troupes. Elle passa à une lieue ou deux de toutes les forces anglaises, qui étaient au nombre de six à sept mille hommes[45]. Mais ce ne fut pas la seule difficulté. D'abord elle trouva les portes fermées, et il y en eut d'assez insolents pour lui dire qu'on ne les lui ouvrirait point. Mais, ne laissant pas de s'approcher hardiment, elle montra le prince son frère. Cette populace[46] commença à s'ébranler à son aspect et un

---

44. Plutôt ceux de Bedford, qui désapprouvait les projets de Gloucester.

45. Gloucester avait effectivement occupé le Hainaut avec 6 000 archers (*Histoire du Moyen-Age*, t. VII, p. 521).

46. A l'intérieur des villes flamandes, il y avait un conflit perpétuel entre les bourgeois et les gens des métiers, la « populace » dont parle Segrais (voir *ibid.*, p. 114).

jeune soldat, s'étant mis à la tête de quelques-uns des meilleurs bourgeois, survenant dans ce moment avec une troupe plus forte par la résolution de son chef que par le nombre, attaqua cette canaille si vivement que, l'écartant d'auprès de cette porte dont cette princesse s'était approchée, elle fut tout étonnée qu'en un moment elle lui fut ouverte.

Mais quel dut être son étonnement lorsque, étant entrée, la première personne qu'elle aperçut fut le jeune Aronde. Il était déguisé en simple soldat et c'était lui qui, par son éloquence ayant animé cette petite troupe, s'était mis à sa tête et avait de cette sorte dissipé cette grande sédition. Ayant su le dessein de la princesse et prévoyant les longueurs de son voyage, il crut qu'il trouverait plutôt occasion de se signaler en se jetant avant elle dans Bruxelles qu'en la suivant par les chemins. L'effet suivit son attente : il trouva la ville fort en désordre et enfin, ne cherchant rien qu'une belle occasion pour témoigner son courage, il l'eut telle qu'il la pouvait souhaiter. La princesse avait vu qu'il était à la tête de ceux qui lui ouvrirent les portes et elle sut bientôt le grand service qu'il lui avait rendu. Car ces bourgeois qu'il avait animés[47] le suivaient comme leur chef et ne lui dérobaient point sa gloire : tous publiaient hautement sa résolution ; et la princesse enfin acheva aussitôt, par sa clémence et par les ordres qu'elle donna, de remettre toutes choses en paix.

Ce tumulte étant apaisé, elle fut conduite en une maison qui lui fut préparée. Aronde alla quitter les habits qu'il avait été contraint de prendre pour entrer plus facilement dans la ville, et se rendit aussitôt dans cette maison. La princesse était alors dans le jardin[48], se trou-

---

47. A qui il avait donné du courage.

48. C'est le lieu obligé, dans les romans, pour les déclarations amoureuses.

vant obligée de prendre l'air pour se rafraîchir du grand travail[49] de cette journée. Mais elle n'aperçut pas plutôt Aronde qu'elle le fit approcher d'elle et, se promenant avec lui seul, le remercia fort obligeamment de ce qu'il avait fait pour son service. C'était une trop belle occasion pour lui dire que, dans la passion qui le faisait agir, il ne pouvait pas faire moins. Ayant donc le dessein qu'il avait, il est aisé de juger qu'il ne voulut point attendre une autre conjoncture pour se découvrir à elle.

Cette princesse n'avait que Yolante avec elle et quelques-uns de ses domestiques dans ce jardin ; mais, la voyant parler avec attachement[50] à ce chevalier qui lui avait rendu un si grand service, tous s'écartaient par respect[51] et, de bonne fortune pour Aronde, cette princesse, suivant une allée dans laquelle elle était, parvint en un cabinet qui était au bout, tissu d'arbres fort épais de branches fort touffues. Voyant donc la belle occasion qu'il avait et enhardi par les discours obligeants de la princesse, il ne voulut point différer davantage à se faire connaître et il se jette aussitôt à ses pieds. La princesse, un peu surprise de son grand transport, voulut s'en éloigner, mais, l'arrêtant par sa robe :

— « Belle princesse, lui dit-il, ne vous étonnez point si c'est ainsi que je vous rends grâce de l'honneur que vous me faites de vous contenter d'un si léger service que celui que j'ai eu le bonheur de vous rendre aujourd'hui, puisque, plus je vois de bonté en vous, plus je crains de vous avoir offensée et plus je me sens

---

49. *Se rafraîchir* : prendre du repos, se rétablir. *Travail* : fatigue.

50. *Attachement* : affection.

51. « La déclaration... se doit faire ordinairement dans une allée de quelque jardin, tandis que la compagnie s'est un peu éloignée » (Molière, *Les Précieuses ridicules,* sc. 4).

obligé de me jeter à vos genoux pour vous en demander pardon. »

Aussitôt, voyant que la princesse ne lui pouvait répondre, tant elle était surprise de son transport et de ses paroles :

— « Oui, divine princesse, continua-t-il, comment puis-je autrement répondre aux termes obligeants dont vous me flattez, si je connais que sans doute je vais jeter dans le précipice ce malheureux Aronde que vous avez élevé si fort au-dessus du mérite de ses services ? Oui, Aronde est indigne de l'honneur que vous lui faites. Aronde est un imposteur qui mérite peut-être la mort ; mais depuis trop longtemps il dérobe au comte de Clermont la gloire de vous servir. Aronde a mérité la gloire d'être attaché au service du duc votre père ; mais que ferez-vous d'un malheureux prince qui, sans considérer l'engagement qu'il avait dans des intérêts contraires aux vôtres[52], a tout abandonné pour se venir sacrifier pour votre gloire et qui s'est si fort accoutumé à votre service qu'il aime mieux y languir éternellement que d'avoir jamais la moindre pensée d'en sortir ? Prononcez donc, belle princesse, prononcez ce qu'il faut que je devienne, soit que vous veuillez punir en moi l'imposture d'Aronde, ou l'inimitié qui a été entre votre maison et la mienne. Vous me voyez à vos pieds pour en recevoir l'arrêt avec assurance que, quel qu'il puisse être, je le recevrai avec une profonde soumission et avec une entière résignation pour toutes vos volontés. »

La princesse se trouva si surprise de cet accident[53] qu'elle fut longtemps sans pouvoir répondre, mais

52. Jean Ier de Bourbon et son fils Charles, notre héros, s'étaient rangés du parti d'Orléans.

53. *Accident* :« événement fortuit » (Fur.).

enfin, reprenant ses esprits autant qu'elle le pouvait dans le trouble où ces paroles l'avaient réduite :

— « Aronde, lui dit-elle, car je ne saurais m'accoutumer à vous appeler autrement, quoi ? vous êtes le comte de Clermont ? »

— « Il est vrai, lui dit-il, je suis ce malheureux prince qui, arrêté par vos charmes, n'ai pu retrouver ma liberté depuis le moment que j'eus l'honneur de vous voir. Le déguisement qui cachait votre condition alors vous a bien dû faire connaître que je n'adorais que votre seule personne. Mais je ne vous déclare point ma naissance dans l'attente d'un meilleur traitement. Je sais qu'il n'est point de prince qui puisse sans témérité se flatter de l'espérance de vous plaire, et j'en suis plus incapable qu'aucun ; mais enfin je ne voulais pas que vous eussiez plus longtemps auprès de vous un ennemi caché. Sans cela, dans le peu d'attente que j'ai d'un meilleur traitement, je serais mort plutôt que de me découvrir. Mon respect m'en aurait toujours empêché ; j'eusse borné ma gloire à l'honneur de vous voir et de vous servir, et, toute malheureuse qu'était la condition d'Aronde par la violence de ses désirs qu'il lui fallait étouffer, je l'aurais préférée à celle des plus puissants monarques qui sont contraints de vivre éloignés de vous. »

— « Je crois, reprit cette princesse, un peu revenue de son étonnement et obligeant enfin ce prince à se lever, je crois qu'Aronde m'a assez bien connue sans que, par une rigueur que vous jugeriez peut-être affectée, je m'efforce de vous faire connaître combien je suis peu capable de répondre à ce discours. Je n'ai point mérité un si extraordinaire effet d'amour, ni ce que je vois que vous avez entrepris pour moi. Je ne vous désavoue point pourtant que je ne me saurais plaindre d'une rencontre si bizarre, puisque c'est elle qui, au lieu d'un ennemi aussi redoutable que vous nous l'eussiez été sans doute, nous a acquis un parent si généreux. Les intérêts qui ont divisé votre maison et la mienne sont si légers que ç'a été plutôt manque d'intelligence qu'une haine ouverte et causée par quelque grand mécontentement. Mais à présent que les intentions du duc de Bourgogne mon père vous sont connues, je ne saurais croire que vous en jugiez comme nos ennemis. »

Le prince, ayant un si beau sujet, ne manqua pas de s'en servir, mais enfin, la princesse se voyant obligée de rejoindre le reste de sa troupe, il fut contraint de remettre une infinité d'offres et de protestations qu'il avait conçues en une autre saison.

Bientôt après, la princesse alla à Paris et il y vint aussi. Le duc de Bourgogne y était tout puissant[54]. D'ailleurs, le duc de Bourbon était prisonnier en Angleterre, ayant été pris à la bataille d'Azincour[55], et, du côté de la Cour, on se mettait peu en peine de le retirer. Ainsi, ce fut encore une raison qui, outre celle de sa passion, obligea le comte de Clermont de traiter avec le duc de Bourgogne. Bientôt après l'affaire de Bruxelles, le roi d'Angleterre et lui apaisèrent leurs différends[56]. Le comte de Clermont crut qu'il pourrait

---

54. Jean sans Peur était revenu à Paris en juillet 1418, avec la reine Isabeau de Bavière. Les Armagnacs qui n'avaient pas été emprisonnés ou massacrés par les Cabochiens, comme Bernard d'Armagnac, s'étaient enfuis et le duc de Bourgogne allait réprimer les excès des émeutiers (il fait exécuter le bourreau Capeluche). Il était devenu le maître de la capitale.

55. Le duc Jean de Bourbon avait été effectivement fait prisonnier à la bataille d'Azincourt (1415). Il eut beau payer trois fois sa rançon, offrir de livrer ses places et de reconnaître Henri V, il ne put obtenir sa libération et mourut en captivité le 5 janvier 1434 (voir *Histoire du Moyen-Age*, *op. cit.*, p. 332-333).

56. Voir *supra* la note de la page 418.

bien plutôt réussir à la délivrance de son père par l'entremise du duc de Bourgogne et il résolut de s'en servir. Dès lors, il quitta tout à fait le parti d'Orléans, voyant qu'il n'y avait rien qui l'en pût détourner, ni par honneur, ni par raison, car il n'avait point fait de traité qui l'en empêchât : il était en Hongrie, quand le duc de Bourbon s'était ligué avec la maison d'Orléans[57], et le père avait été si ingratement abandonné durant sa prison que le fils pouvait bien s'en séparer sans offenser en rien sa réputation.

Aussitôt donc, par l'entremise de la princesse, la maison de Bourgogne et celle de Bourbon, en la personne de ce jeune prince qui en était l'aîné, s'unirent et bientôt le duc de Bourgogne, qui voyait le notable intérêt que ce lui était de s'assurer un prince du rang et de la réputation du comte de Clermont, entendit aux paroles d'alliance et de mariage qu'il lui fit porter.

Cette chose était assez dans les règles de la raison. Le prince était cousin germain du roi et il était l'aîné de sa maison, laquelle, quoique plus éloignée de la Couronne que celle de Bourgogne[58], tenait néanmoins un si grand rang en France par la valeur, par le courage et par les grands biens qui s'y conservèrent toujours que nulle de celles qui se trouvèrent plus proches de la succession des rois n'en purent jamais effacer l'éclat[59], quoi-

57. Par un accord conclu à Gien, en 1410. Voir *supra* p. 392.

58. On sait que les Bourbons descendaient de Robert de Clermont, sixième fils de Saint-Louis. Leurs liens avec la famille royale s'étaient resserrés par le mariage de Charles V avec Jeanne de Bourbon, grand'tante de Charles de Clermont, qui était donc cousin du roi. Jean sans Peur, fils de Philippe le Hardi, frère de Charles V, et petit-fils de Jean le Bon, était donc plus proche de la couronne que Charles de Clermont.

59. Allusion flatteuse à la grandeur d'une maison à laquelle appartenait la Grande Mademoiselle, petite fille d'Henri IV.

que alors il y eût une maison d'Anjou, une de Berry et une d'Alençon qui, outre celles de Bourgogne et d'Orléans, étaient encore plus proches de la Couronne que celle de Bourbon[60].

Ainsi toutes choses se préparaient au contentement de ces amants ; mais la fortune, qui se plaît de traverser les plus nobles affections, ne put souffrir qu'ils eussent si peu de sujet de révérer sa puissance, et ce fut au moment qu'ils semblaient n'avoir rien à en redouter qu'elle prit plaisir à la leur faire sentir avec plus de rigueur. D'un autre côté, peut-être, Amour leur voulut apprendre une vérité que le comte de Clermont semblait avoir toujours ignorée, à savoir qu'il n'est point de rival qui ne puisse devenir dangereux.

Il avait toujours méprisé le duc de Clarence ; mais on peut quelquefois par ruse ce qu'on ne peut pas par sa fortune, et l'amour, la vengeance et le dépit, s'unissant dans un esprit, ne sont que trop capables d'y faire naître d'étranges pensées. Ce malheureux qui, par le bruit des noces du comte de Clermont et de la princesse de Bourgogne, apprit enfin non seulement la ruine de ses espérances, mais comme il s'était grossièrement trompé quand il prit le jeune Aronde pour son confident, ne put s'empêcher de croire que la princesse et lui n'auraient pas manqué de rire de sa malheureuse ingénuité ; et le juste ressentiment de se voir moqué, joint au déplaisir de perdre tout, lui inspira les plus extraordinaires résolutions dont un amant désespéré puisse être capable.

Il ne manquait pas de courage pour former le généreux dessein de perdre son ennemi, mais sa force n'était

60. Les ducs d'Anjou, de Berry et de Bourgogne descendaient de Jean le Bon ; Charles d'Orléans était le petit-fils de Charles V ; et Charles V d'Alençon était un capétien valois.

pas égale à son courage. Il était trop malheureux pour avoir beaucoup d'amis et il ne pouvait tant soit peu choquer le duc de Bourgogne qu'il ne se réduisît à la dernière extrémité, en s'ôtant l'unique appui qu'il pouvait espérer au monde. « Toutefois, disait-il, que peut redouter un homme qui perd tout ? quel plus grand malheur peut-il arriver à un prince que de se voir méprisé ? et est-il une plus grande infortune pour un amant que de voir sa maîtresse entre les bras d'un autre ? »

Il était dans ces tristes pensées, quand un confident qu'il avait entra dans sa chambre, où il était seul. Cet homme avait un grand empire sur son esprit[61] : ce fut par ses conseils que, voyant bien qu'il ne devait en aucune manière songer à la violence, il résolut de se servir de la ruse ; et enfin, après une longue délibération et après avoir disposé toutes choses suivant les avis de ce confident, ce prince va trouver le comte de Clermont. Il le prie de trouver bon qu'il puisse l'entretenir seul dans son cabinet, et ils n'y furent pas sitôt enfermés qu'il lui tint ce discours :

— « Généreux prince, lui dit-il, Aronde a trop connu la sincérité du duc de Clarence sans que, par un vain discours, je m'efforce aujourd'hui de vous faire connaître ce que le comte de Clermont en doit attendre. C'est avec cette même sincérité que je viens vous protester que personne au monde ne peut prendre une plus grande part aux prospérités qui vous peuvent arriver que j'en prends, si vous le voulez, à celle dont je vous vois si proche. Ne pouvant obtenir l'illustre princesse qui vous est promise, ce me serait une grande con-

61. Pour ne pas trop salir l'image du prince, le narrateur imagine que c'est un mauvais conseiller qui lui inspire son perfide stratagème. Il y a là un procédé qu'ont souvent employé les dramaturges.

solation de la voir la femme d'un prince pour qui j'eusse autant d'estime que j'en ai pour vous. Mais, seigneur, seriez-vous une personne à vous enrichir du bien d'un autre et, quelques charmes que vous puissiez trouver en cette belle princesse, l'honneur et la vertu en auraient-ils si peu pour vous que vous voulussiez épouser une personne qui ne peut vous aimer après l'engagement qu'elle a avec moi ? »

Il ne faut pas s'étonner si ce compliment si peu attendu surprit le comte de Clermont. Le commencement répondit si mal à la fin et ce qu'il avait cru jusqu'alors était si éloigné d'une pareille proposition qu'il laissa dire toutes ces paroles à son rival sans l'interrompre. Il lui passa bien par l'esprit que ce pouvait être un artifice ; il songea bien que tout doit être suspect d'un amant désespéré ; et la réputation de la princesse se mêlant à ces considérations, après avoir repris ses esprits, il se moqua en lui-même d'un si vain discours. Et se croyant assuré du contraire, pour voir enfin jusqu'où pourrait aller cette aventure, il répondit de cette sorte :

— « La générosité est si ordinaire aux personnes de notre naissance et j'en ai vu tant de marques dans toutes vos actions que, bien que la fortune nous ait faits rivaux, je n'ai jamais pensé qu'elle nous dût faire ennemis. Présumant, par l'estime que vous avez toujours témoignée pour la princesse, que vous pensiez bien qu'elle ne dépendait que de son obéissance et de la volonté de son père, quand j'ai été assez heureux pour tourner l'une et l'autre de mon parti, j'ai cru aisément que vous verriez mon bonheur du moins sans haine, si ce ne pouvait être sans déplaisir, et, dans cette pensée, je vous proteste que j'ajoute une entière créance au commencement de votre discours. Mais ne vous offensez point si je vous avoue ingénument[62] que je doute un peu de cet engagement dont vous vous vantez et si je vous déclare qu'il n'est pas aisé de trouver en moi beaucoup de crédulité pour une chose qui m'a toujours paru assez éloignée. »[63]

— « Seigneur, repartit ce duc, l'artifice des femmes est grand et, si vous vous croyez bien assuré de la fidélité de votre belle princesse, il se peut faire aussi que je vous ferai voir qu'elle nous aime tous deux, ou que peut-être elle m'aime mieux que vous. »

— « Vous pourriez m'en donner de telles marques, répliqua le comte de Clermont, que je serais obligé de vous croire ; mais auparavant, c'est une chose qui ne me peut entrer dans l'esprit. »

— « Eh bien, reprit le prince anglais, ne m'en croyez qu'après que je vous l'aurai fait voir ; avant de m'obliger à en venir à un plus grand éclaircissement, promettez-moi deux choses : la première, que, si je vous fais connaître que j'ai les bonnes grâces de la princesse, vous ne songerez point à l'épouser, et la seconde, qu'en rompant votre mariage, vous ne me compromettrez point avec elle ou avec son père. Vous prendrez tel prétexte qu'il vous plaira ; mais je veux que vous me promettiez que vous direz si peu ce que je vous ferai voir que mon nom ne sera point mêlé dans tout ce procédé. »

— « Il m'est aisé de vous promettre la première des choses que vous me demandez, répliqua le comte, et, si vous me faites voir ce dont vous vous vantez, il ne m'est pas plus malaisé d'abandonner tout à fait la princesse que de cesser de l'aimer. Expliquez-vous donc en

62. *Ingénument* : franchement.

63. Éloignée de la vérité.

toute assurance ; mais, si je découvre en vous le moindre artifice, croyez que rien au monde ne vous peut dérober à ma juste colère. »

— « Je m'y soumets encore volontairement, repartit le duc ; mais est-ce assez pour m'en exempter et pour vous obliger à me tenir votre parole que de vous faire voir que la princesse ne m'est pas si cruelle que vous l'avez pensé ? qu'elle m'écrit quand je veux ? qu'elle me permet de la voir secrètement, quand il me plaît ? et que, ce soir encore, vous me verrez, si vous voulez, entrer dans son appartement à une heure qui vous fera bien connaître que j'ai par affection ce qu'elle ne vous accordera que par devoir, si, malgré votre parole, vous êtes d'humeur à prendre pour femme une personne qui en aime un autre, comme vous le verrez ? »

Quelques marques que le comte de Clermont eût de l'honnêteté de sa maîtresse, son rival lui prononça ces paroles avec tant d'assurance qu'il en fut étonné. Ce grand courage qu'il avait fait voir intrépide au milieu des hasards s'ébranla à cette triste nouvelle, et le duc, prenant avantage du trouble où il le vit, acheva tout à fait de l'abattre par son discours, qu'il poursuivit de cette sorte :

— « Seigneur, une habile femme et un amant discret peuvent tromper toute la terre. Que m'importait qu'on sût si j'étais aimé de la princesse ou si je ne l'étais pas, tant que j'avais sa possession libre et toutes les assurances de son affection qui me pouvaient contenter ? Ayant trouvé en ma discrétion toute la sûreté qu'elle en pouvait souhaiter, elle y a pris une entière confiance. Tenez donc pour assuré que rien au monde que mon infortune et l'humeur violente de son père ne me la ravit. Si elle pouvait, sans s'exposer à mille périls, se faire compagne d'une fortune aussi mal assurée que la mienne, je n'aurais pas recours au moyen dont je me sers ; nos résolutions eussent été prises avant que vous vous fissiez connaître. Elle voit bien que, sans s'attirer le courroux de son père, elle ne peut lui ôter le fruit qu'il espère de votre alliance, et c'est ce qui l'oblige de vous faire le meilleur visage qu'elle peut. Mais cependant, pour vous faire connaître les véritables sentiments de son cœur, reconnaissez son écriture et lisez cette lettre. »

A ces mots, il tira une lettre de sa poche et, après l'avoir dépliée, il la présenta au comte de Clermont. Ce prince, jetant dessus ses yeux déjà tout égarés de rage et de colère, y vit des caractères qu'il ne put méconnaître et, ne pouvant croire ce qu'il voyait, il lut enfin ces paroles :

« Pourquoi, prince, me voulez-vous faire plus malheureuse que je ne suis ? Est-ce dans le péril qu'il faut abandonner ce qu'on aime ? et me voulez-vous être plus cruel que mes ennemis ? L'infidélité que je vous fais est-elle volontaire pour mériter la vengeance que vous en voulez prendre ? Êtes-vous encore à savoir que les personnes de ma naissance sont rarement maîtresses de leurs actions ? Et quand je me prépare au triste hymen où l'on me destine, n'est-ce pas assez des assurances que je vous donne que mon cœur ne s'assujettit point à une si cruelle loi ?

« Cependant vous me voulez ôter le vôtre, au moment que je m'efforce de vous faire connaître que le mien n'a jamais été plus véritablement à vous. Sont-ce les consolations que je devais attendre de l'amitié que je vous ai témoignée ? Revenez, prince, revenez, et n'affligez point celle qui n'est malheureuse que pour vous trop aimer. Je vous dois toutes choses pour l'amour généreuse que vous m'avez témoignée ; mais que ne vous devrai-je point, si je vous puis devoir votre cœur encore une fois ! Car enfin, sans croire que vous me l'ayez ôté, ni que je vous en aie donné sujet, je veux bien recevoir comme une grâce ce qui m'appartient légitimement et vous récompenser comme si vous n'aviez point de tort, si toutefois on peut donner davantage que toute son affection, quand on l'a véritablement donnée. »

A peine le comte, affligé au dernier point, avait achevé de lire cette lettre que son rival, lui en montrant une seconde et reprenant la parole, tout orgueilleux du succès de sa fourberie :

— « Vous ne me croiriez pas à cette seule marque, lui dit-il ; peut-être celle-ci est-elle supposée comme la précédente. Examinez-la donc soigneusement et n'en laissez pas échapper une seule parole que vous ne confrontiez avec les lettres que vous en avez reçues : car vous m'apprendrez peut-être à votre tour si cette princesse ne me trompe point aussi bien que vous. »

Alors le comte tout éperdu, s'abandonnant à sa malheureuse curiosité, lut encore cette seconde lettre de cette sorte :

« N'oser voir ce qu'on aime plus que sa vie et sans cesse être persécutée de ce qu'on hait plus que la mort, n'est-ce pas assez pour rendre une personne malheureuse ? Que sera-ce donc d'être obligée de témoigner de l'amour pour qui l'on n'a que de l'horreur et de paraître haïr la seule personne qu'on peut aimer ? C'est pourtant l'extrémité où je me vois réduite, et, si vous la pouviez comprendre, que vous me plaindriez bien plutôt que de m'accuser ! Toutefois, comme si j'étais criminelle pour être malheureuse, il faut encore que j'en porte la peine. Vous demandez des récompenses, quand vos injustes plaintes vous rendent digne de notre mauvaise fortune, et je suis si insensée que cette mauvaise fortune ne m'afflige que pour l'amour de vous. Adieu. N'attendez ce soir que des reproches de votre ingratitude. Venez cependant : tout sera préparé à l'ordinaire. Mais ne venez que pour voir la misère où je suis et pour apprendre par mon exemple ce que c'est que d'aimer, si vous ne le savez. »[64]

— « En est-ce assez, prince ? », reprit le duc de Clarence, aussitôt que le comte de Clermont eut achevé de lire cette seconde lettre. « Est-ce assez ? et voulez-vous que je vous en fasse voir encore mille autres, qui ne sont pas moins convaincantes que celles-là ? Non, non, pour vous obliger à me tenir la parole que vous m'avez donnée, il vaut mieux que vous voyiez si la princesse me tient la sienne, et il faut que vous voyiez cette préparation dont elle me parle dans sa lettre. Je lui fais une infidélité horrible, mais, après y avoir bien songé, j'ai cru qu'il valait encore mieux avoir recours à votre discrétion et à votre générosité que de nous exposer tous trois à la plus cruelle extrémitié où des personnes raisonnables puissent être réduites : vous, prince, en vous trouvant contraint de passer votre vie avec une personne qui ne vous peut aimer ; elle, de se voir dans la même inquiétude, tant qu'elle vivra, et ayant de plus celle d'avoir autant d'amour pour moi que j'en ai pour elle ; et moi enfin, de l'aimer plus que ma vie, d'en être aimé et de vous en voir possesseur. »

A ces mots, il offrit de faire voir au comte de Clermont comme il était introduit dans l'appartement de la princesse. Et comme il avait si bien préparé toutes choses que l'heure de ce faux rendez-vous[65] approchait,

64. De la même façon, dans *Mélite* de P. Corneille, Tirsis se laissait abuser par de fausses lettres, forgées par un rival, et pensait que sa maîtresse lui préférait Philandre (III, 2).

65. Le narrateur, en parlant de « faux rendez-vous », comme plus haut de « ruse », ôte au lecteur l'illusion que l'intrigue amoureuse entre la princesse et Clarence pût être véritable.

il lui demande s'il le voulait suivre à l'instant même, et il lui propose de prendre avec lui qui il voudrait de ses domestiques, s'il avait la moindre défiance, pourvu qu'il lui répondît de leur discrétion. Le comte lui répondit qu'il irait bien seul et qu'il ne craignait nulle supercherie d'un prince en qui il voyait tant de candeur ; et, ne se sentant animé que contre la princesse dont il se croyait si indignement trahi, il suit son perfide rival, l'âme remplie de tant d'ennuis, de si divers sentiments et de tant de différents desseins qu'il n'est pas possible de l'exprimer.

Il savait bien de quelle sorte le palais où logeait la princesse était disposé : l'hôtel qui conserve encore le nom de Bourgogne en composait une partie ; le reste s'étendait dans tout ce quartier qui en est voisin ; l'appartement qu'elle occupait répondait sur une rue assez déserte. La nuit était déjà fort avancée. Ainsi ces deux princes ne furent pas longtemps proches de ce palais que, d'une des fenêtres que le comte de Clermont reconnut pour être celles de la garde-robe de la princesse, une femme qui y parut, ayant répondu au signal du duc de Clarence, lui laissa tomber une échelle de corde ; et cet artificieux prince, après avoir fait renouveler à son rival toutes les paroles qu'il lui avait données d'être secret et de ne plus penser à son mariage, monta en même temps, mais d'un vol si brusque que le pauvre prince qui le regardait, l'attribuant à l'impatience d'un amant qui attend des récompenses, ne fut pas moins persuadé du bonheur de son rival par cette précipitation affectée qu'il l'était par tant de preuves convaincantes[66].

---

66. Le stratagème du duc de Clarence qui, pour détourner un rival de sa maîtresse en lui persuadant qu'il en est lui-même aimé, montre de fausses lettres d'amour de la jeune femme et fait mine de péné-

Il n'y a que ceux qui ont véritablement aimé et qui ont senti de pareils déplaisirs, qui puissent imaginer sa douleur. Quel ennui doit-ce être de se voir sur le point d'épouser une personne qu'on croit pleine de vertus, pour qui l'on a une forte passion et dans la possession de laquelle la beauté, l'amour et l'intérêt disputent à l'envi à qui fera trouver plus de bonheur, et tout d'un coup se trouver saisi de tant d'horreur pour elle qu'on n'y peut songer sans entrer en fureur ! Quel spectacle pour ce prince de voir le bonheur de son rival ! Et qui peut concevoir toutes les tristes plaintes que l'amour, la jalousie et la rage lui mirent en la bouche ? et tout cela par la malice détestable d'un prince, conseillé par un homme artificieux !

Car enfin il n'était rien de tout ce que le duc de Clarence lui avait fait voir[67]. Le confident qui lui avait conseillé de se servir de la ruse était un homme qui en était tellement rempli que ce fut lui-même qui contrefit les deux lettres que son maître fit voir au comte de Clermont, et il était si savant en ce métier que la princesse elle-même y aurait été déçue[68]. Ce signal auquel on avait répondu, cette fenêtre qui s'était ouverte et cette échelle qu'on avait laissé tombé n'étaient que la même chose. Depuis longtemps le duc de Clarence avait gagné une des femmes de la princesse : par dépit peut-être de ce

---

trer dans son appartement, en présence de ce rival rappelle un épisode de l'*Astrée*. Dans la troisième partie, livre IV, du roman d'Honoré d'Urfé, un certain Alcyre réussit à brouiller Amintor avec Clarinte, en pénétrant nuitamment dans la maison de la jeune femme, devant Amintor, et en falsifiant une lettre d'Amintor, qui passe ainsi pour infidèle aux yeux de sa maîtresse (édition Vaganay, t. III, p. 174-82).

67. Il eût peut-être été plus habile, de la part du romancier, de laisser le lecteur dans l'incertitude.

68. *Déçue* : trompée, abusée.

que le comte n'eût pas pris assez de soin de la gagner, ou par la force des présents de son rival, cette malheureuse femme trahit de cette sorte sa maîtresse ; et tout le reste n'était qu'un effet de la jalousie d'un amant méprisé.

Ce duc méchant et traître demeura caché dans cette garde-robe tout le temps qu'il crut nécessaire pour persuader son bonheur imaginaire à son rival, et il en sortit comme il y était entré, trois heures après, sans autre avantage que d'avoir rendu son ennemi le plus malheureux de tous les hommes.

Le comte n'attendit pas tout ce temps pour s'en retourner chez lui. Mais, regardez comme le malheur poursuit une personne, quand la fortune entreprend de la persécuter ! Il ne fut pas sitôt à son palais qu'au lieu du consentement qu'il attendait du duc de Bourbon, son père, pour son mariage, il trouva un courrier qui venait d'arriver d'Angleterre et qui lui apportait les nouvelles de sa mort[69]. C'était un accident que sa grande vieillesse[70] et sa longue captivité auraient bien pu faire prévoir. Néanmoins, comme il survenait dans une si triste conjoncture et qu'il n'y avait dans ce fâcheux accident que trop de considérations qui se mêlaient à celles de sa passion, ce dernier malheur n'était que trop suffisant pour achever de l'accabler. Cette mort, arrivant au lieu du consentement qu'il attendait, aurait plutôt avancé son mariage qu'elle ne l'eût reculé, et son amour, qui faisait cette triste réflexion, s'en servait encore pour l'affliger plus vivement.

---

69. Le duc de Bourbon mourut en effet en Angleterre en 1434. Le comte de Clermont, qui avait épousé Agnès en 1425, n'attendait donc pas son consentement au moment où il apprit sa mort.

70. Né en 1381, le duc de Bourbon n'avait que 53 ans, quand il mourut.

La rage le possédait avec tant de violence que, quand il songeait à son malheur, il s'abandonnait entièrement à elle, et il en était si cruellement possédé que, de toutes les passions qui le maîtrisaient, il croyait ne sentir que l'horreur et la haine qu'il avait pour sa princesse. Car même, bien qu'il fût rempli de jalousie contre le duc, cette haine et cette horreur lui devenaient si chères qu'il croyait être obligé à son rival de les avoir fait naître. Et comme, dans les sentiments où il était, il n'envisageait point de plus grand malheur ni de plus grande infamie que d'être le mari de cette princesse qui, le jour d'auparavant, faisait toutes les délices dont il flattait son espérance, il se trouvait si heureux d'être hors de ce labyrinthe qu'il regardait moins le duc de Clarence comme un homme envieux de son bien qu'il ne le considérait comme un ami officieux, qui l'avait retiré d'un abîme où il s'allait précipiter sans lui.

La seule chose qui l'affligeait le plus, à son gré, était la parole qu'il avait donnée, qui l'empêchait de faire rougir la princesse de sa honte et de lui reprocher le détail de son crime. Mais ce pauvre prince ne connaissait pas toutes les passions qu'il sentait, et sans doute le plus grand malheur qui lui arriva par la mort de son père, ce fut qu'elle l'empêcha de s'éclaircir avec la princesse, comme il l'aurait fait peut-être sans que, cette mort étant incontinent divulguée, il fallut que le lendemain il reçût les compliments que tout le monde lui devait en une pareille conjoncture.

Le duc de Bourgogne fut celui qui se crût obligé de faire voir avec plus d'empressement la part qu'il prenait déjà en tous ses intérêts. Ce fut la première visite qu'il reçut. Ce qu'ils s'étaient déjà promis et l'alliance qu'ils avaient résolue lui mirent dans la bouche toutes les paroles qu'il jugea les plus capables de faire voir au comte la sincérité de leur réconciliation et l'estime qu'il faisait de son alliance. Mais il fut bien étonné quand ce prince, ayant fait retirer tout le monde, répondit à ses civilités de cette sorte :

« Seigneur, je reçois avec toute la reconnaissance que vous pouvez souhaiter la part que vous me faites l'honneur de prendre en mon déplaisir. Je n'ai pas moins attendu de la générosité d'un homme de votre condition et de l'amitié que vous m'avez fait l'honneur de me promettre ; et je vous proteste aussi que rien au monde n'est capable de me séparer de vos intérêts. J'aurai toute ma vie pour votre personne une soumission qui vous fera connaître avec combien de passion j'ai souhaité l'honneur de votre alliance. Mais, puisque enfin je n'y puis plus penser, ne vous offensez point, si je vous rends la parole que vous m'avez donnée de consentir au mariage de la princesse votre fille et de moi. »

Le duc, qui fut surpris de ces termes comme on se le peut imaginer, lui demanda avec dédain si c'était le nouveau titre de duc de Bourbon, qui lui venait par la mort de son père, qui le dégoûtait de son alliance, et, croyant pouvoir repousser le mépris par le mépris, il lui dit plusieurs choses que le comte n'aurait pas souffertes en une autre saison. Mais ce prince, se faisant un grand effort sur lui-même pour faire voir une modération qui persuadât qu'il avait raison de mépriser la princesse, reprit son discours avec tant de force qu'ayant fait voir au duc avec combien de soins et de passion il avait recherché son alliance, tant qu'il avait crû le pouvoir avec honneur, qu'enfin il lui persuada qu'il ne le pouvait plus et que ce n'était ni caprice, ni intérêt qui l'en faisait désister.

« Seigneur, lui dit-il en peu de mots, ne m'obligez point à vous dire rien qui puisse vous déplaire. Tant que j'ai pu aimer la princesse votre fille avec gloire, vous savez la passion que je lui ai témoignée. Je ne veux ni ne dois dire ce qui m'en empêche présentement ; mais contentez-vous que mes yeux sont mes témoins, que l'infidélité qu'elle m'a faite ne se peut souffrir et que je n'en puis douter. Au reste, prenez tel prétexte qu'il vous plaira pour la rupture de notre mariage : j'y donne les mains contre tous mes intérêts. Dites que vous m'avez méprisé : j'y consens par le respect que je conserve pour vous et par le souvenir de la grande affection que j'ai eue pour elle ; et surtout, croyez que l'estime que j'ai pour vous suffit pour me donner un grand déplaisir de ne pouvoir plus être votre gendre. »

Le duc fit ce qu'il lui fut possible pour découvrir le véritable sujet qui séparait le comte de sa fille ; mais, quelques soins qu'il y prît, le comte garda sa parole inviolablement à son rival. Le duc pourtant s'en retourna fort persuadé de la faute de sa fille, et tout ce que le comte fit pour ne la lui point expliquer la lui persuada encore bien davantage. Il avait naturellement mauvaise opinion des femmes, comme celui qui se crut trompé de la sienne propre, car ce fut sur un soupçon pareil à celui qu'il prit contre sa fille qu'il fit assassiner le duc d'Orléans, son cousin germain, comme l'histoire en est connue de toute le monde[71] : ce qui fut la

71. Jean sans Peur fit en effet assassiner son cousin Louis d'Orléans à Paris, le 23 novembre 1407, par rivalité d'ambitions et non, comme le suggère Segrais, par un soupçon jaloux. On sait que cet assassinat fut l'origine de la guerre entre Armagnacs et Bourguignons, qui devait déchirer la France pendant de longues années. Segrais suit ici Mézeray, qui donne cette explication de l'assassinat du duc d'Orléans (*Histoire de France,* éd. 1830, tome V, p. 426-27) :

« Le duc d'Orléans s'abandonnait un peu trop à ses passions amoureuses et, faisant gloire de ses bonnes fortunes, s'acquérait moins d'amis que d'ennemis. Sur quoi les partisans de Bourgogne... disent que le duc d'Orléans gouvernait trop familièrement sa femme et qu'un

source de toutes les misères qui désolèrent la France pendant tout ce malheureux règne. On peut donc s'imaginer en quels termes il apprit à sa fille la cause qui lui faisait perdre son amant ; et il est encore plus aisé de se figurer quelle dût être la douleur de cette princesse, lorsque, au moment que son père lui faisait un si funeste message, un gentilhomme du comte lui vint apporter cette lettre :

« Apprenez que la trahison que vous m'avez faite m'est connue, et n'attendez plus, en m'épousant, de faire d'un amant, qui avait la dernière soumission pour vous, un mari aussi crédule et aussi complaisant que vous le devez souhaiter. Plût au Ciel que je fusse encore dans l'ignorance où j'ai été si longtemps ! Que n'ai-je été sans yeux, quand j'ai été témoin de votre honte ? ou que ne puis-je encore l'oublier ? Mais, puisque cela ne se peut, laissez-moi reprendre une foi que je vous avais donnée imprudemment. L'infidélité que vous m'avez faite justifie la mienne, et je fais par raison ce que vous m'avez fait par la plus grande lâcheté du monde. Triomphez pourtant encore de celle que j'ai pour vous : il est vrai que, malgré tous les sujets que vous me donnez de vous détester, je me sens encore plus affligé du tort que vous vous êtes fait que je ne le suis des cuisantes douleurs que vous me causez, quoiqu'elles soient si grandes que je n'en attende pas moins que la mort. »

Le duc de Bourgogne, qui prit cette lettre des mains de ce gentilhomme et qui la lut lui-même à sa fille,

---

jour, l'ayant mené dans son cabinet où étaient les portraits de quantité de dames, il lui échappa de dire que c'étaient autant de trophées de son amour, et que le Bourguignon, ayant aperçu celui de sa femme parmi les autres, en fut saisi d'un si juste déplaisir que dès lors il conjura sa mort. »

acheva tellement de se persuader qu'il fallait de nécessité que le comte eût un juste sujet de ne la point épouser, que dès lors il entra en une si furieuse colère contre elle qu'il ne la pouvait souffrir. Le triste état où elle parut à ses yeux, après la lecture de cette lettre, ne le put fléchir, bien que ce gentilhomme qui la lui avait apportée l'eût vu tomber évanouie sur un lit près duquel elle était assise.

Il s'en retourna promptement le dire à son maître, qui ne parut pas si insensible. Le comte se croyait mortellement offensé de cette princesse, mais il avait une inclination si forte pour elle qu'il fut touché de sa douleur ; et si ce ne fut pas au point qu'il le fut depuis, ce fut toujours beaucoup davantage qu'il ne l'avait pensé des justes sujets qu'il croyait avoir de la haïr. Mais ce fut bien autre chose lorsque, ayant appris que son père l'avait menée à la campagne, il sut qu'elle était dans une extrême douleur et qu'enfin, quatre jours après, on lui vint dire qu'elle était morte de déplaisir.

Lorsqu'il vit que le duc son père fit apporter son corps dans un cercueil de plomb et le fit déposer dans la chapelle d'une église qu'il avait choisie pour cela, cependant qu'on rendait à son effigie les honneurs qu'on a de coutume de rendre aux personnes de sa naissance, ou jusqu'à ce qu'on eût préparé ce qui était nécessaire pour l'emporter au lieu destiné pour sa sépulture, ce triste amant, continuant néanmoins dans son ressentiment[72], avait honte de sa douleur ; mais comme si sa propre douleur au contraire eût eu du sentiment, il semble que, plus il voulait la méconnaître, plus elle prenait de plaisir de le tourmenter.

72. *Ressentiment* : le sentiment de sa douleur.

Il fuyait les regards du duc, qui lui reprochaient la perte de sa fille ; il fuyait toutes les choses qui le pouvaient faire souvenir de sa félicité passée, et il se plaisait plus volontiers auprès du cercueil de cette princesse qu'en quelque autre lieu que ce pût être. Il le regardait avec des yeux mêlés de dédain et de colère, et il ne pouvait pourtant s'en approcher sans le mouiller d'un torrent de larmes.

« Hélas ! disait-il un jour en ce funeste état, qui a jamais éprouvé jusqu'à moi que c'est une affliction extrême de ne pouvoir s'affliger avec honneur ? Ingrate, qui m'es plus cruelle mille fois après ta mort que tu ne l'as été de ton vivant, donne-moi le moyen de te pleurer, ou celui de ne m'affliger point de ta perte ![73] Que dis-je, insensé que je suis ? Cette perfide n'a-t-elle pas fait pour cela tout ce qui était en son pouvoir, et son infidélité ne me donne-t-elle pas assez de sujet de l'oublier, sans toi, cruel amour, qui ne peut abandonner mon cœur ? Que veux-tu de moi, tyran inhumain ? Quelle bizarrerie est pareille au caprice que tu n'as, ce me semble, jamais eu que pour m'affliger ? Et où jamais, jusqu'à moi, as-tu pris plaisir de conserver ton feu dans les cendres d'une infidèle ? »[74]

---

73. La situation du comte de Clermont n'est pas sans faire penser à celle de Sancerre, dans *la Princesse de Clèves*. Lui a appris l'infidélité de sa maîtresse, Mme de Tournon, seulement après avoir appris sa mort, et, comme Aronde, il ressent à la fois la colère d'avoir été trompé, la douleur d'avoir perdu celle qu'il aimait et la honte de s'affliger de la perte d'une femme infidèle. « Elle ne mérite pas que je la pleure, dit-il au prince de Clèves ; cependant j'ai la même affliction de sa mort que si elle m'eût été fidèle, et je sens son infidélité comme si elle n'était point morte. » (éd. Niderst, p. 286).

74. Même « pointe » dans un sonnet de Tristan (*Les Plaintes d'Acante,* XXIV, Sur un tombeau) :

Car je meurs en ta cendre et tu vis dans ma flamme.

Ce déplorable amant était dans ces tristes pensées, près de ce funeste cercueil, quand, à la lueur des lugubres flambeaux dont était seulement éclairé ce lieu, obscurci d'une nuit épaisse et plus encore de la tenture noire qui l'enfermait, il vit le duc de Clarence s'approcher de lui, pâle et sans couleur, lui montrer un poignard qu'il tira du fourreau, et presque en même temps lui adresser ces paroles :

« Ah ! prince, que tu es encore bien plus malheureux que tu ne le crois ! Mais si ton malheur est tel que rien au monde ne le peut réparer, il n'est pas juste que tu demeures plus longtemps sans vengeance, ni cette belle princesse sans victime. Perce, perce ce cœur de ce poignard que je te présente. Voici le lieu où se doit faire le juste sacrifice que tu dois à la beauté que tu as mise au cercueil par ta crédulité, et tu ne peux moins faire pour apaiser ses mânes ou pour contenter ta douleur que de lui immoler le traître qui t'a séduit »[75].

Le comte était si aveuglé de ses larmes et si possédé de son propre déplaisir qu'à peine la triste vue de son rival le put faire revenir, et ces paroles trouvèrent encore son esprit si hors de son assiette qu'il y avait déjà quelque temps que le duc avait cessé de parler que, tout immobile et tout interdit, il ne pouvait ouvrir la bouche pour lui répondre. S'il fixait ses yeux sur ceux de son rival, il les voyait si égarés qu'il n'osait croire ce qu'il lui oyait dire ; et le trouble où il le voyait le mettait si hors de soi-même que, ne pouvant trouver de paroles pour s'exprimer, il se contentait d'examiner les actions et le discours de ce duc, avec un étonnement qui approchait de la stupidité, quand enfin cet autre malheureux, qui, par la vue de ce cercueil, sentait

75. *Séduit* : trompé.

redoubler les justes remords que lui donnait l'horreur de son crime, ne pouvant résister à ses transports qui ne lui proposaient que la mort, et pour obliger son rival à la lui donner, recommença à l'en presser de cette sorte :

« Que tardes-tu, prince, et qui te rend si insensible à l'offense que je t'ai faite ? Si tu es encore à soupçonner ma lâcheté, apprends-la par ma propre bouche, puisque le désespoir où je suis ne te la peut découvrir. Mais pour aider à ma bouche à te faire une confession pleine de tant d'infamies, détourne de moi ces regards qui me couvrent d'horreur et de confusion, ou plutôt souffre que je m'adresse à ce triste monument, où reposent les restes de la plus digne princesse qu'il y ait jamais eu dans l'univers.

« Pardon donc, ô cendres chastes et pudiques, non pour le crime que j'ai commis contre votre innocence, car je confesse qu'il n'en mérite point, mais pardon si, tout noirci que je le suis de la plus grande lâcheté qu'on puisse commettre, j'ose approcher de la plus pure et de la plus vertueuse personne que jamais le Ciel ait fait naître.

« Écoute, ô trop crédule rival, écoute et apprends que tout ce que je t'ai dit est faux. Je suis un traître, un lâche, un imposteur. J'ai supposé les lettres que je t'ai montrées : elles sont fausses comme ces faveurs dont tu m'as cru possesseur. Je n'en ai eu que l'apparence, et cette vaine apparence te prive de celles que tu avais méritées. N'attends pas que je te dise rien qui te puisse fléchir : je me suis moqué de ta simplicité ; j'ai corrompu les domestiques de ta maîtresse ; je t'ai fait soupçonner sa vertu par le plus noir artifice qu'une détestable amour puisse inventer ; enfin je suis cause de la mort que tu lui as donnée. Crois, s'il le faut pour porter ta main à percer ce cœur infidèle qui te ravit tant de bonheur et te plonge dans une si grande misère, crois, dis-je, que je le ferais encore, si c'était à recommencer, et que j'aime mieux ta maîtresse dans ce cercueil qu'entre tes bras. Crois encore davantage de ma malice, s'il se peut et s'il le faut pour t'obliger à me donner la mort que je souhaite. »

A ces paroles si remplies de désespoir, ce duc fit plus d'effort qu'il n'avait fait auparavant pour mettre entre les mains de son rival ce poignard qu'il lui avait déjà présenté ; et, en le pressant de s'en servir contre lui, il dégrafait ses habits et découvrait son cœur avec tant de transport que le comte, un peu revenu du sien, eut quelque appréhension qu'il ne s'enfonçât ce fer dans le sien, au refus qu'il en faisait, et, le lui ôtant enfin d'entre les mains, lui répondit de cette sorte :

« Quoi ! tout ce que tu m'as dit de cette belle princesse n'est qu'une imposture ? Tu as fait contrefaire ces lettres, et tout le reste n'est que la suite d'un si détestable artifice ? Un prince a été capable de tant de lâcheté... ? »

« Oui, reprit soudain ce désespéré, interrompant le comte dans la peur qu'il eut qu'il ne s'emportât dans de trop longs reproches et ne différât trop longtemps le coup qu'il attendait, oui, un de mes gens a fait les lettres que je t'ai montrées ; une femme que j'ai gagnée chez la princesse a répondu au signal que je lui ai donné ; mais cette échelle qu'elle m'a jetée et cette fenêtre qui m'a été ouverte ne m'ont servi que pour demeurer dans la chambre où tu m'as vu entrer. Je fus toujours avec cette femme aussi pernicieuse que moi, et j'y fus autant de temps qu'il m'en fallait pour te tourmenter tout le reste de tes jours et pour rendre toute ta vie aussi déplorable que tu as cru ce moment heureux pour moi.

« Que tardes-tu donc ? Peut-on te faire une plus grande offense que celle que je t'ai faite ? et peut-on la soutenir avec plus d'insolence ? Rends-moi ce fer, si tu ne veux t'en servir contre moi : mes mains ne me peuvent refuser ce bon office, et que m'importe enfin de quelle façon périsse mon âme, qui ne peut jamais attendre de repos ? »

« Ah ! perfide ! reprit le comte, aussi généreux qu'affligé. Que ce vain désespoir me fait bien voir la lâcheté de ton cœur ! Traître, sors avec moi d'un lieu dont ton artifice peut-être fait encore ton asile, et viens disputer contre moi ta misérable vie, si tu me veux donner les moyens de me venger. Mais, lâche ! ton même artifice se découvre jusqu'en ton faux repentir, et tu ne t'en sers sans doute que pour m'ôter les moyens de te faire périr. Va, parce que tu es devenu le plus scélérat de tous les hommes, je ne suis pas devenu ton bourreau. »

« Hélas ! répliqua ce malheureux étranger, punis-moi, prince, si tu le veux, mais n'outrage point un ennemi qui se rend. Sortons, s'il le faut, sortons, si le respect t'empêche de profaner ce temple par la mort d'un perfide comme moi ; ou, si ta vengeance ne serait pas assez publique, viens me sacrifier, si tu le souhaites, à la face de toute la terre. En quelque lieu que mon âme puisse être séparée de mon corps, je ne doute point qu'elle n'aille rejoindre cette innocente princesse, si toutefois la demeure qui lui est destinée peut être ouverte à un aussi méchant homme que moi.

« Mais ne pense point que je songe à te fléchir. Si j'en avais le dessein, j'en sais mieux les moyens. Je pourrais t'alléguer ce que peut l'amour dans un cœur abandonné au désespoir. Je te prierais de considérer ce que c'est d'aimer d'une passion invincible et de voir entre les bras d'un rival la seule personne qu'on peut aimer. Songe, te dirais-je, à ce que tu aurais fait toi-même en ma place, si le commandement d'un père eût fait à mon avantage cette différence qui m'a donné tant de douleur.

« Mais, prince aussi cruel à ton tour que je te l'ai été, je ne te demande que la mort. Tu peux me la donner avec honneur, et tu sembles me la vouloir refuser ! Donne-moi une meilleure cause, et tu verras de quelle sorte j'exposerai ma vie pour la soutenir. Mais n'est-ce point assez que des remords où tu me vois, sans que tu me conseilles d'y ajouter encore celui d'avoir attaqué une personne que je ne puis haïr que parce que je lui ai fait la plus cruelle offense qu'on puisse imaginer ? C'est à moi à être sacrifié à l'innocence de cette vertueuse princesse, mais c'est à toi à vivre pour la publier. »

Le repentir de ce misérable prince était si visible en toutes ses actions et en toutes ses paroles que, quelque sujet que le comte eût de se défier d'un artifice qui lui avait été si fatal, il ne pouvait se laisser emporter tout à fait à la colère qui l'animait contre lui. Mais, ne pouvant être insensible aux grands ennuis qu'il lui causait, il ne pouvait aussi, malgré les soumissions où il le voyait, retenir mille paroles qui sans doute l'outrageaient.

« Perfide, répondit-il, qui t'a rendu si ingénieux à me faire de si cruels déplaisirs ? Si tu m'as déjà si méchamment trompé, qui m'assurera que tu ne me trompes point encore pour augmenter ma douleur ? Et que me sert maintenant le triste aveu que tu me fais ? Jette, jette les yeux sur ce lugubre appareil ; regarde ce triste cercueil ; vois sous ce drap noir ce que tu m'as ravi, le désespoir où tu me mets et le fruit qui t'en revient. Car par ton repentir encore, quoique peut-être artificieux comme toi, tu m'ôtes l'unique soulagement que je pouvais trouver dans le plaisir de me venger. Va, je t'abandonne à tes cruels remords. Il m'est impossible de te rendre plus malheureux que moi ; mais si mes malheurs sont plus grands que les tiens, du moins je les souffre innocemment, et sans doute ton cœur est trop lâche pour savoir trouver la mort aussi promptement que je la vais trouver.

« Viens, ne tardons point davantage en ce lieu, et du moins n'aide point à prolonger ma misère. Dans l'état où tu m'as mis, il ne me reste plus qu'à mourir et à me justifier au duc de Bourgogne. Pour ne point retarder le premier, viens promptement m'aider à m'acquitter de l'autre. Viens animer ce malheureux père contre ta détestable vie : peut-être le trouveras-tu plus disposé que moi à t'en défaire. Viens lui rendre l'innocence de sa fille, et à moi la mienne envers lui : ce n'est plus que pour cette seule action que je puis prolonger mes jours avec honneur. »

De ce pas, ils allèrent ensemble trouver le duc de Bourgogne, et ils ne le virent pas sitôt que le comte, prenant la parole, lui parla ainsi :

« Apprenez, seigneur, apprenez du duc de Clarence mon infortune et la vôtre. Ne pouvant plus souffrir vos regards après le déplaisir que je vous ai donné, ne trouvez point mauvais si je vous quitte en ce même moment, puisque ce n'est que pour aller chercher une mort qui vous puisse bien venger de moi et me donner le moyen de rejoindre la princesse votre fille. »

Aussitôt il les laisse ensemble et, comme c'était en un lieu où ils pouvaient s'entretenir seuls, ce père, qui portait toutes les marques de la tristesse sur le visage, apprit par le désespoir et par le repentir de ce malheureux ce que le comte en avait appris. Le duc de Clarence lui raconta au long tout le cours de sa passion, le désespoir où il se vit réduit, quand il vit les préparatifs du mariage de cette princesse et de son rival, et enfin l'insigne méchanceté dont il se servit pour le rompre.

Même, comme il avait encore les lettres contrefaites, il les mit entre les mains de ce duc et il fit ensuite tout ce qu'il put pour l'animer contre lui. Mais, comme il ne lui dit presque que les mêmes choses qu'il avait dites au comte, il est, ce me semble, bien plus raisonnable que je n'abandonne point ce malheureux amant, dont la douleur était bien plus juste.

Après avoir quitté le duc de Bourgogne, il se retira chez lui dans le dernier abattement, de sorte que, ne se pouvant soutenir, il se mit au lit. La première pensée qui lui vint, ce fut d'aller chercher la mort. La guerre civile était assez allumée devant ses yeux pour la lui faire rencontrer bientôt ; mais, comme il craignait d'être assez malheureux pour ne pas mourir si promptement qu'il le souhaitait dans une guerre où l'on conservait encore quelque chose d'humain, il résolut de s'en retourner en Hongrie, où la guerre, se faisant contre les infidèles, était encore plus sanglante[76]. Et puis il ne pouvait se résoudre à demeurer davantage dans un lieu où tout ce qu'il verrait devant ses yeux lui représenterait son extrême malheur.

« Fuyons, disait-il, fuyons ces détestables lieux, où toute chose me reproche mon crime. Car ne cherchons point d'excuse sur la malice d'un rival : ma crédulité seule est cause de ma disgrâce. Pouvais-je songer qu'une princesse en qui j'avais connu tant d'honneur et tant de vertu pût être capable de l'action dont on l'accusait ? Où avais-je les yeux et où ma raison s'était-elle égarée de penser qu'en un moment elle aurait changé et se serait si honteusement abandonnée à sa passion ? Quelle marque avais-je que mon rival lui fût

---

76. La guerre contre les Ottomans avait repris aux frontières de la Hongrie, où Jean Hunyade, voïvode de Transylvanie, résistait énergiquement à Mourad II (sultan de 1421 à 1451).

tant soit peu agréable dans le temps même que j'étais inconnu ? O Ciel ! de quoi n'est capable un esprit dont Amour s'est rendu le maître ? et où a-t-on jamais vu que les yeux d'un amant soient clairvoyants en autre chose qu'à voir son malheur ?

« Ah ! princesse, que ce qui me reste de jours à vivre vous va bien venger de la mort que je vous ai donnée ! Mais, ô malheureux que je suis, puis-je y penser sans mourir ? De quoi entretenais-je mon esprit, il n'y a que sept ou huit jours, et de quoi le puis-je entretenir présentement ? Moment trop doux et trop tôt passés ! Félicité évanouie, bonheur dont je n'ai vu que l'apparence, qui vous peut jamais représenter à mon âme ? Ou qui peut jamais vous y représenter sans y faire entrer avec vous la rage et le désespoir ? Tombé du faîte de la gloire en l'abîme de la misère, par où jamais me relever ? La vie peut-elle être agréable à quiconque a perdu par sa faute la seule personne qu'il pouvait aimer ? à qui a fait mourir sa maîtresse de déplaisir, mais une maîtresse aimable sur toutes choses et qui n'est morte que pour m'avoir trop aimé ?

« Si quelqu'un maintient que l'espérance n'abandonne jamais les plus malheureux, qu'il vienne ici, qu'il vienne me montrer celle dont je puis flatter mon destin déplorable. Divine princesse, vous étiez ma joie et mon espoir, et l'un et l'autre aussi est dans le tombeau avec vous. C'est là qu'il faut que je les cherche, si je les veux trouver ; et, s'il m'était permis de me faire mourir par mes mains, vous verriez bientôt que je n'en espère point ailleurs. »

C'était dans ces tristes pensées que ce malheureux prince passait les jours et les nuits. Son imagination n'était remplie que du cercueil de sa princesse, et il ne se proposait point d'autre plaisir que celui qu'il espérait en trouvant la mort. En effet, son dessein était déjà pris d'aller en Hongrie pour n'en revenir jamais. Même, comme à cause de son déguisement il contremanda[77] dès le temps qu'il était en Bourgogne son équipage qui s'en venait après lui et qu'il le fit demeurer dans une ville d'Allemagne, et comme ce ne fut que depuis que son mariage fut résolu qu'il crut le devoir faire revenir, il donna dès ce jour même les ordres qu'il crut nécessaires pour faire qu'il l'attendît en cette ville, faisant écrire à celui qui le commandait qu'il le verrait dans peu de jours.

Le Bourguignon, qui sut son dessein, le vint voir. Toute la vie de ce duc n'était que politique ; il avait l'âme remplie de tant d'ambition et de si grands desseins que le comte ne s'étonna point de ne le pas voir affligé au point qu'il le devait être pour avoir perdu sa fille, et une fille aussi honnête et aussi aimable que l'était la princesse. Il dit au comte qu'il venait plutôt pour le consoler que pour recevoir des consolations de sa part ; et comme, dans ce mariage, il n'avait jamais regardé que ses desseins, qui trouvaient un grand intérêt en unissant sa maison avec celle de Bourbon, il proposa au prince que, s'il avait eu une si forte passion pour son alliance, comme il l'avait témoigné, il ne tiendrait qu'à lui que la même union ne se fît encore entre eux, puisqu'il avait encore une fille, qui était aînée de celle qu'il avait aimée[78] ; que, bien qu'elle fût veuve d'un Dauphin et que par conséquent elle dût diminuer de son rang par un second mariage, il l'obligerait pour-

77. *Contremander* : décommander. Le plus que parfait semblerait plus indiqué : il avait décommandé son équipage, lorsqu'il était en Bourgogne *incognito*.

78. La fille aînée de Jean sans Peur, Marguerite, avait épousé en juin 1409 le duc de Guyenne, Louis, fils de Charles VI, qui devait mourir en décembre 1415.

tant d'y consentir pour lui témoigner l'état qu'il faisait de sa personne.

Le comte le remercia civilement de ces offres, mais il lui répondit que, dans l'état où il était, il ne songeait qu'à trouver la mort ; qu'il rendrait cette princesse, qu'il lui voulait faire l'honneur de lui donner, trop malheureuse, en la faisant femme d'un homme qui ne pouvait espérer de joie au monde ; et il lui répéta sur ce sujet comme quoi son voyage de Hongrie était résolu. Le duc fit ce qu'il put pour l'en détourner et enfin, voyant qu'il n'y avait pas de moyen et que, dès le jour suivant, il voulait partir :

« Pour le moins, lui dit-il, puisque je n'ai pas assez d'éloquence pour vous faire agréer mon alliance par un autre mariage, que je vous fasse voir la princesse que je vous voulais donner. Je lui avais fait espérer, en venant ici, que vous seriez son mari, et comme elle y trouvait beaucoup de satisfaction, si elle perdait un peu de son rang, vous ne pouvez moins faire que de l'en venir consoler vous-même. Aussi bien, en l'état où elle est pour la douleur qu'elle a de la mort de sa sœur, vous ne sauriez de bonne grâce lui refuser une visite. »

Le comte n'avait jamais vu cette princesse, parce que, durant son enfance, elle fut toujours en Bourgogne, qu'elle fut mariée au Dauphin comme il était en Hongrie, et que, depuis son veuvage, elle s'était enfermée dans un monastère assez loin de Paris. Mais, depuis deux jours, le duc l'avait fait revenir auprès de lui pour le consoler du déplaisir que sa cadette lui causait. Et en effet cette jeune veuve avait la réputation d'avoir beaucoup de mérite.

Le comte, qui avait ouï dire qu'elle n'était guère moins belle que celle dont il regrettait la mort et que même elle lui ressemblait, s'imagina que le duc, qui souhaitait fort de l'avoir pour gendre, espérait qu'il serait touché de la beauté de cette princesse dont il lui parlait, et, dans cette pensée, il lui répondit qu'en l'état où il était, il se croyait bien incapable d'être regretté par une si belle personne, mais plus encore d'être touché de quoi que ce puisse être ; que malaisément il espérait pouvoir donner quelque consolation, en ayant tant de besoin lui-même ; mais que pourtant il le croirait et le suivrait à l'heure même, s'il le souhaitait, puisqu'il voulait employer le reste du jour à son départ.

Le duc lui repartit qu'il ne pouvait pas l'y mener à l'heure présente, parce qu'il avait une affaire qui l'appelait ailleurs ; mais il lui donna rendez-vous chez lui à deux heures de là, et le comte ne manqua pas de s'y rendre, comme un homme qui n'avait que son départ en l'esprit et qui voulait se tirer de cette visite comme d'une affaire où il trouvait de la peine.

Qui peut donc concevoir son étonnement, quand, au lieu de cette princesse aînée de sa maîtresse et au lieu d'une personne vêtue de deuil, comme il croyait la trouver, le duc, l'ayant fait passer dans une chambre magnifique, lui fit voir sa maîtresse même dans le plus grand éclat qu'il l'eût jamais vue, puisque c'était dans tout ce riche appareil qui avait été destiné quelques jours auparavant pour la cérémonie de son mariage ? En effet, c'était elle-même, et le duc n'avait feint cette affaire qui le devait occuper deux heures que pour donner à cette princesse le temps de se parer et pour l'en venir avertir, afin de se jouer un peu de ce pauvre amant, en échange du mal qu'il leur avait causé par sa crédulité ; et la princesse voulut bien contribuer à cette douce vengeance.

Certes, bien qu'elle fût vêtue de la plus belle robe qu'elle eût jamais prise et que les perles et les diamants dont elle était toute couverte éblouissent les yeux de tous ceux qui la regardaient, ce prince s'attacha moins à tout cet ornement qu'à sa grande beauté. Il fut si surpris de la voir qu'il ne pouvait ouvrir la bouche pour dire une seule parole. Il crut que ce n'était qu'un songe que tout ce qu'il voyait, et ce ne fut qu'après un long espace que le duc de Bourgogne lui put faire comprendre que ses yeux ne le trompaient point et que ce qu'ils lui représentaient était véritable.

Ce prince sanguinaire et violent lui confessa qu'il fut si pleinement persuadé par le discours qu'il lui tint, quand il lui proposa la rupture de son mariage, et par la lettre qu'il écrivit à sa fille, qu'il fallait nécessairement qu'elle eût fait quelque grande faute contre son honneur ; que, concevant beaucoup d'horreur pour elle et ne voulant point donner cet avantage sur sa famille à ses ennemis, qui tâchaient de le décrier en toutes choses, d'abord il ne résolut pas moins que de tenir la chose secrète et de la faire mourir par le fer ou par le poison ; que néanmoins, comme ce vint à l'exécution, il en fut empêché par la force du sang ; mais qu'enfin, au lieu de cela, ayant résolu de ne la voir jamais, il avait pris le dessein de feindre sa mort, comme il le fit, et de l'envoyer dans un monastère si loin que jamais on n'eût ouï parler d'elle. C'était dans l'extrêmité des dix-sept provinces, qui étaient presque toutes à lui[79], et cet homme, qui avait fait tant de séditions et de meurtres pour ses desseins[80], n'était pas pour être touché des larmes de sa fille qui, selon sa pensée, ruinait par une mau-

79. Outre la Bourgogne, le duc possédait dans les Pays-Bas — qui comprenaient dix-sept provinces — la Flandre, l'Artois, le Brabant et le Hainaut, la Hollande, la Zélande et la Frise. C'est sans doute dans cette dernière province qu'il voulait envoyer sa fille déshonorée.

80. Jean sans Peur mérite effectivement cette réputation. Mais il était mort depuis plus de cinq ans, quand le comte de Clermont épousa Agnès, et le duc de Bourgogne était alors Philippe le Bon, le frère d'Agnès.

vaise conduite un mariage qu'il croyait si avantageux à ses projets.

Cependant, comme il croyait la chose facile à exécuter, après avoir assuré le bruit de sa mort par ce voyage qu'il feignit à une maison de la campagne où tout son domestique crut qu'il l'avait menée et qu'elle y était morte, comme en effet personne n'en pouvait douter après les honneurs qu'il fit rendre à son effigie et à son vain tombeau, il ne s'était point hâté de l'envoyer, car presque toute la France était en armes et les lieux par où il la voulait faire passer étaient couverts de troupes contraires à son parti. Il l'avait enfermée dans un lieu de son palais dont, hors lui seul et une personne qui lui portait à manger, personne n'en avait connaissance.

Le comte demeurait dans un étonnement extrême en apprenant toutes ces choses et, voyant enfin les douleurs qu'il avait causées à sa maîtresse et le péril où sa crédulité l'avait exposée, il en avait grande honte. Il sentait une grande joie et un grand déplaisir tout à la fois de l'avoir mise dans un si pitoyable état et de l'en voir enfin retirée, et il n'y avait rien qu'il ne lui dît pour tâcher de lui en demander pardon. Elle en fit un peu de difficulté, mais enfin elle le lui accorda, avouant que la tromperie du duc de Clarence avait été si bien conduite qu'il était malaisé qu'il n'en eût pas été surpris.

Le comte de Clermont apprit encore du duc de Bourgogne que, comme ce perfide étranger remit les lettres contrefaites entre ses mains et qu'il les porta à sa fille incontinent après qu'il l'eut quitté, la modération de cette princesse fut si grande, quand il lui raconta toute cette aventure, que, prenant ces lettres et les considérant, tout étonnée d'un si noir artifice, elle ne répondit autre chose, après les avoir lues, sinon que si le duc de Clarence lui avait voulu ôter de son honneur, du moins il lui avait voulu donner de l'esprit en récompense, puisqu'elle croyait que ces lettres étaient meilleures que si ç'avait été elle qui les eût faites.

Cette grande sagesse et les charmes que le comte admirait en cette divine princesse le mettaient dans un état qui ne peut être compris que par ceux qui, ayant été dans un aussi grand malheur que lui, se pourraient revoir dans la même félicité. La vue seule de sa maîtresse le transportait, le souvenir de ses déplaisirs passés rendait sa joie si grande qu'il ne la pouvait contenir. Toutes les actions de la princesse lui donnaient de l'admiration et tout ce qu'il oyait dire de la constance qu'elle témoigna pendant sa disgrâce lui faisait reconnaître l'innocence de son âme et sa force, avec un ravissement qui ne se peut dépeindre. Il sut encore que ce fut par l'ordre de cette princesse que le duc son père fit éprouver sa fidélité en lui proposant un autre mariage, et comme elle n'avait pas sujet d'être mécontente de lui en ce point, ce fut ce qui lui aida un peu à faire sa paix.

Toutes choses donc ayant été déjà préparées pour leur hyménée, on ne le différa pas longtemps[81]. Le duc de Clarence en fut témoin pour sa punition, et il vécut depuis fort misérable, mais dans un si grand repentir de sa lâcheté que le duc de Bourgogne, la princesse et son amant, en étant les seuls témoins, ne voulurent point le déshonorer et n'en dirent jamais rien[82]. Le peuple, qui attribuait toutes les actions du duc à son ambition, fit de différents jugements sur le faux bruit qui courut de la mort de sa fille, mais personne ne donna

81. Le mariage fut célébré le 17 septembre 1425 à Autun.

82. Ce silence expliquerait le mutisme des historiens sur cette intrigue amoureuse du duc de Clarence. Il mourut en 1421 à Beaugé.

au but[83]. L'histoire de ces amants fut pourtant écrite dès ce temps-là, et il n'y a que fort peu de temps qu'elle a été trouvée en Auvergne, dans un vieux château qui a appartenu longtemps aux ducs de Bourbon[84]. Le comte de Clermont était le chef de cette illustre maison par la mort de son père, et enfin ce généreux prince, ayant connu l'insolence des Anglais, fut un de ceux qui la combattit avec plus de chaleur[85]. Ce fut lui qui termina enfin les différends de la maison de Bourgogne avec le Dauphin qui fut depuis le victorieux Charles Septième[86]. Il vécut longtemps[87] avec l'illustre princesse qu'il avait si bien méritée, comme on le voit encore par la généalogie de cette maison qui se peut vanter d'être la première du monde[88]. Il trouva avec elle cette paix que, par ses travaux et par son adresse plus que par tout autre moyen, la France trouva elle-même, après tant de misères.

---

83. C'est-à-dire : ne trouva le fin mot.

84. C'est là un procédé déjà utilisé au début de *Mathilde* pour donner une apparence d'authenticité à la fiction.

85. On voit ainsi le comte de Clermont intercepter un convoi destiné à Talbot, qui assiège Orléans (« Journée des harengs », février 1429), combattre avec Jeanne d'Arc en Ile de France et à Paris (septembre), etc.

86. La réconciliation des maisons de Bourgogne et de Bourbon favorisa en effet le rétablissement de la paix entre Charles VII et Philippe le Bon aux conférences de Nevers, puis d'Arras, où le comte de Clermont, duc de Bourbon depuis 1434, faisait partie de la délégation française. Le traité d'Arras (septembre 1435) mettait fin à la guerre entre la Bourgogne et la France.

87. Il mourut en 1456 et Agnès lui survécut jusqu'en 1476.

88. En fait, la dynastie des Bourbons, régnante depuis Henri IV, n'est que la seconde du nom, issue de Louis de Bourbon († 1406), fils de Jean, comte de la Marche. La première, issue de Robert de Clermont, s'est éteinte avec le fils de Charles de Bourbon, le héros de cette histoire, en 1488.

Il n'y a rien qui approche de l'agrément du lieu que la belle Frontenie choisit pour raconter son histoire. Ce fut en cette petite île qui est dans le milieu de l'étang ; mais l'on avait ajouté à l'heureuse situation de ce lieu tout ce que l'art pouvait contribuer à son embellissement. Quelques arbres qui y sont plantés et que la fraîcheur de l'eau, qui en est si proche, entretient toujours verts, y donnent assez d'ombrage pour se garantir contre les plus violentes chaleurs. Mais Frontenie ne se contenta pas de cela : elle avait fait plier ces arbres avec un artifice admirable, et ces dames étant passées dans une nacelle peinte et dorée, elles ne furent pas plutôt descendues dedans cette île qu'elles se trouvèrent en une salle verte, la plus riante et la plus agréable qu'on puisse rencontrer dans les plus beaux jardins. Les branches des arbres, artistement entre-lacées les unes dans les autres, n'y laissaient entrer de jour que ce qu'il en fallait à ces dames pour se voir et pour remarquer l'agrément de ce lieu. Il y avait tout autour des sièges de mousse et de gazon qui les semblaient convier à s'asseoir ; et ce fut dans ce lieu que Frontenie se vit attentivement écoutée.

Elle n'eut pas plutôt mis fin à cette cinquième nouvelle que, suivant la coutume des jours précédents, on voulut discourir sur les principaux événements qu'elle avait racontés. Il est aisé de croire qu'ils n'en fournissaient que trop de sujet et que le rapport que ce malheureux siècle des divisions de Bourgogne et d'Orléans peut avoir avec tout ce que nous avons vu dans nos jours[89] eût aisément fourni de quoi faire de grands raisonnements, si Frontenie n'eût remarqué qu'il était bien plus à propos d'oublier de si tristes aventures que de

89. C'est-à-dire la Fronde.

s'en affliger l'esprit et n'eût rompu ce discours par un effet de son adresse.

De toutes ces dames qui étaient auprès de la princesse, il n'y avait qu'elle qui eût ses officiers[90], ce qui fut cause que, comme c'était à son jour de fournir un divertissement, elle crut qu'elle n'en pouvait donner un qui lui fût plus particulier que celui d'une collation magnifique. A peine donc eut-elle fini son discours qu'on vit, dans cet agréable lieu, une table servie des plus excellents mets que la saison pouvait fournir ; mais cela avec tant de politesse[91] et de promptitude qu'il n'y eut personne qui ne se souvînt des fables de ces vieux romans, où il ne fallait donner qu'un coup de baguette pour faire sortir de terre les châteaux enchantés, les festins superbes et la quantité d'officiers nécessaires pour le service du chevalier qu'on voulait régaler. Mais si la magnificence de Frontenie approchait fort de celle-là, ce n'était rien moins qu'un tour de magie. Ces dames s'en aperçurent bientôt par l'excellence du fruit[92] et des viandes[93]. L'un et l'autre étaient servis en même temps, suivant l'usage de la plupart des collations, et certainement l'un et l'autre étaient superbes ; et parmi cette beauté, on voyait je ne sais quoi de galant[94] et d'ingénieux qui ne se peut exprimer et qui faisait assez connaître l'humeur et l'esprit des dames qu'on voulait traiter et de celle qui en avait pris le soin. Depuis la comédie du *Menteur*, personne n'a, ce me semble, osé décrire

---

90. *Officiers* : les domestiques chargés de la table.

91. *Politesse* : élégance, distinction.

92. *Fruit* : « dessert consistant soit en fruits (au sens actuel), soit en pâtisserie, confiture, etc. » (Dubois et Lagane).

93. *Viandes* : aliments, en général.

94. *Galant* : distingué, élégant, raffiné.

une collation[95] ; mais je m'y engagerais et je vous raconterais l'ordre et l'excellence de chaque bassin et le nombre infini des assiettes[96], si je ne pensais que vous aimerez mieux savoir une dispute qui s'émut entre ces dames sur la fin de ce délicieux repas.

Il semblait qu'il ne leur souvenait plus de l'histoire qu'on avait racontée, et quelqu'une d'entre elles, plus touchée du divertissement présent et de celui des jours précédents que des aventures de la princesse de Bourgogne, se mit à dire que les dames qui étaient demeurées à Paris ne croiraient jamais qu'on pût avoir tant de plaisir à la campagne, et que néanmoins elles[97] éprouvaient bien qu'on pouvait être fort heureuse hors des grandes villes et que non seulement la vie champêtre avait ses charmes, mais qu'il était bien malaisé d'en imaginer une[98], dans la plus florissante ville du monde, qui contentât autant que celle qu'elle avait menée depuis qu'elles étaient ensemble.

Soit qu'effectivement ce fût l'opinion de toutes, ou qu'en cela elles crussent complaire à la princesse, le sentiment de celle-ci se communiquait insensiblement à toutes les autres, et, comme il est assez ordinaire dans

---

95. Voir la collation imaginaire dont Dorante fait le récit à ses amis, dans la comédie de Corneille (I, 5, vers 264-296). Parlant dans la scène suivante de ce festin, le valet Cliton, se moquant des imaginations de son maître, fait aussi allusion aux « vieux romans » dont parle Segrais :

... Urgande et Mélusine
N'ont jamais sur le champ mieux fourni leur cuisine ;
Vous allez au-delà de leurs enchantements :
Vous seriez un grand maître à faire des romans (vers 353-56).

96. *Bassin* : plat creux. *Assiettes* : outre le sens actuel, le mot désignait « les ragoûts qui sont dessus » (Fur.).

97. Elles, c'est-à-dire les dames réunies à Saint-Fargeau.

98. Une vie.

toutes les conversations de ne paraître jamais contester une chose sans la pousser à l'extrémité, la demeure[99] de la ville s'en allait insensiblement devenir un supplice au goût de toutes ces dames, si l'agréable Gélonide n'en eût pris le parti. Soit générosité[100] qui l'obligeât de défendre une cause qui semblait abandonnée, ou qu'elle ne pût dissimuler sa pensée, elle ne fut point du sentiment des autres et elle appuya son parti si fortement que peu à peu Frontenie et la charmante Uralie se mirent de son côté. Ce qui fut cause que, comme la dispute s'échauffait de sorte qu'on donnait peu de loisir à son adversaire de parler, la princesse ordonna, pour y mettre ordre, qu'on ne ferait point comme les journées précédentes, où toutes avaient expliqué leurs pensées confusément, mais que chaque parti choisît une d'entre elles pour déduire toutes les raisons qui pourraient le soutenir, et que les quatre autres demeureraient pour être juges[101]. Gélonide fut choisie pour défendre la demeure de la ville, et celles qui étaient pour le séjour de la campagne donnèrent leur voix à la belle Silerite. Elles s'assirent en même temps au même lieu où Frontenie avait raconté son histoire, et, après que la princesse eut remontré à l'un et à l'autre parti qu'il faudrait rapporter ses raisons le plus succinctement qu'il serait possible, Gélonide, ayant un peu songé à ce qu'elle devait dire, parla de cette sorte :

— « Je ne sais si ce m'est un avantage, ayant à soutenir la demeure des villes, de n'avoir à parler que

---

99. *Demeure* : séjour.

100. *Générosité* : noblesse de sentiment.

101. On va avoir ici un débat comme il y en a tant dans l'*Astrée*. Dans la *Galatea* de Cervantès, on trouvait de même un débat sur la campagne et la Cour : Darinto vantait la supériorité de la vie à la campagne, tandis qu'Elicio en montrait les inconvénients.

devant des personnes qui y ont été élevées et qui n'ont presque point habité d'autre séjour. Car si, d'un côté, il n'est pas possible que des dames si généreuses deviennent méconnaissantes au point de désavouer qu'elles tiennent sans doute d'une demeure si charmante et si nécessaire cette délicatesse, cette civilité, cette grâce et mille charmes enfin qui se font admirer en leurs personnes et en leur esprit, j'ai sujet d'appréhender que l'ignorance où elles peuvent être des incommodités de la campagne ne leur en ôte le dégoût, que l'apparence de l'honnête et douce liberté ne surprenne leur imagination et que cette innocence qui semble être jointe à la solitude ne se serve de la leur pour séduire leur jugement. Mais cette innocence et cette honnête liberté se trouvent dans les villes comme dans les bocages, et les incommodités de la vie champêtre sont grandes ; et si vous y daignez faire réflexion, c'est de quoi vous ne serez pas moins persuadés que vous le devez être des charmes de la société et de la conversation.

« Il ne faut pas que ma belle adversaire ni moi entreprenions de toucher cette matière selon les différentes conditions dont la vie de l'homme est diversifiée : car ce serait pour n'y pouvoir jamais mettre fin. Chacun serait pour son pays. Le paysan ne peut perdre de vue le clocher du village où sa misère semble être attachée. L'exemption[102] des grandes villes n'a point assez d'attraits pour le retirer de l'excessive pauvreté où la demeure de la campagne le réduit ; et ces vilaines rues, qui semblent être consacrées à l'ordure des plus sales métiers, sont les quartiers de Paris où plus de monde habite. La demeure de la campagne ou de la ville ne nous doit être agréable ou odieuse que par les dégoûts

102. *Exemption* : libération, affranchissement.

ou par les agréments qu'une personne de condition y peut trouver. Et il ne faut pas même qu'en cela on accorde rien à l'habitude ou à la coutume : car si on la trouve d'une manière en un pays, elle sera bientôt différente en un autre. La noblesse de France semble affecter la demeure des champs et celle d'Italie l'a en horreur ; mais si, laissant la coutume à part, on vient à en rechercher la raison, ne peut-on pas dire que notre France, qui ne se peut vanter d'être polie que depuis peu de siècles, tient encore cela de la barbarie de nos ancêtres et de la trop grande affection qu'ils avaient pour la guerre, qui les éloignait des villes, de peur qu'ils ne se laissassent amollir par la douceur de la société ou adoucir par les belles lettres ? Ne nous réglons point sur un temps si éloigné de la politesse de celui-ci.

« A la vérité, il n'est pas possible d'imaginer rien qui puisse approcher de la douceur où nous nous sommes trouvées ces cinq ou six derniers jours. Mais où reprendre un temps comme celui-là, quand il sera passé ? En quel endroit de la campagne peut-on trouver une grande princesse qui ait autant de plaisir à voir que les personnes qui ont l'honneur d'être auprès d'elle ne s'ennuient point ? Celles qui parmi nous ont passé plus de temps à la campagne qu'elles n'eussent bien voulu savent combien ces heureux moments sont rares et combien difficilement une compagnie comme la nôtre s'y assemble. Nous voilà justement comme ces soldats endurcis dans la misère de leur vie, auxquels une bonne heure fait oublier des fatigues incroyables.

« On ne peut pas se divertir davantage dans les plus belles villes du monde que nous faisons depuis quelque temps ; mais cela peut-il effacer l'ennui de celles qui vivent à la campagne ? et cela nous peut-il pour toujours ôter de la mémoire ces ballets, ces comédies, ces assemblées magnifiques qui se suivent l'un l'autre dans Paris et dans les moindres villes, à proportion des personnes qui les habitent ? Avons-nous oublié que difficilement, si ce n'est à Paris, nous serons toujours ensemble, et ne songez-vous point que ce n'est que dans les villes où chacun se peut faire une société à sa fantaisie, où l'on converse avec qui l'on veut et où bien facilement on ne converse point avec qui on ne le veut pas ?

« Mais qui est celui à la campagne qui se peut défaire d'un fâcheux voisin, dont il est obsédé depuis le matin jusqu'au soir ? d'un homme que la nécessité d'entretien ou la petite gloire d'être souffert d'une personne de la Cour rendra votre domestique[103] et qui ne vous pourra parler d'autre chose que de son ménage, de sa chasse ou de ses chevaux ? Il n'est point de bocage, ni de fort assez épais qu'un homme comme cela ne perce. Il vous assiège jusque dans votre cabinet et il vous fait bien connaître que, si vous voulez de la solitude, il en faut chercher dans les couvents des Chartreux ou des Carmélites, ou dans les déserts de la Thébaïde, car il n'y a point de déserts en France, pour affreux qu'ils puissent être, où, au lieu d'un voisin tel que celui que je dépeins, il ne soit facile d'en fournir beaucoup davantage. Quelle peine de s'ajuster à des mœurs tout à fait étranges ! Le moyen de répondre aux sots compliments qu'on vous fait, et le moyen de ne pas rire des ridicules civilités qu'on vous veut rendre ! ou seulement le moyen d'en rire sans se faire mille et mille ennemis, qui médisent grossièrement et avec audace, et qui difficilement s'apprivoisent !

« Pour être seul à qui le veut être, il ne faut point sortir des villes pour cela. L'innocence, l'honnêteté et la

103. *Domestique* : familier.

dévotion même s'y trouvent, comme les divertissements. Il n'est point nécessaire de vanter le repos de la solitude, puisqu'elle se trouve dans la ville comme dans les champs ; mais, comme je crois que vous ne le prendrez pas sur un ton si sérieux, revenons aux divertissements, revenons à la facilité de se voir dans les villes et à la difficulté qui s'y trouve à la campagne, et, pour mieux dire, à l'impossibilité quelquefois selon les lieux et les saisons. Est-il possible que l'hiver n'ait pas quelque chose d'affreux pour vous ? et, quand l'été pourrait avoir quelques charmes, est-il possible qu'ils ne soient pas effacés par l'imagination de la neige, qui vous assiège jusque dans votre foyer, et par les étranges incommodités des glaces, des vents et des pluies, qui ne vous permettent pas de songer à la moindre visite ? Au lieu que c'est dans ce temps-là que les divertissements sont les plus grands dans les villes, que les belles comédies, les charmantes conversations et les assemblées agréables défient pour ainsi dire les injures du temps et forcent les lois de la nature.

« Mais ce qu'il y a encore de plus considérable, c'est que, si dans la ville on sent à peine les incommodités de l'hiver, on n'y jouit pas moins des délices du printemps et de l'agrément des autres saisons, et, sans en chercher d'autres exemples, que faisons-nous ici que nous ne puissions faire dans une promenade de Saint-Cloud ? La terre prend-elle une plus belle robe à la nouvelle saison dans la province la plus éloignée que dans les beaux jardins des Tuileries ou du Luxembourg ? En quel endroit les fleurs naissent-elles en plus grande abondance et où jouit-on davantage des présents de l'automne ? Ne nous faites point une peinture de vos campagnes comme Malherbe en a fait une de son temps : dites comme lui

Tout y gémit, tout y soupire[104],

mais ajoutez qu'il s'en faut bien que ce ne soit d'amour[105], puisque c'est d'ennui, à qui est assez heureux pour que ce ne soit pas de misère. En nous voulant exprimer les douceurs de la vie champêtre, prenez garde de vous emporter sur celles de la paix : il s'en faut bien que ce ne soit de ce temps qu'on puisse dire

Que sous l'épaisseur des ormeaux
Il n'est place où l'ombre soit bonne
Qui soir et matin ne résonne
Ou de voix ou de chalumeaux[106].

« Quand le séjour de la campagne aurait mille attraits pour lui-même et quand chaque saison contribuerait à l'envi pour l'embellir, serait-il possible que tous ces attraits et toutes ces beautés puissent cacher la misère et la pauvreté de ceux qui l'habitent et effacer les sanglantes marques que la guerre y a imprimées en tant et tant de lieux ? Quelle contrée a été exempte de nos barbaries ? et quelle province est échappée à la fureur du soldat français et du soldat étranger ?

Leurs sacrilèges mains ont profané nos temples,
Abattu nos autels, saccagé nos hameaux,
Rompu nos flageolets, brisé nos chalumeaux,
Ont coupé nos lauriers, ont troublé nos fontaines,
Ont brûlé les moissons de nos fertiles plaines.

---

104. *Ode pour la reine-mère du roi pendant sa régence,* vers 145. En réalité, Malherbe a écrit :

Rien n'y gémit, rien n'y soupire.

105. Nous dirions : que ce soit d'amour. Le *ne* s'explique par l'idée de négation (on n'y soupire pas d'amour) de la phrase. De même plus bas.

106. *Id., ibidem,* vers 147-150. Le texte original porte :
Et sous l'épaisseur des ormeaux.

« Retirons-nous dans les villes pour éviter des objets si funestes ; quittons un séjour qui, sans notre artifice, n'aurait rien que de très ennuyeux, et, pour éprouver en un mot la vérité de tout ce que j'ai dit, retournons toutes ensemble à Paris le plus tôt qu'il nous sera possible et demeurons-y le plus longtemps que nous pourrons. »

Ce qui arrive à la fin de toutes les harangues arriva aussitôt que Gélonide eut mis fin à son discours : celles qui étaient de son parti, croyant qu'on ne lui pût rien répondre, commencèrent à publier leur victoire ; et celles qui en tenaient un autre, ne se tenant pas convaincues, voulaient répondre tout à la fois. Mais la princesse imposa silence aux unes et aux autres, et après son commandement, Silerite s'expliqua en ces termes :

— « *Heureux qui vit chez soi du lait de ses brebis*
Et qui de leurs toisons voit filer ses habits ![107]

Que mon aimable adversaire appuie sa cause des plus belles raisons du monde, puisque c'est à moi à prêcher la vie de la campagne, j'avoue que voilà le texte de mon sermon[108]. Heureux qui demeure dans les villes ne s'est jamais dit ; mais bien plutôt malheureux qui est exposé à l'embarras et à l'ambition de la Cour ! Je ne désavoue pas que la vie que la belle Gélonide nous a représentée est capable de faire quelque effet sur l'esprit de ceux qui l'ont ouïe parler ; mais pensez-vous, je vous supplie, qu'il en faille attribuer la cause aux raisons qu'elle a voulu alléguer comme à cette grâce excellente et à cet air si particulier qui accompagne toutes ses actions et toutes ses paroles ?

---

107. Racan, *Les Bergeries,* V, 1, vers 2307-08.

108. Les sermons commencent d'ordinaire par une citation de l'Écriture qui annonce le sujet.

« Mais ne m'en croyez pas, si vous le voulez ; repassez ses raisons avec moi. Il ne faut pas, dit-elle, se régler sur la diversité des conditions, ni s'attacher aux mœurs de chaque nation. La noblesse de France demeure à la campagne et celle d'Italie habite dans les villes : et qu'est-ce à dire que tout cela si ce n'est que, si l'on en suit[109] la plus commune opinion, pour une personne qui affecte le séjour de la ville, on en trouvera vingt qui seront pour la vie des champs, et si les nobles italiens ont eu ce goût particulier, n'est-ce pas assez se condamner que de faire voir qu'ils sont les seuls de toute l'Europe ? Est-il quelque raison qui puisse prouver que le bon sens soit défendu à la pluralité des hommes, que l'avis le plus commun est le plus mauvais, et notre France peut-elle se faire ce tort d'abandonner son opinion propre et celle de la meilleure partie du genre humain pour se soumettre au goût particulier d'une nation qui nous cède en beaucoup d'autres choses ?

« Tout le reste est de la même sorte. Avez-vous quelquefois ouï dire qu'il faille venir dans les villes pour éviter les importuns ? Cependant repassez dans votre esprit cette exacte peinture du campagnard qu'elle nous a donné pour voisin. Je sais qu'il s'en trouve peu qui aient la politesse des gens de la Cour ; mais je voudrais qu'on me fît voir par quelle apparence il faut de nécessité que l'importun des champs soit plus importun que celui de la ville. Si je vous voulais faire la peinture de ce que dans le monde on appelle un vrai bourgeois, je vous ferais voir un aussi ridicule personnage que le campagnard que vous nous avez proposé. Qui veut pousser les choses à l'extrémité trouve partout de grands défauts ; mais quelque idée qu'on se puisse figurer d'un

109. Le texte porte : *si l'on ensuit.*

homme qui ne peut parler que de ménage ou de la chasse, et ajoutez-y encore de sa généalogie ou de sa noblesse, elle ne sera guère plus difforme que celle que vous pouvez faire d'un mauvais plaisant, d'un demi bel esprit, d'un impertinent qui se veut mettre au monde, qui ne sait pas vivre et qui n'a aucune civilité. Peut-être n'y avez-vous pas fait de réflexion ; mais il n'est rien de plus véritable qu'en quelque extrémité que vous puissiez vous imaginer la sottise d'un homme de la campagne, elle ne sera point capable d'effacer le ridicule d'un homme de la ville, quand il est impertinent. Et cependant c'est ce qui est bien souvent votre voisin et ce qui a bien plus d'art de s'insinuer dans votre maison que ces gens champêtres qui, par leurs respects bien souvent ridicules en leurs excès, vous donnent mille moyens de vous défaire d'eux.

« Cette horreur qui est demeurée dans la campagne de nos guerres civiles n'est que la même chose. Le mieux que nous puissions faire est d'oublier nos folles divisions et de n'y retomber jamais ; mais il faut demeurer d'accord que les villes en conservent aussi bien des marques que les villages. Et s'il fallait fuir tout ce qui en peut faire souvenir, il n'y aurait guère de lieux qu'on pût habiter. Considérons chaque chose par ce qui lui est propre, sans nous amuser à des accidents[110] qui sont inutiles de part et d'autre : la paix qui va revenir va rendre aux villages comme aux villes leurs plaisirs.

« Mais considérez encore que ceux qui ont premièrement fait la peinture de la vraie innocence ne l'ont jamais établie dans les villes. Des fleuves, des bois, des fontaines, des collines et des vallons,

Nos jardins émaillés, nos fertiles guérets,
Nos coteaux ombrageux et nos vertes forêts,

---

110. *Accidents* : Circonstances fortuites.

ces agréables choses dont les noms insinuent seulement de la douceur et de la joie, c'est le seul séjour des plaisirs innocents.

« Vous avez vanté vos palais et vos magnificences : considérez ces beautés inimitables, ces heureuses productions de la nature qui détruisent les merveilles de l'art et dont l'imitation fait le souci et la honte des plus excellents ouvriers. Pensez-vous en jouir dans les villes et pensez-vous jamais y trouver un véritable repos ? Demandez à tous ces grands personnages qui se consument dans les grandes affaires ou dans les fatigues de la guerre à quel dessein ils prennent tant de peine. Ils vous diront que ce n'est que pour se reposer, pour mettre un espace entre les affaires et la mort et pour jouir d'une tranquillité qui puisse être plus plaisante par le souvenir des peines qu'on a eues. Où pensez-vous qu'ils établissent cette tranquillité si désirée et ce repos si nécessaire autre part que dans les douceurs de la vie champêtre et dans la douce oisiveté qui accompagne la demeure des champs ?

« Mais je n'ai pas répondu à la plus forte de vos objections : aux douceurs de vos conversations et aux rigueurs de l'hiver. Pour le dernier, j'en serais toujours quitte en partageant la chose entre nous et demeurant d'accord que, l'hiver, la ville est plus agréable et qu'on ferait mieux de quitter la campagne pour cette saison, comme il faudrait que, de votre côté, vous quittassiez la ville le reste de l'année ; et en cela, j'aurais toujours l'avantage que, des quatre saisons qui partagent l'an, j'en aurais trois contre vous une. Mais, poussant les choses à l'extrémité et supposant qu'il faille élire une de ces deux demeures pour toujours, je crois qu'il serait aussi pénible de demeurer toute l'année dans la ville que de passer l'hiver aux champs : car, pour moi, je ne sais point par quel droit vous voulez que vos promenades aux lieux les plus délicieux des environs de Paris soient de l'essence de la demeure des villes. Quand vous nous vantez ce plaisir, n'est-ce pas avouer vous-même que votre vie, que vous nous figurez si agréable, serait très ennuyeuse sans la participation des plaisirs de la nôtre ? Confessez ingénument la faiblesse de votre parti en ce point, laissez-nous les beautés de la nature : autrement ne pourrions-nous pas avec autant de raison vous contester la beauté des palais et l'agrément des belles maisons ? Qui voudrait en supputer le nombre bien exactement, il le trouverait beaucoup plus grand à la campagne.

« Ne pourrais-je pas de même vous disputer les douceurs de la conversation ? Est-ce dans le nombre ou dans la foule, qui les détruit, que vous les faites consister ? En quel pays si misérable peut-on être réduit, où il n'y ait aucune société ? Pour être moindre, elle n'en est pas moins agréable. Qui est si misérable qu'il ne puisse pas avoir avec soi deux ou trois de ses amis, quand il lui plaît ? Mais, quand je demeurerais d'accord que dans les villes on a davantage à choisir, ne faudrait-il pas qu'en récompense vous m'accordassiez que la société est cent fois plus agréable à la campagne par la liberté qu'on y trouve ? et ne faut-il pas encore que vous confessiez que, si la ville vous fait rencontrer plus grand nombre d'honnêtes gens, parmi tout ce grand nombre, il est plus rare d'y trouver de véritables amis, puisque bien souvent cette foule ne sert que pour aider la malice à se cacher ?

« Vos ballets et vos comédiens ne sont que la même chose. Vous ne me nommerez que deux ou trois plaisirs pour une infinité d'agréables occupations qui peuvent varier les nôtres. La chasse, diversifiée en tant de sortes, la pêche, la promenade et la lecture ne peuvent-elles pas bien s'égaler à vos bals, sans que nous opposions à vos vingt et quatre violons le chant des oiseaux et l'agréable son des musettes et des haubois de nos bergers ? La lecture ne peut-elle pas entrer en balance avec ces conversations dont vous faites tant d'état ?

« Par dessus tout cela, ne contez-vous pour rien le bonheur d'être maîtresse de sa vie et de ses actions ? de n'avoir point à en rendre compte à une infinité de sottes gens, dont la censure importune s'en fait aussi bien la maîtresse que l'opinion des plus sages ? Je ne vous parle point de la félicité de la vie que nous menons ici : vous en avez jugé équitablement, et ce m'est assez que vous confessiez que, si elle pouvait toujours durer, il faudrait être bien insensé pour en désirer une autre. Je ne veux pas même vous alléguer que la Cour est mille fois plus agréable à Fontainebleau ou à Saint-Germain qu'à Paris, la plupart en demeurant d'accord, et tout cela à cause de la liberté honnête et innocente qui semble inséparable de la vie champêtre. Vous me direz que c'est toujours la Cour et que ces lieux se sentent[111] bien plutôt de la magnificence qu'elle y porte qu'elle ne participe des plaisirs qu'elle y trouve. J'ai assez de quoi vous convaincre, sans en devoir rien à l'ambition et à la magnificence, qui sont les ennemis de la simplicité et du repos, nos plus grandes délices.

« Je n'ai qu'une chose à vous objecter : quelle vie avez-vous jamais pu vous figurer, si délicieuse et si charmante qu'elle puisse être, qui ne l'ait cédé à la première imagination de cette vie que menaient les bergers de Lignon[112] ? Laquelle de nous a jamais lu l'*Astrée,* qui n'ait été toute prête d'acheter un troupeau, de prendre

---

111. *Se sentent* : se ressentent.

112. Le Lignon est la rivière du Forez auprès de laquelle se déroule l'intrigue pastorale de l'*Astrée*. Marcilly, dont il est question plus bas, est la capitale de la province, où règne la reine Amasis.

la houlette et de s'aller établir en Forez ? Et qu'est-ce autre chose que tout cela qu'une figure de la vie qu'on mène à la campagne, quand on en veut goûter toutes les douceurs ? Quel pays n'a pas son Lignon et son Marcilly ? Et qu'est-ce autre chose que tous ces bergers que des gentilshommes qui se retirent des fatigues de la guerre et des inquiétudes de la Cour[113] ? Mais qu'avons-nous fait depuis que nous sommes ensemble que la même chose, et qui nous empêche de goûter les mêmes douceurs ? Maintenons-nous dans un état si heureux le plus longtemps qu'il nous sera possible, ou du moins conservons-en l'idée tant que nous vivrons, et confessons toutes que qui voudrait s'établir une vie parfaitement heureuse, il faudrait être à la campagne, comme nous y sommes, détachées de toute ambition, libres de toutes inquiétudes et dans une société comme la nôtre. »

Ainsi la charmante Silerite mit fin à son discours. Vous pouvez bien penser que la conversation ne fut pas finie par toutes les agréables choses qu'elle allégua, non plus que par celles que Gélonide avait rapportées. La dispute continua encore tant que dura la promenade à cheval qui succéda à la collation de la belle Frontenie. La bonne grâce de la princesse et de ces dames en ces exercices, la beauté du jour, la fierté de leurs chevaux, la magnificence de leurs housses et la propreté de leurs habits mériteraient une description particulière. Mais il ne faut pas que cette journée dure plus long-

113. Dans l'*Astrée*, I, 2, p. 48 (édition Vaganay), Céladon explique à la nymphe Galatée que tous les habitants de la région se sont naguère, d'un commun accord, assemblés dans la plaine du Forez et ont juré « de fuir à jamais toute sorte d'ambition, puisqu'elle seule était cause de tant de peines, et de vivre, eux et les leurs, avec le paisible habit de bergers. »

temps que les autres : je craindrais d'offenser l'impatience qu'on doit avoir d'entendre l'histoire que raconta la belle Silerite, et il me semble que tout ce que j'ajoute ici du mien ne peut être qu'ennuyeux. La dispute ne put finir par l'animosité des parties, et on résolut de s'en rapporter à l'adorable duchesse[114] à qui cet ouvrage est dédié et pour qui ces nouvelles ont été écrites.

114. La duchesse d'Épernon (voir l'*Épître dédicatoire*).

FLORIDON

Nouvelle sixième.

INTRODUCTION

Nous sommes à Constantinople vers 1630. Le sultan Amurath, au lieu de faire mourir ses frères, comme c'est la coutume, a emprisonné le stupide Ibrahim et laissé libre le séduisant Bajazet. La mère d'Amurath, encore jeune et belle, s'éprend de ce beau-fils. Bajazet promet d'être fidèle et discret, et une liaison commence, connue seulement de l'eunuque Achomat et de Floridon, favorite de la sultane. Mais Bajazet est attiré par la jeune fille, qui répond à son amour : ils se voient à l'insu de la sultane. Le refroidissement de Bajazet éveille les soupçons de cette dernière qui, en fouillant les vêtements de son amant, trouve deux billets amoureux de Floridon. La sultane reproche à la jeune fille son ingratitude et s'emporte contre l'infidèle Bajazet. Néanmoins elle se contente de reléguer Floridon à Pera, où Bajazet pourra la voir une fois par semaine. Les deux amants se conforment un temps à cette décision.

Cependant Amurath, qui voulait poursuivre sa campagne victorieuse en Perse, se heurte à l'opposition des janissaires, prêts à se donner un autre maître. Furieux, le sultan envoie à Constantinople un officier demander la mort de Bajazet : la sultane fait assassiner le messager. Mais l'imprudence de Bajazet, qui multiplie ses visites à Floridon, le perd : la sultane le surprend sur le Bosphore allant rejoindre sa maîtresse. Elle hésite encore à faire mourir l'ingrat, mais l'arrivée d'un second courrier du sultant la décide, et elle fait étrangler son amant le soir même. Quant à Floridon, elle se réconcilie avec elle et élève l'enfant que la jeune fille a eu de Bajazet.

Telle est l'histoire d'amour et de mort racontée par Silerite, à laquelle Uralie ajoute un complément. Amurath, revenu à Constantinople, meurt trois mois après son retour, non sans avoir voulu faire tuer son frère Ibrahim, que la sultane réussit à sauver et qui règne après lui. Sous son règne, la sultane conserve la réalité du pouvoir, jusqu'à ce qu'un vizir la fasse étrangler.

Le récit est suivi d'une conversation, où les dames condamnent la conduite de la sultane et de Floridon, mais ont plus d'indulgence pour Bajazet. Puis elles soupent et assistent à un ballet de douze entrées représentant les plaisirs de la campagne. Après quoi le narrateur prend congé de ses lecteurs en s'excusant de ne pas ajouter aux récits précédents une nouvelle de son cru et en laissant le soin de conter la vie de la princesse aux historiens.

La narratrice dit tenir cette histoire d'« une personne de qualité qui a été longtemps ambassadeur à Constantinople ». Ce personnage est évidemment le comte de Césy, qui fut effectivement ambassadeur à la Porte de 1618 à 1644, et qui a été témoin des événements racontés ici. Le comte de Césy étant mort en 1652, Segrais a pu apprendre les particularités de la mort de Bajazet de lui-même, ou du moins des personnes à qui l'ambassadeur les avait contées. De même, dans la préface de sa tragédie de Bajazet, *Racine déclare qu'« il y a quantité de personnes à la Cour qui se souviennent de les lui avoir entendu conter, lorsqu'il fut de retour en France. » Outre les informations qu'il a pu ainsi obtenir, le romancier a sans doute utilisé aussi l'*Histoire des Turcs *de Mézeray, parue en 1650.*

Par ailleurs, Segrais a peut-être emprunté quelques traits à plusieurs tragédies à sujet « turc » jouées au cours des années précédentes : le Soliman *de Dalibray (1637) ou le* Grand et Dernier Soliman *de Mairet (1639), l'*Ibrahim *de Scudéry (1642), le* Grand Tamerlan et Bajazet[1] *de Magnon (1646),*

1. Il s'agit dans cette pièce de Bajazet Ier (1389-1403).

*l'*Osman *de Tristan (joué en 1646, mais imprimé en 1656). Enfin le roman de Scudéry d'où il avait tiré sa tragi-comédie,* Ibrahim *(1641), dans lequel on voit une sultane favoriser l'amour de son mari Soliman II pour Isabelle, de même qu'un épisode du* Polexandre *(1637) de Gomberveille, où deux jeunes filles se mettent d'accord pour partager les faveurs du sultan, ont pu suggérer à Segrais la complaisance étonnante de la sultane, acceptant de partager son amant avec sa rivale.*

La diversité de ces sources explique le curieux mélange de vérité historique et de romanesque dans la nouvelle de Segrais. Si on laisse de côté la double intrigue amoureuse qui paraît bien de l'invention du romancier[2]*, la plupart des événements relatés sont conformes à l'histoire. Amurath (Mourad IV), fils d'Ahmed Ier et de Mahpecker (Kösem), est effectivement sultan à partir de 1623 ; après avoir rétabli l'ordre à l'intérieur du pays, il reprend la guerre contre la Perse, assiège Erivan (1635) et prend Bagdad (1638). Historique aussi le rôle politique de la sultane-mère, durant la minorité de Mourad, puis pendant son absence, et enfin, après sa mort (1640), sous le règne du débile Ibrahim. La révolte des janissaires, au cours de la campagne de Perse, et la mort de Bajazet, étranglé à la suite de cette mutinerie, sont également authentiques, de même que l'étranglement de la sultane-mère sur l'ordre du grand-vizir, en 1651*[3].

A l'authenticité des personnages et des événements, il convient d'ajouter quelques traits de couleur locale, qui accréditent encore l'aventure. Si la description des lieux est inexistante — on nous dit que « la galerie qui conduisait à l'appar-

2. Cependant, à propos de Bajazet, Césy écrit que « la sultane l'aimait chèrement, bien que fils d'une autre femme », et, selon une lettre du 10 mars 1640, Bajazet aurait eu des relations amoureuses avec une favorite de la sultane, qui aurait été enceinte de ses œuvres (voir R. Jasinski, *Vers le vrai Racine,* t. II, p. 12).

3. On trouve chez Mézeray la plupart de ces événements : pouvoir de la sultane-mère (p. 47, 127, 175), campagne de Perse et prise de Bagdad, mutinerie des janissaires (p. 127), étranglement de Bajazet (p. 49), mort de Mourad IV et accession d'Ibrahim (p. 165).

tement de l'empereur » était « fort superbe et fort agréable » (p. 493) —, le narrateur mentionne, inexactement d'ailleurs[4]*, les quartiers de Constantinople séparés par le Bosphore ; il nous décrit le vêtement de Bajazet, « de brocatelle d'or », son « turban » avec une « aigrette », le « cimeterre » qu'il porte au côté, lorsqu'il va rejoindre Floridon sur une chaloupe que recouvre « un riche tapis de Perse » (p. 522). On trouve des allusions aux mœurs turques : la coutume des sultans de faire tuer leurs frères (p. 489), la présence de plusieurs sultanes enfermées au sérail (p. 517), les bains où les femmes se rendent voilées (p. 523), le chaouch et les muets qui étranglent le héros (p. 526), le pélerinage à La Mecque (p. 527).*

Malgré tout, c'est le romanesque galant qui domine dans cette nouvelle. Les protagonistes sont des héros de roman : Bajazet possède « la beauté, la vertu et la bonne grâce » « au suprême degré » et, au tir à l'arc ou au maniement des chevaux, il est « le plus adroit homme de tout l'empire » (p. 490) ; la sultane, bien qu'ayant dépassé la trentaine, était « une des plus belles femmes de tout l'empire » (p. 491), douée « d'une beauté extraordinaire » (p. 499), et Floridon — un nom de pastorale — était aussi belle. Quant aux épisodes de l'aventure amoureuse, ils relèvent du romanesque le plus traditionnel, que ce soit la passion de la sultane pour son beau-fils, ses avances, l'échange de lettres, leur liaison secrète, ou l'inclination inévitable du héros pour la jeune Floridon et les billets qui découvrent leur amour à une rivale jalouse et qui peut les perdre. Moins banals, le compromis proposé par la sultane ainsi que le dénouement tragique, qu'autorisent les mœurs du sérail, où la polygamie et l'assassinat sont de règle, mais qui surprirent les lecteurs français.

Épisodes conventionnels ou situations sortant de l'ordinaire n'empêchent pas la finesse de l'analyse psychologique, qui intéresse Segrais plus que le pittoresque extérieur. Le lecteur suit en particulier l'évolution des sentiments de la sultane et

4. Voir note p. 516.

de Bajazet grâce aux analyses d'un narrateur omniscient ou à travers un certain nombre de « scènes » dramatiques où s'affrontent les protagonistes.

La passion de la sultane pour son beau-fils est soudaine — elle « devint insensée pour lui » (p. 492) — ; comptant sur sa beauté et sur l'intérêt du jeune homme à être aimé d'elle, au terme d'un entretien où elle se plaint de sa solitude, elle lui remet, en rougissant, un billet amoureux : scène galante, suivie des réflexions du héros, qui n'échappent pas au narrateur : Bajazet est attiré par la belle et puissante sultane, mais se demande aussi comment lui faire oublier qu'elle a fait les premières avances (p. 496-497). D'où un échange de lettres, où le prince déclare une passion qu'il n'avait jusque-là pas osé exprimer, tandis que la sultane pose les conditions — fidélité et discrétion — qu'elle met à lui donner son cœur (p. 497-498). Une liaison secrète commence donc entre eux, avec pour seuls confidents Achomat et Floridon. Bien entendu, le charme et la jeunesse de Floridon ne tardent pas à émouvoir Bajazet : « les difficultés et les périls » où sa possession pouvaient l'exposer « la lui firent souhaiter plus passionnément » (p. 501). Et les jeunes gens s'aiment « d'une amour très violente », qu'ils dissimulent de leur mieux.

La sultane remarque vite la lassitude de Bajazet à son égard ; néanmoins, comme le remarque judicieusement le narrateur, ses plaintes et les apaisements de son amant entretiennent un temps leur amour (p. 502). Mais leurs démêlés se font plus fréquents, les soupçons de la sultane augmentent jusqu'au jour où elle découvre les deux lettres d'amour de Floridon, dont elle prend connaissance le lendemain, en présence de la jeune fille épouvantée : scène dramatique, longuement développée, où la sultane, partagée d'abord entre la jalousie et la pitié devant sa rivale éperdue, lui reproche sa déloyauté, puis, la voyant évanouie, songe à la défigurer ou à la poignarder (p. 506). Quand Floridon est revenue à elle, dans une deuxième scène pathétique, la sultane rappelle à l'ingrate tout ce qu'elle a fait pour elle et, non sans injustice, l'accuse de n'aimer Bajazet que pour le lui ôter : reproches auxquels Floridon ne répond que par de pauvres excuses (p. 508-510).

Une troisième scène enfin met en présence la sultane et son amant auquel elle reproche avec véhémence sa perfidie et son ingratitude : beau morceau d'éloquence passionnée, contre lequel l'infidèle se défend mal, en alléguant « un caprice de jeunesse », qui n'a pas diminué la passion qu'il a conservée pour elle (p. 514). Sa tentative pour innocenter Floridon provoque un nouveau sursaut d'indignation chez la sultane ; mais après des reproches, des injures, des menaces et des plaintes d'un côté, des prières, des pleurs et des remords de l'autre, la sultane, « un peu remise de son extrême colère », fait part à l'infidèle de sa surprenante décision, « la plus extraordinaire preuve d'amour que peut-être jamais femme ait donnée à un homme » (p. 516). Nous avons là trois scènes d'une grande intensité dramatique, dont Racine se souviendra.

Ce ménage à trois[5] *dure un certain temps, et Floridon se console de partager son amant avec une autre, ce qui est le lot de la plupart des sultanes (p. 517). Mais on sait que Bajazet ne respecte pas le pacte et que la sultane le surprend allant chez sa belle en galant équipage. Folle de jalousie et de douleur (p. 524), elle balance entre sa colère, qui la pousse à tuer l'ingrat, et un reste d'amour : « quand elle se représentait qu'elle ne le verrait plus et quand elle songeait elle l'avait aimé, ce n'était pas un léger combat dans son esprit » (p. 525). Mais Amurath réclame une deuxième fois la mort de Bajazet et la crainte achève de la décider à faire mourir son amant (p. 526), qui est étranglé par les « muets ». Dénouement brutal d'une histoire d'amour dont la protagoniste, despotique, passionnée et cruelle, mais torturée par la jalousie et souffrant dans son orgueil et dans son amour, annonce les héroïnes raciniennes.*

---

5. Selon Ch. Mauron (L'*Inconscient dans l'œuvre et la vie de Racine*, 1957, p. 99), « un psychanalyste (ne serait pas) surpris des étranges complaisances de Roxane pour les amours de son amant avec la jeune Floridon. Tout se passe, en effet, souvent comme si la jalousie comportait une part obscure d'homosexualité par procuration. La femme virile à tendances maternelles et incestueuses peut devenir, par fléchissements affectifs très voisins, jalouse, surveillante, et procureuse. »

Ces situations dramatiques, cette passion malheureuse s'exprimant dans une rhétorique véhémente, un certain réalisme exotique dans la narration de cette aventure du sérail[6] *font l'originalité de cette histoire, aussi différente de nouvelles « baroques », comme* Mathilde *ou* Adélayde, *avec leurs péripéties romanesques se déroulant dans un Moyen-Age fabuleux, que des nouvelles plus modernes, comme* Eugénie *ou* Honorine, *dont l'intrigue se développait dans le Paris contemporain : nouvelle preuve de la diversité et de la capacité de renouvellement du talent de Segrais.*

---

6. La réaction sévère des devisantes devant les mœurs si différentes des nôtres permet, comme le remarque justement D. Godwin (*op. cit.*, p. 82), de faire admettre au lecteur « la vérité novatrice de l'intrigue. »

FLORIDON

La dernière journée arriva et, sans qu'il fût besoin que Frontenie donnât sa voix à Silerite, puisqu'il ne restait plus qu'elle, elle se donna elle-même la souveraineté du sixième jour.

Ce jour-là, on n'eut pas plutôt dîné que, se tournant vers la princesse : « Il n'est pas nécessaire, dit-elle, qu'on m'avertisse de mon devoir : je sais bien que c'est à moi à raconter une histoire aujourd'hui. Mais si quelqu'une de ces dames, qui ont si bien réussi, voulait parler pour moi, je lui en serais parfaitement obligée, car je confesse ingénument que je ne sais que le conte de Mendosse[1], dont on m'a bercée, ou l'histoire

---

1. L'histoire de Mendosse (Mendoza), contée d'abord par Bandello (*Novelle,* II, 44), a été reprise par P. Boaistuau dans ses *Histoires tragiques* (éd. R.A. Carr, S.T.F.M., 1977). Ayant entendu vanter la beauté d'un gentilhomme espagnol nommé Mendosse, la duchesse de Savoie se rend en Espagne sous prétexte d'un pélerinage et rencontre le jeune homme : ils tombent amoureux l'un de l'autre. Mais la duchesse est rejointe par son mari à Compostelle et doit rentrer à Turin. Le duc part pour la guerre, en laissant le gouvernement au comte de Pancalier : celui-ci courtise sans succès la duchesse. Furieux, il persuade son propre neveu de lui faire la cour, le cache dans la chambre de la duchesse et, feignant de le surprendre, le tue et accuse la duchesse d'adultère. Elle est condamnée à être brûlée vive, si un champion ne prend sa défense. Elle envoie un messager à Mendosse, qui, après un premier refus, se rend à Turin. S'étant assuré de l'inno-

de Floridon, qu'une personne de qualité, qui a été si longtemps ambassadeur à Constantinople, racontait avec tant d'agrément[2]. »

La princesse répondit que, bien que toute le monde sût le conte de Mendosse, elle ne serait pas fâchée de l'entendre de sa bouche, ou que quelqu'un prît la peine de le récrire mieux qu'il n'est écrit dans les histoires tragiques du Bandel[3] ; mais que, pour le présent, elle aimerait mieux cette histoire turque dont elle avait ouï parler, puisque sans doute Silerite la raconterait admirablement, si elle voulait joindre les grâces qu'elle avait à s'expliquer sur toutes choses à celles du parfait original dont elle l'avait tirée.

Silerite y consentit aussitôt ; mais comme elle crut que les plus beaux lieux avaient été pris par celles qui l'avaient devancée, invitée par la beauté du jour à prendre l'air, elle convia la princesse de s'aller promener en carrosse. Ce fut durant cette promenade que Silerite fit son récit.

---

cence de la duchesse en entendant, déguisé en moine, sa confession, il se présente incognito comme son champion, terrasse Pancalier, puis repart pour l'Espagne. Cependant le duc de Savoie meurt et sa veuve part pour l'Angleterre, auprès du roi son frère. Celui-ci reçoit justement une ambassade espagnole, conduite par Mendosse. La duchesse reconnaît à son doigt la bague qu'elle avait remise à son « confesseur » et apprend que c'était lui son champion : elle tombe dans ses bras et l'épouse.

2. Il s'agit de Philippe de Harlay, comte de Césy, ambassadeur à Constantinople de 1618 à 1644, et qui a donc été témoin de l'assassinat de Bajazet, en 1635. Dans la première préface de sa tragédie de *Bajazet* (1672), Racine écrit que M. de Césy « fut instruit de toutes les particularités de la mort de Bajazet et qu'il y a quantité de personnes à la Cour qui se souviennent de les lui avoir entendu conter lorsqu'il fut de retour en France. »

3. Bandello (1485-1561).

La princesse me commanda de suivre à cheval à la portière, afin de m'attacher à ses paroles : ce que je fis, autant que les chemins me le permirent. Mais le lecteur, qui verra cette histoire et qui connaîtra le charmant esprit de cette dame, son humeur agréable et cet enjouement modeste en la liberté qui accompagne toutes ses paroles, s'apercevra sans doute bien que je ne récite pas cette histoire tout à fait comme elle la raconta. Je te confesse aussi, Lecteur, qu'ayant perdu quelques endroits de sa narration par l'obstacle des chemins ou par le bruit du carrosse, j'ai eu recours au récit que j'en ai aussi ouï faire à l'illustre ambassadeur dont elle l'a apprise. Tu en jugeras en la lisant, et peut-être tu t'en consoleras en quelques endroits, car il est à présumer que je t'en donne quelque particularité dont tu ne serais peut-être pas pleinement informé, si je m'attachais aux paroles de cette divine personne. Contente-toi que l'histoire est véritable, que ce que tu en jugeras de plus galamment dit est d'elle, car, quoique je susse cette histoire du même auteur, je l'écoutai autant qu'il me fut possible, surtout au commencement et à la fin, et je n'en perdis pas une seule parole[4]. Elle commença ainsi :

Floridon.
Nouvelle sixième[5].

Contre la cruelle coutume des Ottomans, qui ne parviennent jamais à l'empire qu'ils ne fassent mourir tous leurs frères[6], l'empereur Amurath ne fit point mourir

4. Segrais se contredit, puisqu'il a dit plus haut qu'il a perdu « quelques endroits de sa narration ».

5. C'est ici que figure le titre dans l'édition originale.

6. Cf. Racine, *Bajazet*, I, 1, vers 105-108 :
Acomat. — Tu sais de nos sultans les rigueurs ordinaires :
Le frère rarement laisse jouir ses frères
De l'honneur dangereux d'être sortis d'un sang
Qui les a de trop près approchés de son rang.

deux frères qu'il avait : il se contenta d'emprisonner fort étroitement Ibrahim, qui était fils d'une même mère que lui, et il s'assura sur la stupidité qui paraissait en ce prince, car on ne peut pas en imaginer une plus grande[7]. Mais non seulement il laissa vivre le prince Bajazet, quoique ils fussent nés de différentes sultanes[8], il l'aima encore d'une amitié si extraordinaire qu'il ne pouvait être un moment sans lui.

Il est vrai que si la beauté, la vertu et la bonne grâce ont quelque droit sur l'âme d'un barbare, toutes ces qualités, qui étaient en ce jeune prince au suprême degré, méritaient un traitement particulier. On ne peut pas se figurer un homme de meilleure mine, et l'étude où il s'était adonné, contre la coutume des princes de sa nation, avait ajouté à tant de belles qualités qu'il avait reçues de la nature, un esprit si agréable, si prudent et si accort[9] qu'il ne faut pas s'étonner si son frère, qui d'ailleurs n'était pas incapable d'estimer la vertu, en avait presque fait son favori

Bajazet, ayant très bien su remarquer les inclinations du sultan, le flattait en toutes choses. Quoique en ces exercices où les Turcs s'adonnent, comme à tirer de l'arc et à piquer des chevaux, il fût le plus adroit homme de tout l'empire, jamais il ne se trouvait en état d'entrer en dispute avec son frère qu'il ne lui en cédât adroite-

---

7. *Ibid.*, vers 109-110 :

> L'imbécile Ibrahim, sans craindre sa naissance,
> Traîne, exempt de péril, une éternelle enfance.

Mézeray notait dans son *Histoire des Turcs* (1650) que la cruauté d'Amurat n'avait « pardonné qu'à Ibrahim parce qu'il lui paraissait imbécile d'esprit. »

8. Ibrahim était, comme Amurat (Mourad IV), fils de Mahpecker, tandis que Bajazet (Bayezid) était fils de Fatma.

9. *Accort* : « civil, complaisant, adroit » (Fur.).

ment l'avantage, et, de cette manière, l'empereur se pouvait flatter de l'opinion d'être le premier homme de son temps en tous ces exercices, puisqu'il y surpassait Bajazet, qui y surpassait tous les autres. Par cette même adresse, il se montrait si éloigné du désir de commander, si détaché de l'ambition de la Cour et si amoureux de la vie privée que, quelque défiance que le sultan témoignât en toutes rencontres où il y allait de son autorité, jamais il n'en prit contre lui. Néanmoins il est à croire qu'en un gouvernement dont la politique est si sévère et si soupçonneuse, tant de grandes qualités qui, avec l'amitié de son frère, lui acquéraient l'estime de tout le monde eussent à la fin pu donner de la jalousie, si, par quelque raison plus forte, le Ciel ou la nature n'eussent pris un soin particulier de conserver leur ouvrage.

L'empereur avait encore sa mère, et c'était cette grande sultane qui a gouverné si longtemps avec tant de réputation[10]. Cette princesse avait eu Amurath dès l'âge de treize ou quatorze ans et ainsi, quoique l'empereur en eût vingt-trois ou vingt-quatre, par le soin qu'elle avait eu de conserver sa beauté, elle ne laissait pas d'être une des plus belles femmes de tout l'empire[11].

Or le hasard voulut que cette femme, qui toute sa vie n'avait rien aimé que le gouvernement, s'en voyant en possession paisible par la déférence qu'Amurath son fils avait pour elle, eut à la fin son tourment, pour montrer qu'il n'y a point de parfaite félicité en la vie et que les personnes qui semblent n'avoir rien à souhaiter sont celles qui souvent se trouvent pressées des plus violents

10. La sultane Mahpecker, née en 1585, vécut jusqu'en 1651.

11. En fait, à la date où se passent les événements racontés (1635), la sultane mère approchait la cinquantaine.

désirs. Cette aversion qui est si naturelle aux belles-mères pour les enfants de leurs maris, et principalement en ce pays-là où la puissance des uns est la ruine des autres, ne put la défendre de la beauté de Bajazet[12]. Cette princesse si sage en tout le reste de ses actions devint insensée pour lui et si transportée de la passion qu'il lui fit concevoir qu'elle ne pouvait donner à son âme un moment de repos. Ainsi il ne faut pas s'étonner si elle, qui gouvernait l'esprit de son fils comme il lui plaisait, ne lui conseilla pas de faire mourir ce prince qui faisait toutes les délices de sa vie.

Mais, comme elle était extrêmement violente en tous ses désirs, elle ne se contenta pas longtemps des grandes soumissions[13] que Bajazet avait pour elle. Connaissant par elle-même combien la dissimulation, qui devient nécessaire aux princes, se tourne aisément en habitude en eux, et sachant par expérience le danger où la vie de Bajazet pouvait réduire un jour la sienne et celle de son fils, en le laissant vivre contre tous ses intérêts, elle voulut que du moins il ne vécût que pour elle. Bajazet, qui, par raison, n'était pas peu obligé à gagner ses bonnes grâces, n'y épargnait ni profond respect ni extrêmes complaisances ; mais ce n'était pas assez pour elle. Voyant que le bon accueil qu'elle lui faisait ne l'enhardissait pas assez à son gré, elle imputa la froideur de ses respects à la timidité qui d'ordinaire accompagne un jeune homme qui n'a encore rien aimé et, n'osant se défier de sa beauté, après le témoignage que lui rendaient et son miroir et cette bonne opinion que l'amour-propre conserve si aisément dans l'esprit des

12. Dans la pièce de Racine, c'est l'épouse, et non la mère, d'Amurat qui s'éprend de Bajazet.

13. *Soumissions* : marques de respect.

femmes qui ont été extrêmement belles, elle ne craignit point de passer un peu les bornes de la modestie. Elle se persuadait que du moins les intérêts de Bajazet lui feraient goûter son bonheur et elle ne pouvait appréhender un indigne mépris d'un cœur qui n'était point encore engagé à un autre.

Un jour donc, au sortir du conseil, ayant trouvé ce prince dans une galerie qui conduisait à l'appartement de l'empereur, où d'ordinaire le conseil se tenait, feignant de se vouloir délasser des grandes affaires, elle s'y arrêta avec tous ceux qui étaient sortis avec elle, parce que ce lieu était fort superbe et fort agréable. Elle n'y fut pas longtemps sans que le prince s'approchât d'elle, et, tout le monde s'étant éloigné par respect, elle eut aisément l'occasion qu'elle cherchait depuis longtemps.

C'était aux plus courts jours de l'hiver et l'on ne voyait dans ce lieu qu'à la clarté des flambeaux. Comme cette galerie était extrêmement longue, étant insensiblement parvenue au bout, elle n'eut pas peu de joie quand elle s'aperçut que du moins l'obscurité qui y était aidait à couvrir la confusion qu'elle sentait sur son visage, touchée au dernier point du déplaisir qui ne peut manquer de frapper au vif une personne accoutumée aux offrandes et aux adorations, quand elle se trouve dans la nécessité de faire non seulement des avances, mais de supplier à son tour.

Bajazet, qui la voulait flatter en tout, la cajolait[14] sur son grand esprit et lui parlait de l'obligation que l'empereur lui avait de se charger de tout le faix de l'empire et de le faire régner si absolu et si heureux sans qu'il lui en coûtât la moindre inquiétude. Elle, qui était

14. *Cajoler* : flatter.

bien aise d'entrer en conversation avec lui, s'y engageait autant qu'elle pouvait, répondant qu'effectivement, si les princes savaient bien connaître les grands soins qui sont inséparables du gouvernement et du ministère, ils témoigneraient bien souvent à ceux qu'ils en chargent plus de reconnaissance qu'ils ne font, et ajoutant que, pour elle, elle n'y avait trouvé que de l'amertume.

— « Il est vrai, reprit Bajazet, que, quelque justice que le Ciel ait toujours fait aux desseins de votre Hautesse dans les heureux succès qui ont suivi toutes ses entreprises, il est bien malaisé que tant de roses n'aient eu leurs épines. Mais, Madame, ce serait une chose étrange que le bonheur fût tout entier pour nous sans que la félicité de tant de peuples pût retourner jusqu'à son principe, et il serait bien injuste qu'on pût dire avec vérité que, dans toute l'empire, il n'y a que vous seule qui vous estimiez malheureuse. »

Ces paroles arrachèrent un grand soupir de la sultane et peu s'en fallut qu'elle ne lui répondît que de les entendre du prince Bajazet et de le voir si content n'était pas le moindre sujet de sa douleur. Mais sa pudeur la retint encore pour cette fois et, poursuivant son premier entretien :

— « Bajazet, lui dit-elle, n'est-ce pas un grand ennui et n'est-ce pas une chose étrange qu'ayant fait tant de créatures[15], ayant prodigué tant de richesses et soulagé tant de misérables, dans toute l'étendue d'un si vaste empire je n'aie pu trouver une seule personne en qui j'aie pu prendre une confiance entière, depuis la mort d'Achmet[16], mon souverain seigneur ? »

---

15. *Créatures* : obligés, protégés.

16. *Achmet* : Ahmed I, mort en 1617.

— « Ce discours, répliqua le prince, offense une infinité de personnes qui vous sont obligées de leur fortune ou de leur vie. Et pour moi, vous l'étant de l'une et de l'autre, je m'en trouverais affligé plus que tous certainement, si je croyais que vous fussiez persuadée de ce que vous dites. »

— « Et seriez-vous capable, répondit la sultane, de celer un secret d'importance ? Vous êtes bien jeune, Bajazet. »

— « Je suis bien fâché, Madame, reprit-il, d'avoir en moi quelque chose qui vous empêche de vous y confier et je le suis encore davantage que les obligations que je vous ai ne vous puissent pas persuader de ma fidélité. Mais, Madame, ma tête vous peut en répondre. »

Sur cela, croyant qu'elle avait quelque grande entreprise à lui révéler, parce qu'effectivement elle en avait toujours fort bien usé à son égard, il lui fit cent serments de fidélité inviolable ; mais elle sans s'expliquez davantage :

— « Vous serez fidèle, me dites-vous, Bajazet ? »

— « Oui, Madame, reprit-il, au péril de ma vie. »

— « Eh bien, dit-elle, nous l'éprouverons. »
En même temps elle se retira.

Et le lendemain, presque de la même manière qu'elle l'avait entretenu et au même lieu, elle lui mit un papier entre les mains, l'attirant auprès d'une fenêtre, de peur que personne ne s'en aperçût, et lui dit seulement ces paroles :

— « Bajazet, mon secret est entre vos mains et dans ce papier : allez le lire dans votre cabinet. Mais ne me revoyez jamais, si je dois me repentir de vous l'avoir dit, et me renvoyez ce billet. »

Elle ne lui donna pas loisir de lui répondre, car la rougeur qui lui monta au visage l'obligea de se retirer en même temps. Et le prince Bajazet, fort incertain et fort inquiet de ce que ce pouvait être, s'en alla aussitôt en son palais où, s'étant enfermé dans son cabinet, il y ouvrit ce papier et y trouva ces paroles sans subscription[17] et sans signature :

« Le prince Bajazet est le plus aimable de tous les hommes : c'est le secret que j'avais à lui dire, et c'est à lui à en connaître l'importance, puisque la sultane est obligée de le lui révéler. »

Ce papier ne contenait que ces paroles, mais elles emplirent l'esprit de Bajazet d'une infinité de pensées. Il n'aimait rien encore. La sultane n'était que trop belle pour donner de l'amour à un jeune homme de son âge. Elle avait plus de crédit dans l'empire qu'Amurath même pour contenter l'ambition d'un homme plus ambitieux que lui. Aussi il ne balançait pas s'il ferait le cruel ou non. Ce qui l'embarrassait le plus était qu'il connaissait que la manière de s'y conduire serait difficile. Il savait que cette fière princesse était une femme qui aimait les adorations et qui voudrait sans doute qu'il réparât par une ardente poursuite le petit reproche qu'elle sentait infailliblement en son cœur d'avoir prié la première.

Sur cela, pour prendre conseil, il fit venir à lui un vieil eunuque, qui avait toujours servi l'autre sultane sa mère et qui lui avait été donné par elle dès son enfance. Il lui raconte son aventure et l'irrésolution où il était. Achomat[18] — c'est ainsi que s'appelait cet homme — entra tout à fait dans son sens et, connaissant mieux par l'expérience de son âge l'utilité qui pou-

---

17. *Subscription* : « Titre, adresse, ce qui est écrit au-dessus d'un acte, d'une lettre » (Fur.).

18. *Achomat* : dans la tragédie de Racine, Acomat sera le grand vizir qui, par ambition, favorisera l'amour de la sultane pour Bajazet.

vait venir à son maître de la passion de la sultane, il l'exhorta fort de ne laisser pas échapper la bonne fortune qui se présentait à lui ; mais surtout il demeura d'accord avec lui que, la voulant aimer effectivement ou du moins l'empêcher d'en douter, il fallait, pour l'obliger davantage[19], tâcher, s'il lui était possible, de lui faire oublier à elle-même qu'il avait fallu qu'elle eût été au devant de sa liberté[20]. Il lui conseilla donc de lui répondre comme s'il n'avait pas tout à fait entendu combien ce billet était à son avantage et de jouer désormais si bien le personnage de suppliant qu'elle eût lieu de reprendre le sien, qui, selon son intention et selon l'apparence, devait être sans doute de fuir un peu, puis de revenir, de se fâcher, puis de s'apaiser, de faire souffrir enfin et de récompenser.

Après cet avertissement, il le laissa écrire, et sa lettre fut à peu près conçue en ces termes :

« Bajazet n'est autre chose, Madame, que le plus malheureux de tous les hommes, si votre Hautesse n'a pitié de lui. L'avoir exempté de la mort, que lui semblait destiner le malheur de sa naissance, pour la[21] lui ôter après plus cruellement n'est pas une action digne de votre générosité. La passion qu'il a osé concevoir pour vous est un secret de bien plus grande importance que celui que vous lui avez appris. Vous vous offenserez peut-être, Madame, de la liberté que je prends de vous le dire ; mais, ayant mérité l'honneur de votre confidence, puis-je, sans vous offenser, vous refuser la mienne ? heureux, si véritablement mes soupirs ont

19. *L'obliger* : l'attacher par un sentiment de reconnaissance.

20. C'est-à-dire lui faire oublier qu'elle avait fait les premiers pas dans cette liaison amoureuse.

21. Il faut sans doute comprendre « lui ôter *la vie* », mais le mot ne figure pas dans les lignes qui précèdent.

attiré les vôtres, ou si véritablement vous avez voulu un peu aider à ces malheureux qui, trop débiles pour leurs entreprises, ne fussent jamais parvenus au lieu où, depuis un si long temps, mon cœur et toutes mes affections les adressent. »

La sultane reçut cette lettre le soir même et la lut comme elle se mettait au lit. Achomat la lui apporta par l'ordre de Bajazet. Cette princesse, qui était une des plus habiles femmes de son siècle, ne manqua point, en la lisant, de pénétrer dans sa pensée. Néanmoins, comme ce qu'elle y lut était tout à fait conforme à son humeur, elle s'en trouva infiniment satisfaite et, ayant fait demeurer ce vieil eunuque, elle ne le tint pas fort longtemps sans le renvoyer avec cette réponse :

« N'en rougissez point, Bajazet : il a fallu aider à vos soupirs à venir jusqu'à moi. Je veux croire pourtant ce que vous me dites et je vous confesse qu'ils y sont parvenus. Mais de cette approche jusqu'à mon cœur, je vous avertis qu'il y a encore bien du chemin à faire. Votre personne m'est agréable ; mais j'aime encore mieux votre amour. Regardez si vous en trouvez un objet plus digne que moi. En récompense[22], vous pouvez prétendre à la mienne[23] ; mais apprenez à quel prix je la donne, si vous ne le savez. M'être fidèle à toute épreuve, me servir avec constance et m'aimer avec discrétion sont les seules choses qui vous la peuvent faire mériter. »

Quelque orgueil qui parût dans les lettres et dans le procédé de la sultane,

---

22. *En récompense* : en échange.

23. A mon amour. Le mot est souvent féminin, au singulier, au XVIIe siècle. Il l'est toujours au pluriel.

Quand les ordres du Ciel nous ont faits l'un pour l'autre,
C'est un amour bientôt fait que le nôtre.[24]

La beauté de Bajazet dissipait bien de ces fermes propos qu'elle faisait de lui faire acheter sa conquête, et ce long et pénible chemin qu'elle lui devait faire faire s'accourcissait chaque jour par la diligence du voyageur. Néanmoins elle était trop habile pour ne pas prendre toutes ses mesures.

La première chose qu'elle exigea de lui, ce fut qu'il ne vivrait point avec elle d'une autre manière que celle dont il avait usé jusqu'alors ; qu'il ne lui parlerait jamais devant le monde que tout haut, et que jamais il n'y aurait d'autres confidents de leur intrigue que le vieil Achomat et une jeune fille qu'elle aimait uniquement[25], qui s'appelait Floridon.

Ainsi, sans qu'on s'en aperçût jamais à la Porte[26] du Grand Seigneur, ce commerce fut commencé et dura longtemps au gré de la sultane, qui se voyait aimée du plus aimable prince qu'il y eût peut-être au monde, et à l'avantage de Bajazet, qui, n'étant prévenu d'aucune passion, se trouvait possesseur d'une femme qui avait été l'objet de toutes les affections du grand Achmet, d'une princesse qui était douée d'une beauté extraordinaire, qui l'assurait de sa vie et qui, par un hasard, arrivant la mort d'Amurath, le pouvait mettre en possession de l'empire — et Amurath était tous les jours dans les périls de la guerre. Elle lui promettait cet empire, au préjudice d'Ibrahim, son propre fils, à cause de la stupidité qui était en lui. Pour Amurath, ils se

---

24. P. Corneille, *La Suite du Menteur*, IV, 1, 1221-22 (le texte est : « Lyse, c'est un amour...).

25. *Uniquement* : par-dessus tout.

26. La Porte ou la Sublime Porte était le nom donné autrefois au gouvernement ottoman.

contentèrent de lui cacher leur passion, de peur de s'attirer sa colère et d'être obligés de le déposséder du trône, ce qui ne se pouvait sans le faire mourir : et la tendresse que la sultane avait pour ce fils et la véritable amitié que Bajazet avait pour son frère les empêchèrent toujours d'en concevoir la moindre pensée.

Achomat portait les lettres à Floridon et par elle, de temps en temps, Bajazet était introduit secrètement dans l'appartement de la sultane. Elle avait une si grande confiance en cette fille que, la faisant d'ordinaire coucher dans sa chambre, elle ne voulait point qu'elle s'en retirât, quand elle y recevait le prince Bajazet, soit de peur que ce changement n'eût fait naître quelque soupçon dans l'esprit de ses domestiques, sachant bien que cette sorte de gens, comme partout chez les Grands, sont toujours les plus assidus à observer les actions de leurs maîtresses pour tâcher d'avoir la participation de leurs secrets et de se rendre nécessaires, soit que, par un goût assez bizarre[27], elle n'eût pas tenu son bonheur parfait, si cette fille en qui elle avait mis toute son amitié n'en eût été témoin.

Elle l'aimait tellement que, de petite esclave, elle l'avait élevée dans cette haute splendeur où l'on peut se figurer que peut parvenir la favorite d'une princesse qui avait le gouvernement du plus puissant et du plus riche État qu'il y ait au monde. Elle l'avait accablée de richesses ; les honneurs et les charges ne se donnaient que par son moyen, et de son agrément ou de son aversion dépendait presque le bonheur ou le malheur de tous les sujets d'Amurath. Certainement aussi, autant qu'on peut avoir d'affection et de reconnaissance pour

27. Goût assez bizarre, en effet, que de faire de cette jeune fille le témoin de leurs amours.

l'amitié de son souverain, elle l'avait toujours eu pour sa maîtresse.

Mais sa maîtresse enfin exposait la fidélité de cette fille aussi bien que celle de Bajazet à une épreuve bien rude. Si elle n'était pas plus belle que la sultane, elle était bien plus jeune, car elle n'était que dans sa seize ou dix-septième année ; et le prince Bajazet et elle se voyaient dans un état bien hasardeux pour l'un et pour l'autre. D'ailleurs la contrainte est quelquefois une grande amorce aux passions des jeunes gens : les difficultés et les périls où la possession de Floridon pouvait exposer Bajazet la lui firent souhaiter plus passionnément, et l'impossibilité qu'elle avait de voir d'autres hommes que lui, par les difficultés qui naissent de la coutume du pays, le lui faisait trouver encore et plus aimable et plus parfait. Que vous dirai-je, enfin ? Par dessein, par destin ou par une forte passion, ou par tous les trois ensemble, ils ne purent éviter la nécessité de s'aimer, mais de s'aimer d'une amour très violente.

Cette affection commença par Bajazet, du moins la déclaration ; mais comme elle était réciproque, ce traité se proposa : il eut ses contestations et ses difficultés, mais enfin il se conclut. Or, instruits qu'ils étaient par la sultane, elle les avait rendus trop habiles pour ne savoir pas bien dissimuler les sentiments qu'ils avaient l'un pour l'autre. Bajazet avançait l'heure du rendez-vous et ne paraissait devant la sultane qu'à l'heure qu'il avait de coutume : il demeurait caché en quelque lieu où Floridon l'allait trouver. Et ainsi, par l'industrie[28] de leur amour qui, étant dans son[29] commencement,

28. *Industrie* : ingéniosité, habileté.

29. Texte original : dans *leur* commencement, ce qui n'a pas grand sens.

était peut-être plus violent que celui de la sultane, ils la trompaient, malgré toute son habileté, du moins dans les commencements : car, pour un long temps, il[30] était bien difficile.

Bajazet, qui trouvait beaucoup plus de charmes dans l'amour de Floridon, commençait à avoir celle de la sultane à charge et ne pouvait si bien se contraindre dans son entretien qu'elle n'y remarquât bientôt quelque ennui et beaucoup moins d'attachement. Elle s'en plaignait ; mais les éclaircissements et les querelles sont de grands amusements[31] dans l'amour et souvent des amorces pour un feu qui s'éteint. Les plaintes qu'elle lui faisait et que, par son adresse, Bajazet apaisait toujours ne servaient qu'à empêcher que la stérilité[32] ne s'engendrât dans leur commerce : car souvent, pour ne savoir que se dire, cette espèce d'assoupissement et ce grand calme ralentissent les plus violentes passions, quand on les traite sans adresse. Les petites jalousies entretiennent un amour dans la jouissance, comme les charmes et l'espérance le fortifient dans le désir.

Mais leurs démêlés recommençaient un peu trop souvent : les soupçons de la sultane augmentaient et Bajazet s'épuisait en excuses. Jamais pourtant elle n'eût soupçonné Floridon, s'assurant sur ses bienfaits et sur la fidélité qu'elle avait toujours reconnue en elle ; mais, ne pouvant s'ôter de l'esprit qu'elle avait quelque rivale, elle mettait tout en usage pour le découvrir.

Une nuit que sa défiance la tourmentait si fort qu'elle ne pouvait s'endormir, apercevant la robe et les habits du prince Bajazet à la clarté de la lune qui luisait dans

---

30. *Il* : neutre.

31. *Amusements* : passe-temps.

32. *Stérilité* : indigence, vide (de leur conversation).

sa chambre, il lui vint en fantaisie que peut-être y pourrait-elle trouver quelque indice de son soupçon. Elle se lève donc sans faire de bruit et elle les prend de dessus des carreaux[33] où ils étaient, recherche soigneusement toutes les cachettes et enfin, comme rien ne peut se cacher à l'amour, dans un des replis de sa manche, elle trouve deux petits papiers qui, de la manière dont ils étaient pliés, lui firent croire qu'assurément ils lui donneraient quelques marques de ce qu'elle recherchait si soigneusement. Elle les cache sous le chevet et, remettant les habits où elle les avait pris, se trouvant l'esprit un peu plus en repos et s'assurant bien que sa vengeance lui était si assurée qu'elle n'avait pas lieu d'y méditer longtemps, elle s'endormit.

Le lendemain, comme Bajazet s'était retiré, voyant que Floridon dormait encore, elle l'éveilla et, comme elle lui avait toujours découvert la jalousie qui la tourmentait, elle la fit approcher, la fit seoir sur son lit et, en même temps, retira de dessous le chevet les deux petits papiers qu'elle y avait mis. Si jamais il y a eu un réveil semblable à celui de Floridon, je vous le laisse à penser, remarquant que la sultane ouvrait ses billets[34] et reconnaissant aussitôt son écriture : en effet, c'était elle qui les avait écrits. Et la sultane n'eut pas plutôt ouvert le premier qui se présenta devant elle qu'avec un étonnement qui ne cédait guère à celui de Floridon et avec une colère qui ne la transportait pas moins que

---

33. *Carreaux* : coussins de forme carrée.

34. Les choses se passent différemment dans la tragédie de Racine. C'est dans les vêtemens d'Atalide, qui s'est évanouie quand Roxane lui a montré la condamnation à mort de Bajazet, que la sultane trouve le billet où Bajazet a écrit à Atalide qu'il n'aimait qu'elle seule (IV, 5). Ce n'est que plus tard qu'Atalide s'aperçoit de la disparition de la lettre (V, 1).

la peur transportait cette fille, qui était plus morte que vive, elle vit qu'il était conçu en ces termes :

« A quel péril m'exposez-vous, Bajazet ? Retirez votre affection d'une malheureuse : elle ne pourrait s'empêcher de vous donner la sienne, qui, trop infortunée, causerait sans doute votre ruine. N'attirez point dans le précipice une pauvre esclave qui mourrait mille fois pour votre service. Votre cœur est un présent qu'on ne peut refuser ; mais vous n'êtes plus libre pour me l'offrir et il faudrait que je le fusse pour l'accepter. Fuyez-moi par raison ou haïssez-moi par pitié. J'implore votre générosité et votre sagesse contre votre amour ; mais considérez où j'en suis réduite, puisque j'ai besoin de votre aversion, je ne dis pas pour m'empêcher de vous aimer, car il y a longtemps qu'il n'est plus en mon pouvoir, mais du moins pour m'empêcher de vous le faire paraître. »

Quelque transport violent qui agitât l'esprit de la sultane, elle lut cette lettre d'un bout à l'autre sans interruption ; mais combien de pensées lui passaient par l'esprit ? L'amour, la jalousie, la haine et l'amitié la tourmentaient tout à la fois. Après, elle jeta les yeux sur Floridon, qu'elle voyait tout éperdue. L'état où elle était lui donnait de la pitié, et l'espérance qui la flattait encore qu'elle pourrait se repentir et lui rendre son Bajazet, que peut-être elle ne lui avait pas tout à fait ravi, donnait quelque relâche à de si rudes tourments. Puis, ne sachant par où commencer pour lui faire ses reproches, tantôt elle proférait quelques paroles où il n'y avait point de suite, tantôt elle lui jetait un regard plein d'indignation. En même temps, les pleurs qu'elle lui voyait répandre en abondance et les termes qu'elle voyait dans cette lettre, qui marquaient si bien l'inévitable nécessité de son amour, la touchaient de compassion, malgré l'effort de son ressentiment. Enfin, ne pouvant plus résister à tant de divers sentiments, sans en expliquer[35] quelques-uns :

— « Ah ! Floridon, lui dit-elle, ingrate Floridon, j'ai perdu l'affection de Bajazet, et c'est toi qui me l'as ravie ! Quel outrage as-tu fait à mon amour ! Et quel outrage as-tu fait à mon amitié ! Déloyale fille, esclave née pour la perte de mon repos ! As-tu si aisément mis en oubli combien je t'aimais, et est-ce ainsi que tu m'as aimée ? »

A ces mots la pauvre Floridon n'osait repartir que par ses longs sanglots qui, l'oppressant, ne pouvaient se retenir, et par les tristes regards de ses yeux tout aveuglés de pleurs, qu'elle attachait quelquefois sur le visage de l'impératrice, mais que sa confusion lui faisait baisser aussitôt, et que sa crainte attachait le plus souvent sur ses mains où elle voyait encore une autre lettre qui lui donnait les transes de la mort. Car, la considérant attentivement, par la manière dont elle était pliée et par la blancheur du papier, elle la reconnut pour celle-là même qu'elle lui avait écrite la dernière, et elle se souvenait bien qu'elle contenait à peu près ces paroles :

« Vous avez vaincu, Bajazet, mais appréhendez votre victoire et craignez de vous en repentir. Vous avez triomphé de mon cœur et de ma fidélité : ce que je devais à l'impératrice et ce que je me devais à moi-même, tout vous a été sacrifié. Mais voulez-vous la perte de ma vie ? Considérez la contrainte où il nous faut vivre et les ennemis que nous nous faisons. Vous me dites que vous aimez autant mourir que de cesser de m'aimer : j'imite votre résolution ; mais qu'elle me coûte cher et que le contentement de vos désirs et des miens me cause d'inquiétudes ! C'est la rigueur de ma

35. *Expliquer* : déclarer, manifester.

fortune : il la faut souffrir. Je suis née esclave et ce n'est pas à moi de penser à vivre heureuse. Je l'étais de la sultane et je le suis devenue de celui qui la captive elle-même. Mais quelle rigueur, ô mon cher Bajazet, de hasarder toute chose au monde et de se donner tout entière pour un bien qu'il faut partager ! »

Ces deux lettres étaient malheureusement demeurées dans les habits de Bajazet. Comme ils ne se parlaient presque point devant elle et que le temps qu'ils se voyaient leur semblait si court, ils étaient contraints d'avoir recours aux lettres pour s'entretenir.

La sultane n'eut pas si tôt achevé de lire la dernière que, voulant s'emporter contre Floridon, elle la trouva évanouie, soit de douleur d'avoir été si ingrate envers une maîtresse qui avait tant d'affection pour elle, soit de honte de se voir si fortement accusée et condamnée par elle-même, soit de frayeur de perdre la vie ou, ce qui ne lui était guère moins sensible, de perdre son cher Bajazet, ce qu'apparemment elle ne pouvait éviter.

La sultane, toute transportée, ne pouvait se contenir. Quelquefois elle voulait se jeter à son visage pour punir les charmes qui lui avaient fait un si grand outrage. Quelquefois elle méditait d'aller quérir un poignard pour arracher son cœur, qui lui avait été si ingrat et si perfide ; et puis, rappelant ses esprits et regardant cette pauvre malheureuse :

« Où êtes-vous, ma raison ? disait-elle. Eh bien, Bajazet ne m'aime plus : mais faisons-le mourir, de peur qu'il n'en aime une autre, ou bien vengeons-nous sur celle qui nous l'a ravi. Mais comment faire mourir ce qu'on a tant aimé ? mais comment vivre sans Bajazet ? »

Après ce peu de paroles, paraissant vouloir changer de dessein :

« O mon âme, ne faisons rien d'indigne de nous, ajoutait-elle. Ah ! plutôt oublions l'un et l'autre, et, dans l'oubli de leurs personnes, ensevelissons-y le souvenir de l'amitié par laquelle ils m'ont trompée et de la trahison qu'ils m'ont faite. »

Dans le même transport, se voulant servir de toute sa sagesse qu'elle appelait au secours, elle se leva et, passant seulement une robe de chambre par ses bras, pour tâcher de composer son visage, elle passa dans un cabinet. Elle s'y promenait à grands pas, sans rien dire, méditant à tout ce que la vengeance peut inspirer à une amante outragée.

Cependant Floridon revint de son évanouissement et, ne la voyant plus, elle se remit un peu par l'expérience qu'elle avait que cette grande princesse avait toujours gagné sur ses plus violentes passions de ne se point laisser aller à ses premiers mouvements. Elle commença à espérer un peu et, croyant que le temps ne lui serait point désavantageux, elle se donna bien de garde de s'aller présenter si tôt devant elle, dans un cabinet où elle l'entendait bien marcher. Mais, pensant à l'extrémité où elle était réduite, elle se préparait à tout et, en même temps, elle songeait, autant qu'il lui était possible, aux moyens de s'excuser et de fléchir la sultane. Amurath était alors en Perse[36] et il avait laissé cette princesse à Constantinople avec une autorité absolue : ainsi sa vie et celle de Bajazet dépendaient d'elle. Mais, connaissant combien elle aimait Bajazet, elle espérait un peu de côté-là. Se hâtant donc de s'habiller, elle se dépêcha d'aller quérir quelqu'un en qui elle avait confiance et le pria que, le plus tôt qui lui serait possible, il allât quérir ce prince, l'avertissant qu'il lui parlât, en quelque état qu'il pût être.

36. C'est la première fois que le narrateur parle de l'absence d'Amurath, qui, en 1635, était non en Perse, mais en Arménie, où il assiégeait Erivan.

Quelque temps après, la sultane, qui s'était toujours promenée dans son cabinet, l'appela. Elle l'alla trouver aussitôt et, dès l'entrée de la porte, elle se jeta à genoux, voulant commencer à se justifier. Mais la sultane lui ôta la parole, en lui disant qu'elle envoyât quérir le prince Bajazet, ce qui la mit en une étrange inquiétude. Néanmoins, le visage de la sultane lui semblant un peu radouci, elle ne voulut point lui dissimuler qu'elle l'avait déjà envoyé quérir.

— « Eh bien, lui répondit-elle, taisez-vous, Floridon, et m'écoutez » » ; et, continuant son discours :

« Je suis devenue votre ennemie, poursuivit-elle, et celle du prince Bajazet, parce que vous m'avez fait la plus sensible injure que vous pouviez me faire. Déloyale Floridon, qu'ai-je commis contre toi ? Je t'ai élevée de la misère de ton esclavage à une condition qui donnait de l'envie aux plus puissants de tout l'empire. Tous les honneurs et toutes les fortunes n'étaient-ils pas en ta disposition ? T'ai-je refusé une seule grâce en toutes celles que tu as demandées pour toi ou pour ceux que tu as voulu favoriser ? Je t'ai abandonné tous mes trésors, et tu en as joui comme tu l'as voulu. Tout ce que je possédais était à toi ; je ne m'étais rien réservé que Bajazet : et tu me l'as ravi, et il te fâche encore de le partager avec moi.

« Ne t'avais-je pas ouvert mon cœur, et ne connaissais-tu pas ce prince, quand je fis dessein de l'aimer ? Que ne me disais-tu alors que tu le voulais pour toi ? Je t'aimais tant que je te l'aurais peut-être accordé. Mais ce n'était pas assez pour ta haine et pour ton ingratitude, si tu ne l'avais par la perte de tout mon repos. Il n'était pas dès lors assez aimable si, pour satisfaire ton insatiable ambition, tu ne l'enlevais avec le cœur de la sultane ta maîtresse. Sa beauté est ce qui t'a moins plu en lui. Et dans ton cœur ingrat et perfide, tu lui as sans doute préféré le sacrifice qu'il t'a fait de toutes mes affections, qu'il a si ingratement déçues et si cruellement outragées. »

La pauvre Floridon était plus morte que vive, oyant ces sanglants reproches et voyant l'impétuosité avec laquelle la sultane lui proférait ce long discours. La frayeur de les voir suivis de sa condamnation, sans qu'elle écoutât ses justifications, lui mettait une infinité d'excuses et de supplications en la bouche, qu'elle étouffa le plus longtemps qu'il lui fut possible. Mais enfin, pressée par la force de ces reproches que, toute préoccupée qu'elle était de son amour[37], elle ne pouvait s'empêcher de trouver raisonnables, elle ne put demeurer plus longtemps sans l'interrompre.

— « Il est vrai, Madame, dit-elle, il est vrai que je mérite mille morts. Mais, Madame, écoutez-moi un moment et ordonnez après de quel supplice il plaît à votre Hautesse de me punir. »

— « Et que peux-tu alléguer, malheureuse ? » répliqua la sultane.

— « Un seul mot, Madame, repartit Floridon. Bajazet, Madame, Bajazet est toute mon excuse. Vous et lui, Madame, avez fait tout mon crime. Vous n'avez pu vous en défendre vous-même, et regardez à quels périls vous m'avez exposée. Si, hors cette seule faute, j'ai manqué en la moindre sorte à la reconnaissance et à la fidélité que je vous dois, ce n'est pas assez des tourments ordinaires pour me punir. Mais, Madame, songez à lui-même et songez à vous. Représentez-vous les appas que vous trouviez en lui, avant même qu'il vous aimât, et remarquez le précipice où vous avez conduit mes pas et l'amorce que vous y avez ajoutée pour m'y attirer. »

37. Le texte original porte : « de l'amour de son crime. »

Ces paroles, qui étaient accompagnées de quelque raison, touchaient insensiblement la sultane ; mais ce n'était pas à l'éloquence de Floridon qu'elle voulait devoir la victoire qu'elle se préparait sur son ressentiment.

— « Perfide, lui répondit-elle, es-tu tombée dans ce précipice sans t'en apercevoir ? et n'était-ce pas la moindre chose que tu devais à mon amitié que de faire un pas en arrière pour t'en retirer, puisque tu m'y plongeais avec toi ? Va, je te puis faire mourir par les plus cruels supplices qu'on puisse imaginer. Mais confesse ton crime, tandis que l'amitié dont je t'ai honorée parle encore en ta faveur. »

A ces mots, la pauvre Floridon, se jetant à ses pieds, lui dit qu'elle avait bien mérité d'être punie cruellement, qu'elle ne lui demandait point la vie, qu'elle la suppliait seulement de considérer que la perfidie qu'elle lui avait faite n'était point volontaire, et sur cela, lui ramentevant[38] insensiblement la fidélité qu'elle avait eue pour elle en toute autre occasion, elle se mit à lui raconter la poursuite de Bajazet, mais lui faisant toujours remarquer adroitement qu'elle avait bien contribué elle-même à la faire trébucher dans le malheur où elle était tombée.

Sur ces entrefaites, la sultane ouït que quelqu'un entrait dans la chambre et, ayant reconnu que c'était Bajazet, elle ordonna à Floridon de demeurer dans le cabinet et, tirant la porte sur elle, elle alla trouver ce prince. Comme il était seul, elle ne fut pas longtemps sans lui faire paraître sa colère. L'indignation de son amitié qui, par les raisons de Floridon, commençait à

---

38. *Ramentevoir* : faire souvenir, rappeler. Le mot est vieilli à l'époque.

s'apaiser, passa ce semble[39], et se joignit contre lui avec la fureur de son amour, tant elle parut emportée sitôt qu'il se présenta devant elle.

— « Eh bien, parjure et déloyal, jure maintenant que tu n'aimes que moi, lui dit-elle, en lui montrant les deux lettres de Floridon qu'elle tenait encore ouvertes ! Fais autant de serments pour justifier mon ennemie que tu m'en as fait de faux pour me faire croire que tu m'aimais. Perfide et trompeur, pouvais-je m'imaginer que, sous des attraits si innocents, tu cachasses une âme si double et si traîtresse ? Ingrat, tu ne respires que par ma bonté, et ce n'est pas assez d'en témoigner une si grande méconnaissance, si tu ne t'en sers encore pour me faire mourir de douleur ! »

Ces paroles et le courroux qui éclatait en ses yeux plus qu'on ne peut l'imaginer, et l'écriture de Floridon, que Bajazet reconnaissait, le rendaient l'homme du monde le plus confus. Il ne pouvait concevoir par quel moyen ces lettres étaient tombées entre les mains de l'impératrice et, voyant son grand emportement, il ne savait que croire de Floridon, qu'il ne voyait plus. Ainsi, indigné contre lui-même de la faute qu'il croyait avoir faite d'avoir perdu ces lettres par sa négligence, incertain de ce qui arriverait d'un accident si sinistre et tremblant pour la pauvre Floridon, il ne savait par où commencer pour répondre à la sultane. Il voulait désavouer[40], mais, sachant ce qui était contenu dans ces lettres, il n'y avait pas de moyen. Il voulait se charger de tout le crime et excuser Floridon, mais, pensant à la grande passion que l'impératrice avait pour lui, il

39. Le texte est obscur et probablement altéré. On peut comprendre que la fureur de son amour se joint à la blessure de l'amitié, un temps apaisée par les excuses de Floridon, pour provoquer son emportement.

40. *Désavouer* : nier, refuser de reconnaître.

prévoyait que ce ne ferait qu'augmenter sa furieuse jalousie[41] et, bien loin de sauver son amante par ce moyen, il craignait de la perdre, si déjà elle n'était perdue. Ainsi il demeurait aussi interdit qu'on le puisse être.

Et cependant la sultane, qui voyait sa confusion, le pressait étrangement :

— « Tu te tais maintenant, ajoutait-elle, et ta bouche, si savante en faussetés pour séduire mon cœur qui t'adorait, n'a rien à me répondre à présent que tu connais qu'il ne peut plus te croire. »

Mais, si Bajazet ne pouvait répondre à cette princesse, les tristes regards qu'il lui jetait avaient de puissants discours pour elle. Son âme, insensiblement, s'attendrissait à la vue d'un objet qui naturellement lui était agréable, et son amour, qui la possédait encore davantage que sa haine ne l'agitait, tournait bien plutôt son esprit vers les reproches qu'elle pouvait faire à son amant que vers les autres sentiments d'indignation et de courroux qu'elle pouvait avoir contre sa rivale.

— « Tu aimes mieux mourir, reprenait-elle, voyant qu'il ne lui répondait encore rien, que de vivre sans en aimer une autre que moi ? », et, en même temps, elle lui montrait l'endroit de la lettre où Floridon avait écrit ces paroles. « Va, je ne te veux point parler des biens que je t'ai faits : ton mérite pouvait peut-être les obtenir de toute autre que de moi. Je ne te dis plus que je t'ai laissé vivre contre tous les intérêts de mon sang : ta

41. Dans *Bajazet* (V, 4, vers 1553-54), le héros, en essayant d'innocenter Atalide :

> De mes emportements elle n'est point complice,
> Ni de mon amour même et de mon injustice,

ne fait qu'irriter davantage Roxane et hâter leur perte.

beauté pouvait fléchir une âme barbare. Mais, cruel, t'ai-je dénié la moindre partie de mes affections ? Me pouvant faire aimer de qui j'eusse voulu, je n'ai choisi que toi, et mon cœur, qui pouvait être le but des plus ambitieux de tout l'empire, ne t'a pas coûté un seul soupir !

« Je ne crains point que tu me reproches le tort que je me suis fait de commencer la première à t'aimer : je prétends que tu m'en es obligé. J'ai élevé ton cœur jusqu'à moi, qui n'eût osé en concevoir seulement la pensée, et, pour t'obliger à plus de reconnaissance, je t'ai donné libéralement et sans peine ce que toute ta vie, employée à me servir, ne te pouvait faire mériter. Malheureuse que je suis d'avoir borné tous mes désirs à plaire à qui me trouve l'objet du monde le plus déplaisant ! d'avoir donné toutes mes pensées à celui qui me parle et ne me voit qu'avec contrainte ! et d'avoir enfin si malheureusement mis toute mon amitié que j'en ai fait possesseur un prince qui est devenu le plus grand de mes ennemis, qui me hait plus que la mort et qui ne me traite de la sorte que parce que je l'aime plus que ma vie ! »

Jusque-là, Bajazet ne lui avait rien répondu, mais, voyant enfin que ses regards s'adoucissaient et que cette grande colère se dissipait par les pleurs qui lui tombaient des yeux, touché en partie de ses reproches et de ses charmes, que la grande passion qu'elle lui faisait voir semblait augmenter, et ne pouvant tout à fait oublier qu'effectivement il l'avait aimée, soit qu'alors il fallût feindre encore pour son salut, ou que véritablement, par la présence de l'objet, il ne se pût défendre, il crut qu'il était temps de lui répondre.

— « Ah ! Madame, lui dit-il, j'ai failli, je l'avoue ; mais je ne suis pas si criminel que vous le dites. Ma plume ou ma bouche peut-être ont manqué à ce qu'elles vous devaient ; mais, quelque outrage qu'un caprice de jeunesse les ait obligées de commettre envers vous, mon cœur est encore innocent et aussi exempt de perfidie qu'il l'était quand vous me fîtes l'honneur de le recevoir. Pardonnez, Madame, à une passion qui en rien n'a offensé le respect et l'estime qui accompagnent celle que j'ai pour vous et que je conserverai toute ma vie. Laissez vivre la pauvre Floridon, quel que soit notre crime. Je ne puis désavouer à votre Hautesse que c'est moi seul qui l'ai commis. »

Et comme, pendant ce discours, il s'était jeté à ses pieds, tantôt il lui embrassait les genoux, et tantôt il prenait ses mains, qu'il baisait avec de grandes démonstrations d'amour. Mais la sultane, ne se rendant pas encore à cette fois, le repoussait, en lui disant qu'il réservât ses caresses pour l'esclave qui était cause qu'il la méprisait. Et, comme il eut dit ces dernières paroles par lesquelles il voulait justifier Floridon :

— « Ah ! ingrat, s'écria-t-elle, c'est là où je t'attendais. Ne crois pas m'en faire accroire avec tes fausses protestations. La crainte que je ne perde ma rivale te met en la bouche tous ces discours, et tu ne songes pas tant à me fléchir que tu songes à la sauver. »

Ces paroles, qui semblaient redoubler le péril où était Floridon, redoublaient les soumissions et les serments de Bajazet, et, au plus fort de la colère de la sultane, il n'épargnait rien pour lui faire voir que l'amour qu'il lui disait avoir pour elle était véritable et pour lui en témoigner l'empressement.

Cependant la pauvre Floridon était dans le cabinet, attendant avec toutes les frayeurs qu'on peut imaginer ce qui arriverait de cette aventure ; et, balançant entre l'espérance et la crainte, l'on peut croire le pitoyable état où elle dut être tout ce temps, qui ne fut pas court, comme il est aisé de se le figurer à ceux qui, ayant aimé, en sont quelquefois venus aux éclaircissements[42].

Les reproches, les injures, les menaces et les plaintes de la sultane ne se pouvaient pas expliquer en peu de paroles ; et Bajazet, qui faisait tout ce qui lui était possible pour se justifier et pour sauver Floridon, ne devait pas apparemment avoir peu de choses à dire. Il pria, il pleura, il fit le désespéré, il témoigna se repentir et il lui demanda qu'elle le fît mourir. Mais enfin, quelque espoir et quelques terreurs qui se mêlassent à ses actions et à ses discours, il est aisé de croire qu'il ne pensait pas que cette aventure dût avoir une conclusion si extraordinaire.

La sultane paraissait un peu remise de son extrême colère ; elle écoutait Bajazet plus paisiblement ; mais elle témoignait toujours bien qu'elle n'ajoutait pas une entière créance à ses excuses ; et enfin, après avoir ouï tout ce qu'il lui pouvait dire :

— « Bajazet, lui dit-elle, je t'avoue que, voyant tant de sujets de te haïr, je ne sais pourquoi je ne puis m'empêcher de t'aimer. Ne prétends pas m'abuser : avant que tu fusses venu, mes résolutions étaient prises. Floridon vivra encore. Mais ne crois pas devoir son salut à tes larmes, non plus qu'elle à son repentir. Ne pense point que j'ajoute foi à tes serments, qui se sont découverts pleins de faussetés : je sais la passion que doit attendre de toi une femme qui, en comparaison de sa rivale, ne passe plus pour jeune dans ton esprit. Tu l'aimeras mieux que moi, je le sais, et cependant je la laisserai vivre. Mais elle ne vivra que parce que je me souviens que je l'ai aimée et parce que je t'aime encore plus que moi-même.

42. *Éclaircissement* : explication en vue de tirer au clair une attitude ou des paroles jugées offensantes (Dubois-Lagane).

« Prévoyant que la mort de ma rivale attirerait peut-être la tienne, ou du moins te causerait un grand déplaisir, pour te donner la plus extraordinaire preuve d'amour que peut-être jamais femme ait donnée à un homme, elle ne mourra point, et je te permets encore de la voir. Elle s'est rendue indigne de ma faveur et de l'honneur de paraître devant moi : aussi ne la verrai-je jamais. Je la vais faire passer à Pera[43] ; là, elle sera logée dans un sérail, où je ne veux pas que rien lui manque et où elle n'aura rien qui lui puisse faire remarquer la décadence de sa fortune que d'être privée de l'honneur de me voir. Choisis tel jour de la semaine que tu voudras pour le passer avec elle : il te le sera permis. Mais si, hors ce jour-là, je découvre que tu la vois un seul moment, ni le souvenir de l'amitié que j'ai eue pour elle, ni la passion que j'ai pour toi ne me pourront empêcher de vous faire mourir tous les deux dans les plus cruels supplices qu'on puisse imaginer, quand le déplaisir de t'avoir donné la mort me devrait coûter la vie un moment après. »

Bajazet voulut lui répondre, mais elle ne lui en donna pas le loisir. Elle rentra en même temps dans son cabinet, où elle fit savoir à sa rivale sa résolution, de la manière qu'elle avait dit à ce prince ; et, dès le jour même, elle la fit passer à Pera.

C'est une partie de Constantinople ; mais, comme cette superbe ville est, ce semble, bâtie pour commander aux deux plus belles parties du monde, qui sont l'Europe et l'Asie, elle en a une partie dans l'une et une partie dans l'autre, qui ne sont divisées que par le trajet du Bosphore. Celle qui est dans l'Europe s'appelle

---

43. Pera : quartier de Constantinople, au Nord de la Corne d'Or qui la sépare du centre, et non de l'autre côté du Bosphore, comme l'écrit Segrais.

Constantinople, qui est la plus belle ; l'autre s'appelle Pera, peuplée de Chrétiens qui paient tribut[44].

Suivant donc cet accord, Bajazet allait voir Floridon un des jours de la semaine ; et, à la Porte, on parla diversement de sa disgrâce, sans qu'on en pût savoir le véritable sujet. Or ces amants, qui se voyaient tirés d'un si grand péril, ne laissaient pas, dans les commencements, de se tenir heureux. Songeant à la bonté de l'impératrice, Bajazet ni Floridon n'osaient murmurer contre elle, et comme rarement peu des sultanes qui sont enfermées dans le sérail pour les amours du Grand Seigneur le possèdent seules, Floridon se consolait par cet exemple et, au jour où il lui était permis de voir Bajazet, elle s'étudiait de le recevoir avec toute la magnificence possible. D'un autre côté, Bajazet, craignant d'irriter la sultane, se conduisait avec elle d'une manière qu'elle avait toujours quelque sujet de croire que la passion qu'il avait pour Floridon ne l'entraînait point jusqu'au dégoût et au mépris pour elle.

Amurath cependant était en Perse et l'on ne parlait à Constantinople que de ses conquêtes. Il avait gagné plusieurs batailles, forcé cent villes, envahi deux ou trois provinces et, ce qui était encore plus que cela, il avait pris l'ancienne Babylone, qu'aujourd'hui les Turcs et les Persans appellent Bagadet[45], ce que le grand Achmet[46] ni aucun de ses prédécesseurs n'avait jamais pu faire, quoique ils l'eussent entrepris par plusieurs fois.

---

44. Pera et Galata étaient en effet peuplés de chrétiens, alors que les Turcs habitaient la partie de la ville au sud de la Corne d'Or.

45. Mourad prit effectivement Bagdad en 1638. Mais c'est au cours du siège d'Erivan, en 1635, qu'il avait donné l'ordre d'étrangler ses frères Bayezid (Bajazet) et Suleiman (que Du Verdier nomme Orcan).

46. Ahmed I (1590-1617), père de Mourad IV.

Ce prince, enflammé de si heureux succès et animé de la bouillante ardeur de son courage et de sa jeunesse, ne s'en voulut pas contenter. Il se trouvait encore avec quatre cent mille combattants et, quoique l'hiver s'approchât, il lui prit fantaisie de pousser ses conquêtes plus loin et de porter dans le sein du royaume de Perse la guerre que les Persans avaient auparavant lui[47] tant de fois portée dans le milieu de ses états[48]. Il fait donc assembler ses troupes, qui étaient si nombreuses, dans ces grandes plaines qui sont sur les bords de l'Euphrate et, allant de rang en rang, il leur voulut lui-même parler de son dessein et leur en remontrer[49] la gloire, ajoutant enfin que, de sa seule autorité, il les pouvait mener où il y allait de sa réputation ou de ses intérêts, mais qu'il n'en voulait rien faire sans le consentement de tous, depuis le moindre soldat jusqu'aux premiers officiers de son armée. Il leur déclare que, pour cela, il voulait que chaque compagnie s'assemblât sous son drapeau, que les capitaines cueillissent[50] les voix des soldats et les rapportassent à leurs maîtres de camp, et qu'enfin, de toute l'armée, dix ou douze fussent députés pour lui venir rapporter sans contrainte aucune les sentiments de tous. Il crut par là que ses troupes le suivraient plus volontiers, aimant mieux qu'on

---

47. *Auparavant lui* : avant lui.

48. Après la révolte des janissaires et l'exécution d'Osman II (1622), sous le faible Moustafa Ier (mort en 1623) et pendant la minorité de Mourad IV, l'anarchie régnait dans l'empire ottoman et les Perses en avaient profité pour envahir le pays. En 1632, Mourad IV, secouant l'autorité de la sultane-mère, réprima les révoltes intérieures et reprit l'offensive contre les Perses.

49. *Remontrer* : « se dit aussi simplement pour représenter, faire considérer » (Fur.).

50. *Cueillissent* : recueillissent.

lui obéît par douceur, en un commandement qu'il jugeait pénible pour les difficultés qu'il y prévoyait, que de se servir de son autorité. Mais cette voie, qui est sans doute la plus humaine et la plus raisonnable, n'a pas toujours les succès qu'elle mérite.

Il y avait trois ou quatre ans qu'il était parti de Constantinople et par conséquent autant que les janissaires qui composent la plus belle partie de ses troupes n'avaient vu leurs familles et leurs femmes. L'hiver s'approchait, qui est horrible aux environs des montagnes qu'il leur fallait passer[51]. L'entreprise était estimée pénible au dernier point et fort incertaine en son succès. Ainsi le soldat impatient et mutin ne se donnant pas le loisir de suivre les ordres de son empereur, il s'éleva un bruit qui se fortifia par l'exemple, qui se composa enfin du plus grand nombre de l'armée et qui fit connaître à Amurath qu'il ne serait pas obéi. Parmi tant de voix, il oyait que les uns demandaient de se reposer pour récompense de leurs travaux, les autres de retourner en leur patrie, et les moins emportés de remettre au printemps une entreprise si laborieuse et si difficile.

Ce bruit lui déplut extrêmement, mais, voyant qu'il fut suivi d'un cliquetis de leurs armes les unes contre les autres et que ceux qui portaient des boucliers se mirent à tirer leurs épées pour frapper dessus, ce qui parmi eux était un signal qu'ils ne lui obéiraient point, il entra en une si grande colère qu'empoignant son cimeterre, il le tira du fourreau et, avec un regard terrible, menaça toute son armée, disant qu'il ferait mourir de sa propre main le premier qui refuserait de le sui-

51. Des chaînes de montagnes, les monts Zagros, séparent en effet le bassin du Tigre et de l'Euphrate du centre de la Perse.

vre. Sur quoi la révolte s'échauffa et parut plus grande qu'auparavant, mais si malheureusement pour le pauvre Bajazet que l'empereur, ayant ouï parmi les cris des soldats que, puisqu'il les menaçait de la sorte, ils savaient bien à qui se donner et que, s'il ne voulait les ramener à Constantinople, ils en savaient bien le chemin et ce qu'ils y trouveraient, ces deux derniers mots coûtèrent la vie à ce jeune prince. L'empereur dissimula pour l'heure ; mais, ayant fait rentrer l'armée dans son camp, il ne fut pas plutôt dans sa tente qu'il envoya un capitaine de ses gardes avec ordre à Bajazet de donner sa tête. (Il n'en faut pas davantage dans les cruelles maximes de cet empire pour faire mourir quiconque déplaît au sultan, depuis le moindre de ses sujets jusqu'à ses frères ou ses fils.)

Il y avait déjà quelque temps que ce que j'ai dit s'était passé entre la sultane, Floridon et Bajazet, quand le capitaine des gardes arriva. Mais cet homme ayant mal pris ses mesures, la sultane et Bajazet en ayant eu avis et ayant concerté ensemble, le prince le fit tuer lui-même et la sultane, feignant de prendre cet officier pour un imposteur, donna les mains à sa mort[52], quoique elle connût bien le péril où elle s'exposait.

Mais enfin on ne peut éviter son destin. Autant qu'elle travaillait pour le salut de Bajazet, autant il travaillait lui-même à se détruire. Tout ce qu'il devait à la sultane ne put prévaloir par-dessus Floridon. La passion qu'il avait pour elle, lasse d'être resserrée dans de si étroites limites, s'échappa et se révolta tout à fait.

---

52. Dans *Bajazet* (I, 1, vers 79-80), Acomat apprend à Osmin qu'un esclave, porteur de l'ordre du sultan de mettre à mort Bajazet, a été assassiné à son arrivée à Constantinople :

Cet esclave n'est plus : un ordre, cher Osmin,
L'a fait précipiter dans le fond de l'Euxin.

Il voyait cette fille le plus souvent qu'il pouvait, mais il s'y conduisait si inconsidérément qu'il n'y apportait nulle précaution. Floridon avait des envieux et des ennemis, comme il est aisé de le croire par la haute fortune où elle avait été élevée. Ce qui s'était passé entre elle et la sultane ne put être à la fin si secret qu'avec le temps on n'en sût quelque chose, et quelqu'un, ayant découvert les allées et venues un peu trop fréquentes de Bajazet vers Pera, la sultane ne manqua point d'en être avertie.

Elle ne témoigna pourtant rien à ce rapport, étant trop habile pour s'emporter sur ce sujet ; mais, en ayant d'ailleurs quelque soupçon, elle prit la résolution de s'en éclaircir elle-même. Ce qu'elle avait nouvellement fait pour Bajazet l'outrait[53] au dernier point, et, comme elle vieillissait en sorte que son miroir ne lui en pouvait plus cacher mille témoignages, elle se persuada bien que l'avenir lui causerait encore de plus grands sujets d'ennui. Donc, par une simple curiosité assez capable d'entrer dans l'esprit d'une personne qui aimait comme elle, ayant fait venir le prince Bajazet et ayant feint d'être malade devant lui, si bien qu'il n'en pouvait douter, elle crut que, si ce qu'on lui avait rapporté était véritable, il prendrait infailliblement ce temps-là pour aller trouver Floridon. Elle se releva de son lit à l'heure qu'on lui avait donnée et, se déguisant comme les femmes du commun qui vont au bain, elle se rendit au bord de la mer, où elle prit une chaloupe et commanda au batelier qui la conduisait de la laisser aller au gré du courant, comme si elle eût voulu prendre l'air seulement.

53. *Outrer* : « piquer au vif..., irriter » (Fur.).

Bajazet fut si malheureux qu'il prit presque ce même temps. La sultane ne fut pas sitôt venue que, dans le milieu du canal, elle aperçut derrière elle une autre chaloupe que six forçats faisaient aller de toute leur force, et sur la poupe remarqua de fort loin que c'était Bajazet. Il était assis sur un carreau de velours cramoisi qui était placé sur un de ces riches tapis de Perse, qui couvrait presque toute la chaloupe. Soudain elle dit au batelier qui la conduisait que c'était le prince et qu'il s'éloignât pour le laisser passer, ce qu'il fit, et la chaloupe de Bajazet passa fort près de la sienne.

Certes, si elle ne s'en était pas vue si cruellement méprisée, il était dans un état capable de lui donner de l'amour plus qu'il n'avait fait. Jamais il ne parut d'une taille plus avantageuse ; jamais ses yeux ne furent plus brillants, ni sa bouche plus vermeille, et la joie qui paraissait sur son visage animait si vivement l'incarnat de ses joues et de son teint que toute autre que la sultane en eût été touchée sans doute. Mais son indignation se rendait trop forte. L'allégresse qui était toute visible sur le visage de ce prince faisait naître en elle un si mortel ennui qu'elle se sentait presque défaillir. Avec cela, il avait ajouté pour sa parure tout ce que l'art pouvait ajouter à la nature. Jamais il n'avait pris une robe plus superbe : elle était d'une de ces riches brocatelles[54] d'or qui viennent de l'Orient, prise avec justesse sur sa taille, qu'il avait belle par excellence. Au bout d'une grosse chaîne d'or pendait à côté un cimeterre, dont la garde et le fourreau éclataient de pierreries. Son turban était de médiocre grosseur, où tenait une aigrette avec une attache de diamants d'une valeur inestimable ; mais tout cela mis galamment et avec une

54. *Brocatelle* : étoffe brochée d'or ou d'argent.

propreté si naturelle qu'il ne se peut pas davantage. Ces ornements, qui devaient être de si grands charmes pour Floridon, étaient autant de coups de poignard qui perçaient le cœur de la sultane.

Elle commanda au batelier de prendre le fil du canal ; mais elle le suivait comme un captif suit le char de triomphe de son vainqueur. Abattue de douleur et crevant de dépit, elle voulut s'éclaircir jusqu'au bout, autant que son batelier pouvait à force de rames suivre les forçats qui conduisaient Bajazet, et, autant qu'elle le pouvait approcher sans lui donner de soupçon, elle le suivait, ayant toujours la vue attachée sur lui.

Il avait pris le milieu du courant et semblait n'avoir nul dessein de venir à la rade[55], ce qui lui donnait encore quelque consolation. Mais, comme il fut au droit du palais de Floridon, elle vit que la chaloupe s'y dressa[56] tout d'un coup et que, quittant le fil de l'eau, il tourna vers le bord avec une extrême vitesse, mais qui, certes, parut encore bien plus grande à ses yeux qu'elle ne l'était effectivement. Son transport fut tel, à ce triste spectacle, que, si le batelier y avait pris garde, il s'en fût sans doute aperçu ; mais il était si attentif à conduire sa barque qu'il ne songeait à autre chose, outre qu'elle avait le visage couvert selon la coutume des femmes qui vont au bain.

Ce qui acheva de la désespérer, ce fut que le prince n'eut pas plutôt pris terre qu'elle remarqua que, d'un balcon qui était au palais de Floridon et qui avançait dans la mer, on jeta tant de fleurs sur lui que tout l'air en était parfumé et à un tel point que, quand ses yeux

---

55. *A la rade* : au mouillage.

56. *s'y dressa* : s'y dirigea.

ne se fussent pas aperçus d'un spectacle si triste pour elle, l'excellente odeur qui venait de ce côté-là l'eût sans doute obligée d'y prendre garde. Plusieurs esclaves vêtues superbement étaient sur ce balcon et, tenant en leurs mains des corbeilles de fleurs, continuèrent à les répandre jusqu'à ce qu'il fût à la porte du sérail. Sitôt qu'elle fut entr'ouverte, deux femmes belles à merveille jetèrent sur lui une simarre précieuse au dernier point. Bajazet était si transporté d'amour et avait tant de fois rendu de pareilles visites à Floridon, sans que la sultane en eût rien su, qu'il n'y apportait plus nulle considération[57] et, la croyant malade, il n'avait garde de la penser si proche de lui.

Jusqu'alors, elle avait toujours eu la vue attachée de ce côté-là ; mais, voyant que Bajazet était entré dans ce sérail et repassant dans son imagination la félicité de sa rivale, peu s'en fallut que sa jalousie ne la transportât à un si haut point que, déclarant sa qualité à son batelier, elle ne se fît conduire au lieu où elle était pour aller interrompre le bonheur de ces amants qui lui coûtait si cher. Trop habile néanmoins pour s'aller commettre entre les mains de sa rivale, elle se fit ramener au lieu où elle s'était embarquée et de là, gagnant une fausse porte de son sérail où un eunuque l'attendait, elle se glissa en son appartement, où elle se remit au lit, si outrée de douleur qu'on ne le peut pas imaginer.

Ses pleurs, ses soupirs et ses longs sanglots en étaient témoins ; mais, parmi tout cela, elle laissait quelquefois échapper des paroles si tristes que l'âme du monde la plus barbare en eût été touchée. La mort de Bajazet était résolue dans son esprit, car sa dernière ingratitude

57. *Considération* : circonspection, discrétion.

lui donnait sans comparaison plus de rage contre lui qu'elle n'en avait contre sa rivale.

« Autrefois, disait-elle, que tu me l'as ravi d'entre mes bras, trop heureuse Floridon, je devais me venger de toi ; mais présentement je ne dois accuser que ma simplicité. Dois-je vouloir que tu lui fermes la porte, après le hasard où il s'expose pour l'amour de toi ? Mais quant à cet ingrat pour qui, depuis huit jours, j'ai encore exposé et mon autorité et mon sang et ma vie, ah ! comment lui pardonner ? »

La sultane répétait souvent ces paroles ou de semblables et paraissait tout à fait résolue à la perte de ce prince. Mais, quand il lui fallait songer à la manière de l'exécuter, quand elle se représentait qu'elle ne le verrait plus et quand elle songeait combien elle l'avait aimé, ce n'était pas un léger combat dans son esprit. Ses menaces méprisées et son amour outragée et déçue tant de fois lui inspirèrent les plus cruelles résolutions dont une femme irritée puisse être capable. Mais les charmes de Bajazet et l'amour invincible qu'elle avait pour lui le défendaient extrêmement et, à la fin, s'ils n'eussent vaincu, du moins ils eussent tenu longtemps la victoire en balance ; mais ce prince était encore plus malheureux sur les frontières de Perse, par la mutinerie des soldats, qu'il ne l'était à Constantinople par sa faute.

L'amitié de son frère était diminuée par l'absence, où elle n'agissait pas si puissamment que l'amour de la sultane. La sédition de l'armée qui augmenta la vainquit entièrement. La colère et la crainte de l'empereur achevèrent ce que la sultane peut-être n'aurait jamais fait. Quoiqu'il ne doutât point que son commandement ne dût être exécuté, par une détestable prudence, non qu'il pût prévoir ce qui arriva à son premier courrier (car ce fut une chose fort singulière parmi les Turcs), mais craignant le retardement et les accidents des chemins, sept ou huit jours après, il en députa encore un autre, qui arriva dans ce temps même qui lui était si fatal.

Cet homme, ayant été instruit de l'accident qui était arrivé à celui qui l'avait devancé, voulut mieux prendre ses mesures qu'il n'avait fait. Il alla trouver la sultane et il lui montra les ordres d'Amurath (et c'était précisément en ce même instant que je viens de décrire). Dans l'état où elle était contre le prince Bajazet, il est aisé de croire qu'elle n'y apporta pas grande résistance. Se voyant méprisée tant de fois, voyant ce qu'elle avait hasardé déjà et craignant qu'enfin l'empereur, qui, par le rapport de ce courrier, avait changé son dessein pour l'expédition de Perse et devait être l'hiver à Constantinople, n'apprît quelque chose de ses amours, elle répondit que le sultan était absolu et que ses commandements devaient être exécutés. Ainsi le soir même, Bajazet étant retourné chez lui, cet homme, qui n'était autre qu'un chiaoux[58], qui est comme un huissier du cabinet parmi nous, s'en alla le trouver, ayant pris seulement avec lui le juge du peuple et quatre muets, qui d'ordinaire servent à ces cruelles exécutions[59], et, de cette manière, il le fit étrangler, sans qu'aucun y apportât la moindre résistance.

L'empereur ne porta pas longtemps la punition de ce parricide[60] : deux ou trois mois après, étant revenu à Constantinople, il y mourut d'une débauche qu'il fit.

---

58. *Chiaoux* : nous écririons un chaouch.

59. Dans *Bajazet*, le héros est également étranglé par les « muets » : cf. vers 1454 :

> Orcan et les muets attendent leur victime.

60. *Parricide* : le terme désigne, au XVIIe siècle, le meurtre d'un parent proche, et pas seulement d'un père.

Floridon, se doutant bien de ce qui s'était passé, évita d'abord la colère de la sultane ; mais, peu à peu, elle fit sa paix, au point que la sultane la souffrit dans Constantinople. Elle accoucha d'un fils qu'elle eut de Bajazet. La sultane aima même cet enfant ; et c'est ce jeune prince qui, ayant été envoyé par sa mère à La Mecque, avec une autre sultane de ses amies qui y allait par dévotion, fut pris, il y a cinq ou six ans, par les chevaliers de Malte, avec tous les riches présents qu'elle y envoyait[61].

Dans le même temps que Silerite mit fin à son récit, le carrosse de la princesse se trouva[62] au plus beau lieu qu'il y ait au monde. Ce fut sur un tertre qui est à une lieue et demie du château. Ce lieu est[63] élevé au-dessus de toutes les collines qui l'enferment, à la réserve d'un côté qui est fermé d'un grand bois, de sorte qu'on y découvre de tous les autres côtés la plus charmante vue qu'on puisse imaginer. Pour être élevé de la sorte, l'herbe ne laisse pas d'y être verte, comme dans ces prairies qui bordent les fleuves[64], et son terrain s'y fait voir si uni et si égal qu'on a peine à croire que ce qui n'est qu'un jeu de la nature ne soit pas quelque effort de l'industrie des hommes, qui auraient pris soin d'aplanir cette place. Ce tertre se trouve à l'entrée de ce bois

61. Ce détail, qui augmente l'impression d'authenticité du récit, vient de Mézeray (*Histoire des Turcs*, p. 173). L'historien y relate la prise par les galères de Malte, en 1644, d'un vaisseau turc, avec un butin précieux et un enfant, probablement fils d'Ibrahim.

62. On se souvient que Silerite a voulu faire son récit durant une promenade en carrosse, tandis que Segrais caracolait à la portière.

63. Le verbe manque dans le texte original.

64. Le texte original porte « fleurs », ce qui est évidemment une coquille.

qui, pour son antiquité et sa hauteur, ne se peut voir qu'avec admiration, de sorte qu'on prendrait aisément cette belle place pour une agréable anti-cour[65] ou pour un superbe vestibule qui conduit à la charmante demeure ou aux secrets appartements des dryades[66] de toute la contrée. Jamais voyageur, quelque précipité qu'il ait pu être, n'a passé devant cette solitude qu'il ne lui ait pris envie de s'y reposer.

Ces dames eurent ce désir au même temps ; et ces superbes hêtres et ces vieux chênes sont tels qu'on n'a pas sitôt jeté la vue dessus qu'il faut de nécessité s'écrier :

Mon Dieu ! que mes yeux sont contents
De vois ces bois qui se trouvèrent
A la nativité du temps[67].

Toutefois une si agréable idée ne put ôter de l'esprit de ces dames celle qu'elles conservaient de l'agréable récit que leur avait fait la spirituelle Silerite. Elles n'eurent pas plutôt rendu à ce lieu l'hommage de l'admiration qui lui est due qu'elles retournèrent en même temps leurs pensées et leurs discours sur les aventures de l'habile sultane, du beau prince turc et de la charmante esclave. Il n'y avait que trop de quoi s'entretenir ; mais l'agréable manière dont Silerite a le don de s'exprimer était le premier objet qui les semblait occuper. Et Uralie, prenant la parole :

— « En vérité, Madame, on ne peut pas rien raconter avec plus d'agrément que vous nous avez récité cette

65. *Anti-cour* : « Première cour qui est auparavant une autre. » (Fur.).

66. *Dryade* : divinité des forêts.

67. Ces vers sont les vers 5-7 de la Solitude, de Saint-Amant, in *Œuvres,* 1629, éd. J. Bailbé, S.T.F.M., p. 34.

aventure. J'étais chez la reine un jour que le même auteur que vous avez cité[68] lui en fit le récit, et je croyais avec toute la France que personne ne lui pouvait contester le don de la narration, mais je vous proteste que j'ai trouvé des inventions et des charmes dans votre récit, qui n'étaient point dans le sien, quoiqu'il semblât qu'on n'en pouvait souhaiter qui n'y fussent au suprême degré. Il m'en souvient très bien, et surtout qu'il ajoutait une chose, qui, à la vérité, ne fait rien à votre histoire, mais qui pourtant mérite bien d'être sue et qui confirme bien l'habileté de la sultane.

« Amurath revint à Constantinople deux ou trois mois après la mort de Bajazet et il y mourut comme vous l'avez raconté. Il avait eu sept enfants mâles de différentes sultanes, qui lui étaient tous morts, de sorte que, blasphémant contre le Ciel, désespéré de mourir si jeune et de ne laisser point d'autres successeurs qu'Ibrahim, son frère, qu'il tenait enfermé, comme vous l'avez dit, et qui était stupide au dernier point, il lui vint en fantaisie, puisqu'il n'en pouvait faire régner d'autre après lui qui lui fût agréable, d'avoir du moins la triste gloire de mourir le dernier des Ottomans[69]. La colère qu'il avait contre son frère était excusable en quelque manière, car ce prince était si lâche et d'un esprit si abruti que, tout épouvanté de la nouveauté de l'habillement des ambassadeurs étrangers, il se voulait jeter par les fenêtres, quand ils paraissaient devant lui. Mais c'était certes une étrange pensée, à l'article de la mort, de vouloir faire étrangler son frère.

68. M. de Césy.

69. La dynastie des Ottomans remontait à Osman qui, à la fin du XIIIe siècle, s'était rendu indépendant des Seldjoukides. Elle durera jusqu'en 1919.

« Cependant il l'aurait fait sans doute, sans que la sultane, qui par cette mort voyait son autorité abattue sans remède, l'empêcha par une merveilleuse dissimulation. L'empereur avait fait venir les muets et tout le funeste équipage qui sert à ces fatales exécutions, et, les ayant fait cacher dans un lieu proche de sa chambre, il s'adressa à la sultane pour la prier de faire venir son frère. Elle, qui le connaissait jusqu'au fond de l'âme ou qui avait peut-être su quelque chose de son dessein, demeura d'abord sans lui répondre et, portant son mouchoir à ses yeux, se mit à pleurer amèrement de sorte qu'Amurath, qui ne croyait pas qu'elle pût soupçonner rien de son dessein, la pressant de plus en plus de faire venir son frère, lui dit qu'ayant toujours assez mal vécu ensemble, il était temps de se réconcilier et que, pour cet effet, il serait bien aise de l'embrasser. La sultane lui répondit qu'il n'était point nécessaire de ce triste embrassement, que cela ne ferait qu'affliger son naturel, mais tout cela avec tant de larmes que l'empereur ne put s'empêcher de lui demander le sujet de cette grande douleur. Sur quoi, feignant de faire un violent effort :

— « Ah ! mon fils, reprit-elle, plût à Dieu que le pauvre Ibrahim fût en état de recevoir l'honneur que vous lui voulez faire et qu'il se portât aussi bien que vous ! car il n'y a point de doute que le Ciel, qui connaît combien votre Hautesse est nécessaire à tant de peuples, la rendra aux vœux et aux prières qu'ils font pour sa conservation, et c'est l'opinion de tous les médecins que, sans un grand changement, votre mal n'a rien de périlleux. Mais, pour Ibrahim, il n'en est pas de même. »

« Elle accompagna ses paroles d'une contenance si affligée et d'un visage si triste qu'elle lui persuada d'abord qu'il était dangereusement malade et ensuite qu'il était mort, ajoutant que, dans la connaissance qu'elle avait de son bon naturel, elle n'avait pas voulu lui donner un si grand déplaisir pendant l'effort de son mal, et que même elle ne lui en aurait pas encore parlé sans l'empressement qu'il en avait témoigné et sans qu'elle avait su des médecins qu'il était en meilleur état.

« Alors Amurath, plein de joie, rendit autant de grâces au Ciel qu'il avait vomi d'exécrations contre lui.

— « Grâce à Dieu, dit-il, le dernier de mes souhaits est exaucé et je lui suis encore obligé de ce qu'il me dispense d'un crime. N'ayant point laissé de successeurs de ma race, ce m'est du moins quelque consolation d'emporter avec moi tous les restes du sang illustre dont je suis né. »

« En disant ces paroles, il mourut, et on en alla porter la nouvelle à Ibrahim. Ce stupide n'en voulut rien croire, craignant qu'on ne lui voulût donner une joie qui le rendrait digne de la mort, et on lui avait même ouvert les portes de son cachot qu'il ne voulait pas sortir et serait demeuré là éternellement, si sa mère ne l'en fût venu tirer.

« C'est sous l'autorité de celui-là et des deux jeunes princes qui en sont sortis qu'elle a régné si longtemps, jusqu'à ce qu'elle ait été dépouillée du gouvernement et de la vie par une intrigue du grand vizir, qui la fit étrangler et qui lui a fait succéder la sultane Salie, mère des deux jeunes princes[70]. C'est celle qui règne aujourd'hui avec autant d'habileté que celle qui l'a précédée, mais avec l'avantage de n'avoir que vingt-sept ou vingt-huit ans, d'être beaucoup plus humaine et

---

70. Pendant le règne d'Ibrahim (1640-48) et le début du règne de son fils Mohamed IV (né en 1641), les sultanes mères se disputèrent le pouvoir et les grands vizirs se succédèrent. C'est seulement à partir de 1656 que Mohamed Kupruli, nommé vizir, rétablit l'ordre.

d'être une des plus belles personnes qu'il y ait au monde. Elle est de Russie et, se souvenant qu'elle est née sujette du roi de Pologne, elle a lié une amitié très étroite avec l'illustre princesse que ce grand roi a épousée »[71].

Ce qu'Uralie ajouta à la nouvelle de Floridon fut très agréable à toute cette illustre troupe et l'insigne cruauté d'Amurath, avec la barbarie d'un gouvernement si éloigné de la douceur du nôtre, jointes à toutes les observations que l'on pouvait faire sur l'histoire de Floridon, ne leur donnèrent pas peu de matière de conversation.

La cruauté d'Amurath fut si généralement condamnée qu'elle ne laissait aucun sujet de contester. Quoique l'habileté de la sultane inspirât de l'admiration et quoique la grande passion qu'elle avait pour Bajazet, ayant été si cruellement méprisée, fût capable de trouver de la pitié en beaucoup d'autres juges, ceux à qui Silerite raconta les amours de cette princesse furent inexorables pour elle. Même quelque galanterie qui pût accompagner ses lettres et son procédé, par la plus grande injustice du monde, ni l'un ni l'autre ne purent trouver aucune approbation, jusque là[72] que la certitude qu'elles avaient que ce n'est pas dans des mœurs si éloignées des dames chrétiennes et françaises qu'il faut chercher des vertus si sévères, ne put modérer une censure si rigoureuse.

---

71. Louise-Marie de Gonzague (1611-1667) épousa d'abord Ladislas IV, roi de Pologne de 1632 à 1648, puis son frère Jean-Casimir (1648-68). Le « grand roi » dont parle Segrais est probablement Ladislas, qui repoussa une invasion des Moscovites, mais dut renoncer à la couronne des tsars (paix de Polianov, 1634).

72. *Jusque là* : à tel point que.

Floridon ne put trouver d'excuses dans la beauté de Bajazet et dans la forte passion qu'il avait pour elle. Elle ne fut pas moins généralement condamnée par l'avis de ces dames. Il est vrai que, si c'était quelque consolation pour elle, tout ce que nous étions d'hommes étions d'un avis tout contraire. Il n'y eut que Bajazet qui trouva quelque protection devant un si illustre tribunal. Je ne sais si l'horreur de sa mort diminua quelque chose de celle de son ingratitude ; mais je sais seulement qu'il y en eut quelqu'une qui conclut par cette pensée qu'on ne voyait rien de nouveau dans cet accident, puisqu'on n'y découvrait autre chose qu'une vérité qui semblait assez constante, à savoir que l'amour n'a jamais été vaincu par la reconnaissance.

Ce fut ce qui finit cette conversation. Je ne veux point vous en dire autre chose, car j'ai trop de hâte de vous faire part du passe-temps que Silerite fournit à cette incomparable société.

Après ce que j'ai raconté de l'invention des autres dames, il semblait qu'il ne fût pas possible d'imaginer un nouveau divertissement. Cependant vous en allez juger et conclure sans doute que, pour le peu de temps que cette dame eut à se préparer, aucune n'eut sujet de se vanter d'avoir mieux réussi.

Après l'agréable promenade, elle ramena cette illustre troupe dans le château et déclara que le passe-temps qu'elle promettait ne serait qu'après souper. On soupa donc et, incontinent après, elle mena la princesse et les dames dans la salle des comédies.

Le théâtre était éclairé et sa décoration représentait un agréable paysage. Les comédiens s'étaient assez reposés depuis leur arrivée pour croire que Silerite ferait l'ouverture de leur théâtre par quelque belle comédie de son choix et, par les apprêts, chacun tâchait de deviner laquelle ce serait. Mais, Aplanice ayant déjà donné la comédie si galamment[73], Silerite ne voulait rien imiter en autrui. Donc, après que la princesse eut pris sa place et fait seoir tout le monde, on vit sortir un homme et une femme représentant le printemps et la déesse Flore, qui vinrent chanter un dialogue en forme de récit, qui apprit à tout le monde que le divertissement qu'on aurait pour ce soir serait un ballet des plaisirs de la campagne. Ce dialogue fut parfaitement bien chanté et chacun, jugeant par là de l'invention de cette galanterie, se mit à admirer combien avaient été secrets ceux qui avaient appris ce ballet sans que personne en sût rien.

La Vertu amenant l'Envie, à l'Ambition enchaînée, et se venant réfugier à la campagne, loin des villes où ces deux passions règnent si puissamment, faisait la première entrée. Quatre nymphes chasseresses vêtues fort galamment composèrent la seconde et représentaient le plaisir de la chasse. Deux merciers avec leurs mallettes[74], allant visiter les maisons des gentilshommes et donner souvent le poulet, donnèrent une merveilleuse grâce à la troisième entrée par le burlesque de leur danse, qui mêla une fort agréable variété au sérieux des deux premières. Un jardinier et une jardinière, après avoir présenté à la princesse et à toutes les dames des bouquets de fleurs d'orange et de jasmin, dansèrent la quatrième et s'en acquittèrent parfaitement bien. La cinquième charma tout le monde : un amant mélancolique entra sur le théâtre avec un théorbe[75], chantant cette chanson[76] :

---

73. On se rappelle qu'après avoir conté l'histoire de Mathilde, Aplanice a fait représenter l'*Amarillis* de Tristan.

74. *Mallettes* : paniers dans lesquels les merciers ambulants portaient leur marchandise. Comme les « revendeuses à la toilette », ils remettaient parfois aussi des billets amoureux (les « poulets »).

75. *Théorbe* : sorte de grand luth.

76. Chanson XIII, in *Poésies diverses,* p. 126, réimp. Slatkine, t. I, p. 289.

Printemps aimable et délicieux,
Père des fleurs et des amours nouvelles,
Tu nous renouvelles
Tes dons précieux.
Belle peinture,
Belle verdure,
Par qui tout fleurit,
Par qui tout rajeunit,
Ta grâce
Fait changer de face
A tout ce qui vit.
Hélas ! tout change,
Hors le mal étrange
Dont mon cœur languit.

Depuis le temps qu'esclave d'Amour,
Les yeux d'Iris sont seuls mes destinées,
Toutes les années,
Je vois ton retour.
Amant de Flore,
Qui fais éclore
Tant d'attraits puissants,
Tu reviens tous les ans.
Ta grâce... (etc.)

L'air de cette chanson était si touchant et si triste qu'en vérité rien ne put l'égaler que celui que les violons jouèrent ensuite, qui fut si parfaitement bien dansé que cette entrée fut jugée la plus belle de toutes celles qui l'avaient précédée, tant la triste démarche et la contenance désespérée de cet amant solitaire exprimaient parfaitement bien les différents mouvements de cette violente passion.

Pour empêcher qu'une idée si lugubre ne s'emparât trop de l'esprit des spectateurs, cinq différents marchands qui s'assemblent pour une foire de village et un maître de singes, avec deux enfants vêtus en singes, qui vient se trouver à cette foire, composèrent la sixième et la septième entrée, et les dansèrent si plaisamment qu'il ne se peut pas mieux dans les ballets qui sont appris avec plus d'étude, surtout cette entrée des singes, où celui qui représentait le maître faisait faire à ces deux enfants, avec cadence, tout ce qu'on apprend à ces animaux pour le divertissement du peuple.

Deux pêcheurs à la ligne dansèrent la huitième entrée sur un air qui exprimait admirablement bien la patience qui est requise à ce métier innocent. Quatre joueurs de mail, deux hommes et deux femmes, entrant ensuite et représentant l'activité de ce jeu par un mouvement plus prompt et par un air tout opposé au précédent[77], firent admirer à tout le monde avec combien de jugement la diversité était entremêlée dans cet agréable ballet. Et encore davantage la dixième entrée, qui représentait la noce de village, dansée par Gombaut et Macée[78].

Pour la onzième, c'était une fête de village, représentée par le gentilhomme et sa femme, qui viennent danser sous l'ormeau[79], en attendant les bergers qui s'y doivent rendre et qui composaient la douzième et dernière entrée, qui fut jugée si galante qu'il ne s'y peut rien ajouter. Six bergers, avec Gombaut et Macée, vinrent danser un branle[80] de Poitou, au son des hautbois

---

77. Dans les *Fâcheux*, de Molière, dans la première entrée, qui suit le premier acte, il y aura aussi des joueurs de mail, qui obligent Éraste à se retirer. Après le deuxième acte, un jardinier danse la quatrième entrée, comme ici.

78. Les Amours de Gombaut et Macée étaient une sorte de pastorale populaire et comique, au moins depuis le XVIe siècle, et restée orale. Ces bergers étaient célèbres : cf. *L'Avare*, II, sc. 1.

79. Il y avait souvent un orme sur la place des villages, sous lequel se réunissaient les paysans. Cf. le proverbe « Attendez-moi sous l'orme », qui sera le titre d'une comédie de Regnard (1694).

80. *Branle* : sorte de danse, « où un ou deux danseurs conduisent tous les autres, qui répètent ce qu'ont fait les premiers » (Littré). Il y a des branles de Gascogne, de Poitou, et d'autres provinces françaises.

et de la musette ; et, pour le grand ballet, l'amant mélancolique, les nymphes chasseresses, les pêcheurs, les jardiniers et tous les autres personnes s'étant mêlés à cette troupe, ils dansèrent en rond une chanson à danser, sur l'air du monde le plus charmant et le plus admirable, en ce que son mouvement gai, amoureux et champêtre tout ensemble exprimait divinement les paroles.

Un d'entre eux, qui avait la voix parfaitement belle, commença cette chanson et chacun des autres, répondant selon l'ordre par le refrain, semblait le prendre pour soi et s'appliquer tout ce qu'elle contenait. Elle était telle[81] :

Depuis qu'à Philiste
Mon cœur j'engageai,
Tantôt je suis triste,
Tantôt je suis gai.
Ainsi s'en vont mes amours
Avec[82] mes plus beaux jours.

Souvent en souffrance,
Quelquefois content,
C'est la récompense
D'un amour constant.
Ainsi... etc.

Si le bien engage
A souffrir le mal,
Qu'au moins le partage
N'en est-il égal ?
Ainsi...

81. Chanson I, in *Poésies diverses,* p. 112, réimp. Slatkine, t. I, p. 281.

82. Var. : avecque (plus satisfaisant pour la prosodie).

On pleure, on s'ennuie,
On souffre en aimant ;
Mais quelle autre vie
Passe plus gaîment ?
Ainsi...

Un plaisir qui passe
Comme un doux zéphir
En passant efface
Un long déplaisir.
Ainsi...

Ce plaisir s'envole,
Mais s'envole aussi
Ma plainte frivole
Et mon vain souci.
Ainsi s'en vont mes amours
Avec mes plus beaux jours.

C'est ainsi que finit la sixième journée. Et voilà les intrigues qui se forment au château des six Tours. La princesse ayant vu comme j'avais écrit trois ou quatre de leurs nouvelles, elle eut la bonté d'en paraître contente et de me dire qu'il faudrait que j'y en ajoutasse quelqu'une de mon invention. Je m'en excusai sur le peu d'apparence qu'il y avait que j'y puisse réussir aussi bien qu'elle et ces dames. Et quelqu'une d'entre elles m'ayant fait l'honneur de me dire que je n'aurais qu'à prendre l'histoire de la princesse pour sujet, en vain je leur représentais ma faiblesse pour un si grand dessein. Jamais je n'eusse pu m'en dispenser sans que l'illustre Aurélie se contenta de ce madrigal, que je fis aussitôt et qui me servit d'excuse :

Pour écrire votre aventure,
Je mets mon âme à la torture
Et j'y médite nuit et jour.
Cependant, avec tant de gloire

Qui vous rend l'ornement du siècle et de la Cour,
Je manque de sujet : ô dieux ! le peut-on croire ?
Mais[83] *ce n'est pas assez de donner tant d'amour :*
Il faut aimer un peu pour embellir l'histoire.
Tant d'éclatantes actions
Surpassent mes inventions.
Le récit en rendra votre vie[84] *immortelle*
Et déjà pour l'ouïr tout l'univers accourt.
L'histoire en est et longue et belle,
Mais le roman en est trop court[85].

La joie et le plaisir semblèrent suivre la princesse en tous lieux, surtout dans un voyage qu'elle fit en Touraine, en Anjou et en Poitou, par toutes les plus belles maisons qu'il y ait en France, avec la plupart des dames qui composaient cette illustre troupe, de sorte que, de toute cette année, il n'y a aucune journée qui ne mérite d'être ajoutée à ces six premières.

Mais je n'en ai que trop peut-être entrepris pour le peu de force qui est en moi. Et comme les moindres actions de cette charmante princesse sont capables de servir d'exemple au siècle présent et à la postérité, je les laisse aux plus fameux historiens qui, sans doute, ne manqueront pas de rendre son beau nom l'ornement de leurs ouvrages et de le consacrer à l'immortalité.

Fin.

---

83. Var. : Oui.

84. Var. : Gloire.

85. Ce madrigal figure dans les *Diverses Poésies,* p. 111, et dans les *Œuvres* (Slatkine, t. I, p. 279) sous le titre suivant : A Mademoiselle qui me commanda d'écrire son histoire en écrivant mes nouvelles.

Le texte des *Nouvelles françaises* est suivi du privilège du roi, donné à Paris le 18 août 1656. L'achevé d'imprimer est du 27 novembre de la même année.

INDEX

Les chiffres renvoient aux pages où l'on trouve les premières occurrences des termes vieillis ou dont la signification a changé.

TABLE DES MATIÈRES DU TOME DEUXIÈME

SOCIÉTÉ DES TEXTES FRANÇAIS MODERNES (S.T.F.M.)

Fondée en 1905
Association loi 1901 (J.O. 31 octobre 1931)
Siège social : Institut de littérature française (Université de Paris-IV)
1, rue Victor Cousin. 75005 PARIS

Président d'honneur : † M. Raymond Lebègue, Membre de l'Institut.

Membres d'honneur : MM. René Pintard, † Jacques Roger, Isidore Silver.

BUREAU : juin 1992

Président : M. Roger Guichemerre.
Vice-Présidents : Mme Yvonne Bellenger.
M. Jean Céard.
Secrétaire général : M. François Moureau.
Secrétaire adjoint : M. Georges Forestier.
Trésorier : M. Alain Lanavère.
Trésorier adjoint : Mlle Huguette Gilbert.

La Société des Textes Français Modernes (S.T.F.M.), fondée en 1905, a pour but de réimprimer des textes publiés depuis le XVIe siècle et d'imprimer des textes inédits appartenant à cette période.

Pour tous renseignements, et pour les demandes d'adhésion : s'adresser au Secrétaire général, M. François Moureau, 14 *bis,* rue de Milan 75009 Paris.

Demander le catalogue des titres disponibles et les conditions d'adhésion.

LES PUBLICATIONS DE LA SOCIÉTÉ DES TEXTES FRANÇAIS MODERNES SONT EN VENTE AUX ÉDITIONS KLINCKSIECK
18, rue de Lille 75007 Paris

EXTRAIT DU CATALOGUE

(juin 1992)

XVIe siècle

Poésie :

4. HÉROËT, *Œuvres poétiques* (F. Gohin)
5. SCÈVE, *Délie* (E. Parturier).
7-31. RONSARD, *Œuvres complètes* (P. Laumonier), 20 tomes.
32-39, 179-180. DU BELLAY, *Deffence et illustration. Œuvres poétiques françaises* (H. Chamard) *et latines* (Geneviève Demerson), 10 vol.
43-46. D'AUBIGNÉ, *Les Tragiques* (Garnier et Plattard), 4 vol.
141. TYARD, *Œuvres poétiques complètes* (J. Lapp.)
156-157. *La Polémique protestante contre Ronsard* (J. Pineaux), 2 vol.
158. BERTAUT, *Recueil de quelques vers amoureux* (L. Terreaux).
173-174, 193-195. DU BARTAS, *La Sepmaine* (Y. Bellenger), 2 t. en 1 vol. *La Seconde Semaine (1584),* I et II (Y. Bellenger et *alii*).
177. LA ROQUE, *Poésies* (G. Mathieu-Castellani).
194. LA GESSÉE, *Les Jeunesses* (G. Demerson et J.-Ph. Labrousse).

Prose :

2-3. HERBERAY DES ESSARTS, *Amadis de Gaule (Premier Livre),* 2 vol. (H. Vaganay-Y. Giraud).
6. SÉBILLET, *Art poétique françois* (F. Gaiffe-F. Goyet).
150. NICOLAS DE TROYES, *Le Grand Parangon des Nouvelles nouvelles* (K. Kasprzyk).
163. BOAISTUAU, *Histoires tragiques* (R. Carr).
171. DES PERIERS, *Nouvelles Récréations et joyeux devis* (K. Kasprzyk).
175. *Le Disciple de Pantagruel* (G. Demerson et C. Lauvergnat-Gagnière).
183. D'AUBIGNÉ, *Sa Vie à ses enfants* (G. Schrenck).
186. *Chroniques gargantuines* (C. Lauvergnat-Gagnière, G. Demerson *et al.*).

Théâtre :

42. DES MASURES, *Tragédies saintes* (C. Comte).
122. *Les Ramonneurs* (A. Gill).
125. TURNÈBE, *Les Contens* (N. Spector).
149. LA TAILLE, *Saül le furieux. La Famine...* (E. Forsyth).
161. LA TAILLE, *Les Corrivaus* (D. Drysdall).
172. GRÉVIN, *Comédies* (E. Lapeyre).
184. LARIVEY, *Le Laquais* (M. Lazard et L. Zilli).

XVIIe siècle

Poésie :

54. RACAN, *Les Bergeries* (L. Arnould).
74-76. SCARRON, *Poésies diverses* (M. Cauchie), 3 vol.
78. BOILEAU-DESPRÉAUX, *Épistres* (A. Cahen).
123. RÉGNIER, *Œuvres complètes* (G. Raibaud).
151-152. VOITURE, *Poésies* (H. Lafay), 2 vol.
164-165. MALLEVILLE, *Œuvres poétiques* (R. Ortali), 2 vol.
187-188. LA CEPPÈDE, *Théorèmes* (Y. Quenot), 2 vol.

Prose :

64-65. GUEZ DE BALZAC, *Les premières lettres* (H. Bibas et K.T. Butler), 2 vol.
71-72. Abbé de PURE, *La Pretieuse* (E. Magne), 2 vol.
80. FONTENELLE, *Histoire des oracles* (L. Maigron).
132. FONTENELLE, *Entretiens sur la pluralité des mondes* (A. Calame).
135-140. SAINT-ÉVREMOND, *Lettres* et *Œuvres en prose* (R. Ternois), 6 vol.
142. FONTENELLE, *Nouveaux Dialogues des morts* (J. Dagen).
144-147 et 170. SAINT-AMANT, *Œuvres* (J. Bailbé et J. Lagny), 5 vol.
153-154. GUEZ DE BALZAC, *Les Entretiens* (1657) (B. Beugnot), 2 vol.
155. PERROT D'ABLANCOURT, *Lettres et préfaces critiques* (R. Zuber).
169. CYRANO DE BERGERAC, *L'Autre Monde ou les Estats et Empires de la Lune* (M. Alcover).
182. SCARRON, *Nouvelles tragi-comiques* (R. Guichemerre).
191. FOIGNY, *La Terre Australe connue* (P. Ronzeaud).
192. SEGRAIS, *Les Nouvelles françaises,* I (R. Guichemerre).

Théâtre :

57. TRISTAN, *Les Plaintes d'Acante et autres œuvres* (J. Madeleine).
58. TRISTAN, *La Mariane. Tragédie* (J. Madeleine).
59. TRISTAN, *La Folie du Sage* (J. Madeleine).
60. TRISTAN, *La Mort de Sénèque, Tragédie* (J. Madeleine).
61. TRISTAN, *Le Parasite. Comédie* (J. Madeleine).
62. *Le Festin de pierre avant Molière* (G. Gendarme de Bévotte — R. Guichemerre).
73. CORNEILLE, *Le Cid* (G. Forestier et M. Cauchie).
121. CORNEILLE, *L'Illusion comique* (R. Garapon).
126. CORNEILLE, *La Place royale* (J.-C. Brunon).
128. DESMARETS DE SAINT-SORLIN, *Les Visionnaires* (H. G. Hall).
143. SCARRON, *Dom Japhet d'Arménie* (R. Garapon).
160. CORNEILLE, *Andromède* (C. Delmas).
166. L'ESTOILE, *L'Intrigue des filous* (R. Guichemerre).
167-168. *La Querelle de l'École des Femmes* (G. Mongrédien), 2 vol.
176. SCARRON, *L'Héritier ridicule* (R. Guichemerre).
178. BROSSE, *Les Songes des hommes esveillez* (G. Forestier).
181 et 190. DANCOURT, *Comédies* (A. Blanc), 2 vol.

185. Poisson, *Le Baron de la Crasse, L'Après-soupé des auberges* (C. Mazouer).
196. Scudéry, *Le Prince déguisé. La Mort de César* (E. Dutertre, D. Moncond'Huy).

XVIIIe siècle.

80-81. P. Bayle, *Pensées diverses sur la Comète.* (A. Prat-P. Rétat).
131. Diderot, *Éléments de physiologie* (J. Mayer).
162. Duclos, *Les Confessions du Cte de N**** (L. Versini).
159. Florian, *Nouvelles* (R. Godenne).
148. Mably, *Des Droits et des devoirs du citoyen* (J.-L. Lecercle).
112. Rousseau J.-J., *Les Rêveries du Promeneur solitaire* (J. Spink).
190. Sedaine, *Le Philosophe sans le savoir* (R. Garapon).
87-88. Voltaire, *Lettres philosophiques* (G. Lanson, A.M. Rousseau), 2 vol.
89-90. Voltaire, *Zadig* (G. Ascoli), 2 vol.
91. Voltaire, *Candide* (A. Morize).

XIXe siècle.

124. Balzac, *Le Colonel Chabert* (P. Citron).
119-120. Chateaubriand, *Vie de Rancé* (F. Letessier), 2 vol.
129-130. Chateaubriand, *Voyage en Amérique* (R. Switzer), 2 vol.
127. Maupassant, *Notre Cœur* (P. Cogny).
115-116 Michelet, *La Sorcière* (L. Refort), 2 vol.
110. Musset, *Lorenzaccio* (et : *La Genèse de Lorenzaccio)* (P. Dimoff).
94-95. Senancour, *Rêveries sur la nature primitive de l'homme* (J. Merlant et G. Saintville), 2 vol.

Collections complètes actuellement disponibles

43-46. D'Aubigné, *Tragiques,* 4 tomes en 1 vol.
32-38 et 179-180. Du Bellay, *Œuvres poétiques françaises* et *latines* et la *Deffence...,* 9 t. en 9 vol.
7-31. Ronsard, *Œuvres complètes,* 20 tomes.
144-147 et 170. Saint-Amant, *Œuvres,* 5 vol.
135-140. Saint-Évremond, *Lettres* (2 vol.) et *Œuvres en prose* (4 vol.).

Photocomposé en Times de 10
et achevé d'imprimer en septembre 1992
par l'Imprimerie de la Manutention à Mayenne
N° 320-92